从纸质教材到电子教材

——教材数字化变革研究

CONG ZHIZHI
JIAOCAI DAO
DIANZI JIAOCAI

乐进军 /著

JIAOCAI
SHUZIHUA
BIANGE YANJIU

北京师范大学出版集团
BEIJING NORMAL UNIVERSITY PUBLISHING GROUP
北京师范大学出版社

图书在版编目(CIP)数据

从纸质教材到电子教材：教材数字化变革研究/乐进军著. —北京：北京师范大学出版社，2017.5（2017.7重印）
ISBN 978-7-303-22233-9

Ⅰ. ①从… Ⅱ. ①乐… Ⅲ. ①教材－数字化－教材改革－研究 Ⅳ. ①G423.3

中国版本图书馆 CIP 数据核字(2017)第 071698 号

营销中心电话　010-58802181　58805532
北师大出版社高等教育分社网　http://gaojiao.bnup.com
电子信箱　gaojiao@bnupg.com

出版发行：北京师范大学出版社　www.bnup.com
　　　　　北京市海淀区新街口外大街 19 号
　　　　　邮政编码：100875
印　　刷：北京京师印务有限公司
经　　销：全国新华书店
开　　本：787 mm×1092 mm　1/16
印　　张：18.75
字　　数：300 千字
版　　次：2017 年 5 月第 1 版
印　　次：2017 年 7 月第 2 次印刷
定　　价：42.00 元

策划编辑：路　娜　　　　责任编辑：戴　轶　肖　寒
美术编辑：焦　丽　　　　装帧设计：焦　丽
责任校对：陈　民　　　　责任印制：陈　涛

前　　言

　　教材作为传承人类知识和文明的特殊书籍，是重要的教育资源、载体和工具，与每一位教师、学生都有着密不可分的联系，在教学中发挥着举足轻重的作用。

　　数字时代，人类工作、生活的方方面面，由于技术的介入而发生着巨大的改变，人们也享受着技术带来的各种"福利"。在教育领域，电脑、网络已突破校园的围墙，进入课堂之中，使教育变得更具开放性，与社会、时代联系得更加紧密。在国家大力倡导把教育技术作为深化课程改革的重要抓手，学校教育技术应用不断深入、不断创新的背景下，传统教材的局限和不足愈发凸显，传统教材越来越难以适应教育的前进步伐，满足现代化教育的要求和期望，我们进而面临这样的抉择：是固守传统，坚守阵地；还是顺应时代的潮流发生变革？

　　答案似乎显而易见，教材的数字化变革其实已经悄然发生。近年来，国内外很多地区陆续开展对电子教材（或电子书包）的研究，投入了不少人力、物力、财力，但总体进展趋于缓慢，取得的成果也难尽人意。因为教育是一个相当复杂的系统，要达到理想的效果，需考虑诸多影响要素，满足诸多应用条件。如果在两者之间不能找到理想的对接点，将难以发挥技术的优势，其作用将流于表面，不能真正触及教育的痛点，解决教育的难题。换言之，将数字技术注入教材所发生的变化，远不是将文字内容"搬家"到屏幕上那么简单。

　　理想的电子教材应是依据教育目标和学生培养目的，充分发掘信息技术的优势和潜能，致力于技术与教育深度融合的一种全新的设计和开发。它既用于师生课堂教学，构建数字交互课堂，还支持学生的课外应用，实现个性化自主学习。它所追求的，将是教和学的方式的系统变革。由此不难看出，电子教材的研发是一项极具挑战性的任务，或者说是一个系统工程。对待这样具有前瞻性而又影响深远的新事物，我们不能盲目乐观，需要采取更审慎的态度，在"动手"之前，把很多问题梳理出来，努力寻找对策和解决办法。

首先，教材是什么？具有什么功能？对教和学能产生什么样的影响？教材内容的编写和组织要把握哪些原则？传统教材有什么优势和劣势？

其次，电子教材是什么？国内外发展状况如何？如何在教育教学中对它合理定位？它有哪些类型？由什么组成？具有什么样的形态？内置什么样的内容？内容应以什么样的形式呈现？

再次，纸质教材向电子教材发展变化的过程中，变的是什么，什么不能变？纸质教材与电子教材两者是什么关系？电子教材是否会替代纸质教材？电子教材带来开发和应用诸多环节的变化，与纸质教材相比，在这些环节上发生了什么样的变化？该如何设计、制作、实验、推广？

还有，电子教材的应用需要创造和搭建什么样的环境、平台？对教师和学生提出了哪些新要求？给教和学的方式带来什么样的变革？对课程改革、"减负"、教育均衡等方面能发挥什么作用？

笔者结合自身及研究团队在纸质教材和电子教材开发探索中积累的些许经验和思考，试图对以上问题做出一些回应。虽然探索还在路上，取得的经验尚显粗浅，思考也不很成熟，但仍然鼓起勇气将它们呈现出来，希望对纸质教材的变革、电子教材的研发及应用提供一些启发和参考，更期望获得同行的建议、指正和帮助。

乐进军

2016 年 11 月

目　录

第一章　纸质教材的发展和应用

 【本章导读】

　　信息传播方式的发展和出版技术的不断提升，促进了书籍的生产，为纸质教材的普及应用奠定了基础。教材具有丰富的功能和多维属性，对教育教学产生了重要的影响，这种影响既有正面也有负面，需要辩证分析和理性对待。教材作为教学的重要载体，其内容需要精心、科学地设计和组织。相比起数字时代的需求，纸质教材的局限愈发凸显，为此当前在教学应用过程中，开发了许多数字化配套资源以弥补其不足。

 【主要内容】

　　(1)信息传播及出版技术对教材的影响；
　　(2)教育改革与教材属性和功能的发展；
　　(3)教材对教与学的影响；
　　(4)教材内容的选择和组织；
　　(5)数字时代纸质教材凸显的局限；
　　(6)纸质教材的配套数字资源。

第一节　信息传播及出版技术对教材的影响

一、信息传播的发展

教材作为传播人类文明、传递科技文化、承载教育信息的特殊出版物，其发展直接受到信息传播方式的影响。

信息原指人类活动中相互沟通交流的内容。汉语词典将信息解释为"音信消息"和"现代科学指事物发出的消息、指令、数据、符号等所包含的内容"。很多人认为该词较早可能出自唐代诗人杜牧的《寄远》："塞外音书无信息，道傍车马起尘埃。"以及南唐诗人李中的《暮春怀故人》："梦断美人沉信息，目穿长路倚楼台。"在科技快速发展的今天，信息可泛指人类社会传播的一切内容，它无时无刻不在影响着人们的生活和工作，像空气、水和食物一样不可缺少。

信息种类繁多，难以尽述，其中与书籍出版相关的信息内容及记录、传播方式，在漫长的历史时期呈现出如下的变化趋势。

表1-1　信息传播的发展变化

	信息内容	记录载体	记录方式	传播方式
远古	口语、结绳、图画、象形文字等	龟甲兽骨、绳索等	刻字等	口耳相传、铭文记事等
古代	文字(含图画)等	竹简、木椟、缣帛、羊皮纸、纸张	手抄、雕版印刷、活字印刷等	书籍传抄、出版发行等
近代	文字(含图画)等	纸张	活字印刷等	书籍出版发行等
现代	文字(含图画)、多媒体等	纸张、光盘、磁盘	电脑激光排版印刷、数字存储等	书籍出版发行、信息网络传播等

信息内容。信息内容从最初的口语传播、结绳记事，过渡为用简单的语意符号表达，最终发展为用内涵更复杂、形式更多样、更符合人类认知习惯的直观和抽象内容进行表达。

记录载体。信息记录载体的变迁主要经历了：龟甲兽骨—竹简和木椟—缣帛—羊皮纸—纸张—光磁存储。每一次技术的发展，都有力地推动了文化的继承和传播。其发展大体呈现出这样的趋势：载体成本更低廉，存储的容量更大，保存的稳定性更高，记录的信息内容类型更丰富。

记录方式。信息记录方式的发展进程大体为：（1）在龟甲兽骨上用刀刻字；（2）在竹简、木简上书写；（3）在缣帛、纸张上书写；（4）在纸张上进行雕版印刷；（5）在纸张上进行活字印刷（人工、机械）；（6）电脑激光排版印刷；（7）二进制数字。其发展趋势为：从手工到机械化、电脑自动化，记录容量更大、速度更快、效率更高、效果更好、成本更低，且更便于修改和维护。

传播方式。信息传播方式发展进程大体为：（1）口语传播；（2）出版发行；（3）数字传播（拷贝、发行、网络传播）。其发展趋势为：随着技术的发展，传播方式更灵活、传播速度更快、传播范围更广。

二、出版技术的发展

书籍出版技术在其漫长的发展过程中，科技的进步对其产生了重要的推动作用，尤其对造纸和印刷两个最关键出版环节更是影响巨大，有力地促进了其推广和应用。

（一）造纸技术

在纸张发明之前，文字的记录载体主要是竹简、木椟、缣帛等。竹简和木椟占据空间很大，缣帛成本昂贵，都严重地制约了书籍的大范围传播。通过考古还发现，除此之外，人类使用过的教材制作材料极其驳杂，甚至有黄金、羊皮、石碑等材料。其中版面最大的当数我国古代的石碑教材，由于所刻内容是儒家经典，故史称"石经"。①

中国是世界上最早发明纸的国家。据考古发现，西汉时期我国已经有了麻质纤维纸，但是质地粗糙，且成本高、数量少，普及程度不高。公元105年，蔡伦在东汉京师洛阳总结前人经验，改造了造纸术。他以树皮、麻头、破布、旧渔网等为原料造纸，大大提高了纸张的生产效率和质量，扩大了纸的原料来源，降低了纸的成本，为纸张取代竹帛开辟了广阔前景。《后汉书·蔡伦传》中说："自古书契，多编以竹简；其用缣者，谓之为纸。缣贵而简重，并不便于人。伦乃造意，用树肤、麻头及敝布、鱼网以为

---

① 韦石. 世界最大的教科书——我国古代的石经[J]. 中小学管理，1991(1).

纸。"①造纸技术在此基础上不断改善，纸张的质量也不断提升。北宋时，安徽已采用日晒夜收的办法，漂白麻纤维以制纸，抄出的生纸光滑莹白，耐久性好。造纸术随后传向西方各国，推动了各国文化的进步和发展。

18世纪工业革命以后，造纸业由手工操作向机械化生产转变。1750年，荷兰人发明了荷兰式打浆机。1798年，法国人N.L.罗贝尔发明了长网造纸机。1809年，英国人J.迪金森发明了圆网造纸机。1823年，英国人T.克朗普顿发明了造纸机的蒸汽烘缸。1827年，德国人奥赫劳泽发明了长网扬克纸机。这些机械为实现抄纸过程的连续化，降低劳动强度，提高生产效率，以及生产"无限长"的卷筒纸创造了条件。进入20世纪以后，造纸机在纸机抄速、纸幅宽度和自动控制技术等方面都有了飞速的发展。②

(二)印刷技术

中国的印刷术经过了雕版印刷和活字印刷两个阶段的发展。从排版工艺进行划分，可以把雕刻版称为第一代排版工艺，活字排版称为第二代排版工艺，照排称为第三代排版工艺。③

1. 雕版印刷

印刷术发明之前，文化的传播主要依靠手抄的书籍。手抄费时、费事，效率较低，还容易抄错、抄漏，导致书籍的复制量极其有限，"家有书疏者，百无一二"。④印章和石刻给印刷术提供了直接的经验性的启示，用纸在石碑上墨拓的方法，为雕版印刷指明了方向。雕版印刷一版能印几百部甚至几千部书，对文化的传播起了很大的作用，但是存在以下不足：刻版费时费工，大部头的书往往要花费几年的时间；存放版片又非常占用空间；易因变形、虫蛀、腐蚀而损坏；印量少而不需要重印的书，版片就成了废物；发现错别字，修改极其困难，常需对整版重新雕刻。

2. 活字印刷

北宋人毕昇发明了胶泥活字印制技术，这是印刷技术史上一次质的飞跃，使文字的复制方法从低效的手工抄写飞跃到大批量印刷。活字制版克

---

① 百度百科，"造纸"词条。

② 造纸技术史[EB/OL]. http://www.360doc.com/content/10/1126/09/803452_72513534.shtml.

③ 罗宝树，吕品. 编辑出版知识[M]. 北京：科学普及出版社，1988：256.

④ 曹之. 中国印刷术的起源[M]. 武汉：武汉大学出版社，1994：458.

服了雕版的不足，只要事先准备好足够的单个活字，就可随时拼版，大大缩短了制版时间。活字版印完后，可以拆版再重复使用，且活字比雕版占用的空间小，容易存储和保管，优越性明显。活字印刷又经历了泥活字、木活字、金属活字等不同阶段，材料不断优化，技术不断改善。

19 世纪，印刷进入了机械化阶段。1845 年，德国生产了第一台快速印刷机。1860 年，美国生产出第一批轮转机。之后德国相继生产了双色快速印刷机和印报纸用的轮转印刷机，到 1900 年，制造了 6 色轮转机。从 1845 年起大约经过一个世纪，各工业发达国家都相继完成了印刷工业的机械化。[1]

印刷技术的进一步提升使书籍价格降低，促进了知识的推广。当人们的识字率得以提高，更多人获得知识后，他们的人生观和世界观受到影响，反过来又扩大了书籍的需求量。这种良性循环，促进了教育的普及和教材的发展。

3. 照排印刷

随着近代科学技术的飞跃发展，印刷技术也迅速地改变着面貌，逐渐告别"铅与火"的时代，进入"电子、光和影"的时代。从 20 世纪 50 年代开始，印刷技术不断地利用电子技术、激光技术、信息科学以及高分子化学等新兴科学技术所取得的成果，进入现代化的发展阶段。70 年代，感光树脂凸版、PS 版的普及，使印刷迈入了向多色高速方向发展的途径。80 年代，计算机检索、排版、图形处理及输出技术的进步，使出版领域实现了用计算机进行版式设计、文字编辑、图文合成、整版相纸和相片输出以及数字化数据再利用，实现了电子排版现代化。[2] 而汉字信息处理激光照排工艺的不断完善，使文字排版技术产生了根本性的变革。90 年代，彩色桌面出版系统的推出，标志着计算机全面进入印刷领域。

（三）其他技术

除了造纸技术和印刷技术以外，油墨制造等其他一些技术对书籍生产也非常重要。

---

① 百度百科，"印刷术"词条。

② 包鹏程，范文婷，何海巍. 电子出版物[M]. 武汉：华中科技大学出版社，2010：2.

1. 油墨制造技术

印刷书籍，除了纸张、印版以外还必须用到墨。最早用的墨，是黑土或者石墨一类天然的黑色物质。我国在新石器时代，陶器上就已经出现了黑色图画。殷代的甲骨文，有的也是先用墨写然后再刻的。人造墨用松烟等制成，马王堆汉墓的西汉帛书，就是用人工造的墨书写而成。东汉时期的《说文解字》对"墨"字的解释是："墨者，烟煤所成。"反映出当时制造墨的原料。[①]

新中国成立以后，油墨制造业不仅在产量上有较大的增长，而且新材料、新品种不断涌现。到20世纪80年代末，我国油墨的光泽、固着速度、印刷性能等指标已达到国际先进水平，除单张纸胶印油墨外，其他品种的油墨质量均能替代进口产品。[②]

2. 插图技术

插图是书籍内容的重要组成部分，它使书籍既具有抽象文字的"可读性"，又具有直观生动的"可视性"。

明朝时期我国大量推出通俗文艺类书籍，刻书中版画插图成为时尚，开始出现结构复杂、形体美观的牌记。明、清两代，版画作为插图艺术，被更广泛地运用于各类书籍。[③]

3. 装帧技术

装帧技术随着印刷技术的发展而发展，尤其是近代，图书装帧更加讲究。一些装帧精良的经典书籍，往往成为收藏者钟爱的艺术品。

1904年的《东方杂志》、1909年的《域外小说集》等书刊用中国画、风景人像等装饰封面，开现代书籍装帧之先河。[④] 现代装帧更是涵盖了书籍的开本、封面、腰封、字体、版面、色彩、插图、纸张材料以及工艺等各个环节的艺术设计。

4. 装订技术

古典的装订方式包括卷轴装、经折装、旋风装、穿线装等。现代装订类型包括铁丝订、缝纫订、无线胶订、锁线订、骑马订、塑料线烫订、活

---

① 印刷术的发明[EB/OL]. http://www.china.com.cn/aboutchina/zhuanti/sdfm/2009−01/21/content_17163395.htm.

② 范慕韩. 中国印刷大全[M]. 杭州：浙江科学技术出版社，1994：279.

③ 黄镇伟. 中国编辑出版史[M]. 苏州：苏州大学出版社，2014：236.

④ 黄镇伟. 中国编辑出版史[M]. 苏州：苏州大学出版社，2014：270.

页装、螺旋装等。① 随着骑马联动订书机、精装书籍装订自动线、塑料线锁线折页机等印后机械的研制成功以及自动控制、联机联动等技术难题的解决，印后加工实现了由半机械化、单机生产向机械化、联动生产线发展。②

5. 绿色印刷

出于对学生的身体健康的保护和进行环境保护教育的需要，近年来世界各国的教材纷纷采用绿色印刷方式。绿色印刷是指不破坏生态环境、不威胁人体健康、节约资源消耗的印刷方式，包括环保原辅材料的使用、清洁的印刷生产过程、印刷品的回收处理及可循环利用。简言之，绿色印刷的印刷品从原材料选择、生产、使用、回收等整个生命周期均应符合环保要求。③

三、出版技术发展对教材的影响

出版技术对教材的生产和应用产生了强有力的推动作用，影响是多方面的。

其一，使教育从精英走向大众。由于教材成本不断下降，复制速度不断提升，出版数量不断增加，传播范围不断扩大，受教育的门槛得以逐渐降低，上学不再是权贵子弟的"专利"，普通人家的子女也能够进入学校，或者购买这些曾经是可望不可即的奢侈品——教材进行学习，从而摆脱文盲的身份，改善生存环境，提升社会地位。正如学者所言："在印刷术发明之前，寥寥无几的人垄断着书本知识，随着印刷术的推广，科学哲学和宗教的进步，缓慢地传向几乎所有能读书能买得起书的人们。"④西方进入工业革命时期，在普及义务教育运动的推动下，最早使印刷技术机械化，从而使讲义书发展成为通用的教材。⑤ 西方国家利用统一的教材，可以面向班级学生开展统一的教学活动，到 17 世纪形成了学校教育的班级授课制。教材的推广和普及，使得学生不仅能向教师学习，还可以向书本学习，知识传播的速度和广度都得到显著提升。

①　罗宝树，吕品. 编辑出版知识[M]. 北京：科学普及出版社，1988：337.
②　机械工业部石化通用机械工业局. 中国印刷机械工业发展史[M]. 北京：机械工业出版社，1986：34.
③　钟玲等. 论我国印刷行业的绿色转型[J]. 环境与可持续发展，2013(2).
④　吴文虎. 传播学概论[M]. 武汉：武汉大学出版社，2000：120.
⑤　曾天山. 教材论[M]. 南昌：江西教育出版社，1997：44.

　　其二，使教材努力适应学生的应用需求。彩色印刷、绿色印刷、活页、折页等技术的使用，使得教材逐渐超越大众阅读的书籍，更具有艺术性。在满足青少年学生对书籍的阅读喜好同时，也使教学中师生得到更多的主动权，对教材的应用更加灵活。

　　其三，使教材能够呈现更复杂的版面内容。电脑应用到制版工艺之前，教材的版面设计比较简单，只能满足相对规范的文字、符号和图表的呈现要求。进入电脑时代后，教材的版面变得灵活多样，主干内容和各种栏目进行有机编排，给师生在应用时提供了选择和组织的主动权。

　　其四，提升了教材的生产效率。在电脑应用于教材的编、排之前，教材的生产工序烦琐，生产周期较长，加上教材的投入使用有明确的时间要求，因此出版社、印刷厂和发行机构都承受着巨大的压力。我国在一些年份甚至不得不发文督促相关部门，保证要"课前到书"。比如，1985 年 9 月，国家出版局下发《关于加强一九八六年春季教材、课本出版、印刷、发行工作的通知》，其中强调："承担教材、课本出版任务的各出版社，要提早安排好编辑出版和发印工作。对新品种一定要按照规定的时间和'齐、清、定'的要求准期发稿，为后续工序创造条件。""在赶印教材、课本期间，除紧迫的重点图书外，其他一般图书都要让路。""承印教材、课本的印刷厂，要充分挖掘潜力，努力提高产品质量。确保按时、保质、保量完成印刷任务。"这以后国家虽然也常有关于教材的通知下发，但"催促"要按时完成教材生产、发行任务的内容却再未出现。

　　总之，由于出版技术的发展，教材作为文化传播载体的作用愈发显现，对人类文明素质不断提高发挥了更加重要的作用。

第二节　教育改革与教材属性和功能的发展

　　提到教育，人们通常容易联想到教育的物化载体——教材。教育、课程、学科、教材是几个自上而下、具有层级关系的概念。它们的关系可简要表述为：教育目标通过课程实现，课程体系分解成不同的学科，学科教学目标和内容主要通过教材予以明确。由此不难看出，教材成了教育的关键载体，是师生在教育互动中的共同依据。

　　随着社会的发展和时代的进步，教育理念也不断与时俱进，教材的地位、影响和功能也随之发生着变化。

一、我国基础教育改革主要历程

在新中国成立后很长时期，受教育设施差、师资水平较低、学生人数多，中、高考人才选拔制度等因素的影响，我国基础教育一直受"学科中心""学问中心"思想的束缚，学科教学的重心放在给学生传授知识，训练学生的解题能力、应试能力，以满足升学进一步深造的目的上，培养目标相对单一，且采用"精英教育"的培养模式。在这样的背景下，教材在知识内容上学术倾向严重，突出知识体系，在知识点上"挖"得很深，"拓"得也宽。在学习的过程中，学生承受沉重的学业压力，并逐渐在一次次以分数进行量化的测评中被分化，一旦处于落后位置就极可能面临淘汰而无法完成基础教育。

改革开放之前，国外先进的教育理念和成功的实践经验难以被引入，以至于"素质教育"一词直到20世纪90年代才逐渐得以传播和流行起来。这样的教学状况使得有些青少年丧失了学习的快乐和学习的兴趣。这种局面在20世纪五六十年代已引起了国家、政府的高度重视，直至"文化大革命"结束，教学大纲进行了多次调整，教材内容相应被不断压缩，但同时加入了突出政治性、为革命生产服务的内容，从而走向另一个极端。

20世纪80年代初期，改革开放之后，全社会特别重视文化和学历，然而优质教育资源极度缺乏，使得升学竞争异常激烈，学校在片面追求升学率的导向之下，教育过分突出"应试教育"和"精英教育"。这虽然一定程度上对科学知识的传播起到了有益作用，但缺乏对学生全面发展和长远发展的重视，教育显得功利和短视。

改革开放使国家迎来了大好的发展局面，经济不断提升，文化更加繁荣，科技快速腾飞。相形之下，传统的基础教育人才培养方式越来越不适应国家发展的需要。对照发达国家先进的教育水平和人才在国力强盛中所起的巨大作用，人们开始反思我国教育存在的诸多不足，认识到"知识本位"的教育方式不利于培养出高能力、高素质的人才。80年代中后期对"升学教育""应试教育"的批判和反思，终于促使我国翻开了素质教育的新篇章。

1983年，邓小平为景山学校题词"教育要面向现代化，面向世界，面向未来"，倡导教育要"三个面向"。"三个面向"指明了教育发展前进的方向，使教育改革的视野一下子变得开阔，先进的教育思想被引入并得到研究和传播，发达国家在基础教育方面的成功经验被吸纳借鉴。同样，欧美发达国家的人才培养目标也引起国内教育界的关注和思考。

1985年5月颁布的《中共中央关于教育体制改革的决定》中提出"教育必须为社会主义建设服务，社会主义建设必须依靠教育"，使教育从政治的禁锢中解放出来，是一个巨大的历史进步，从而加速了教育的发展进程。

同年，邓小平在全国教育工作会议上指出：我们国家国力的强弱，经济发展后劲的大小，越来越取决于劳动者的素质，取决于知识分子的数量和质量。"素质"一词被明确提出。《中共中央关于教育体制改革的决定》指出：在整个教育体制改革过程中，必须牢牢记住，改革的根本目的是提高民族素质，多出人才，出好人才。

2001年教育部颁布了《基础教育课程改革纲要（试行）》，大力推进基础教育课程改革，调整和改革基础教育课程体系、课程结构、课程内容，构建符合素质教育要求的新的基础教育体系。其中对教学和信息技术的应用提出要求："教师在教学过程中应与学生积极互动、共同发展，要处理好传授知识与培养能力的关系，注重培养学生的独立性和自主性，引导学生质疑、调查、探究，在实践中学习，促进学生在教师指导下主动地、富有个性地学习。教师应尊重学生的人格，关注个体差异，满足不同学生的学习需要，创设能引导学生主动参与的教育环境，激发学生的学习积极性，培养学生掌握和运用知识的态度和能力，使每个学生都能得到充分的发展。大力推进信息技术在教学过程中的普遍应用，促进信息技术与学科课程的整合，逐步实现教学内容的呈现方式、学生的学习方式、教师的教学方式和师生互动方式的变革，充分发挥信息技术的优势，为学生的学习和发展提供丰富多彩的教育环境和有力的学习工具。"

2010年，我国颁布的《国家中长期教育改革和发展规划纲要（2010—2020年）》中，以实事求是的态度和不同寻常的沉重语气分析了教育中还存在的问题："面对前所未有的机遇和挑战，必须清醒认识到，我国教育还不完全适应国家经济社会发展和人民群众接受良好教育的要求。教育观念相对落后，内容方法比较陈旧，中小学生课业负担过重，素质教育推进困难；学生适应社会和就业创业能力不强，创新型、实用型、复合型人才紧缺……"进而用坚定的口吻着重强调了新的教育方针：要把教育摆在优先发展的战略地位，把育人为本作为教育工作的根本要求，把改革创新作为教育发展的强大动力，把提高质量作为教育改革发展的核心任务，等等。

"路漫漫其修远兮"，虽然还有很长的路要走，还有很多的事情要做，但回顾基础教育课程改革走过的历程，应当客观地承认，它给我国教育带来了诸多新的变化，课程、教材、教的方式、学的方式等多方面取得了长足的进步。主要表现在：课程的多样化、课程的综合化、课程的选择性、课程的生活化、课程的信息化、教材的人性化、教学的平等化、学习的研究化、教师发展专业化、评价方式多元化等。总之，课程改革使我国基础教育加快了前进的步伐，以人为本、全面培养学生素质的观念通过各种传播方式逐渐深入人心，使新课程呈现出一派生机盎然的景象。

二、教育观、人才观与教材观

基于不同的教育理念、教育目的，人们会对教育本身和人才培养目标，以及教材形成不同的看法，即我们通常所说的"教育观""人才观""教材观"。教材作为支持教育实施，服务人才培养的资源，教材观自然直接受到教育观、人才观的左右，在从属关系上服从于这两者。因此，教材在教育改革的进程中，功能和属性随着教育理念的提升和技术的进步而不断发展，随着教育观、人才观、教材观的变化而发生变化。

教育是人类社会传承经验和认识的一种特有的社会活动，伴随人类发展的始终，为文明的持续进步起到了不可替代的作用。教育的直接目的是育人，在当今世界各国由国家兴办基础教育的背景下，育人的目的一方面为了满足国家建设的需要，另一方面为了学生个人的成长和发展。在漫长的发展时期，教育似乎从来就不曾摆脱政治、经济、文化等因素的影响，甚至因为一些特殊的历史事件，教育政策会进行非常大的调整。以美国为例，近半个多世纪以来经历了六次教育改革浪潮。其中第一次"新课程"运动的起因是 1957 年苏联发射第一颗人造地球卫星，使美国公众把焦虑的目光投向公立学校教育，认为美国宇航技术落后是学校教育质量下降所致，进而认为这是"进步主义"教育偏废基础性、系统性，降低学术标准所造成的恶果。美国政府很快就将国防建设与教育紧密地联系在一起，并于第二年颁布了《国防教育法》，确立了以培养高科技人才为目标的教学新体系。后续的教育改革也与之相似，因为受到公平、经济、就业等政治和社会因素的影响。

再把目光转回我国。1957 年，我国社会主义经济制度基本建立以后，毛泽东指出："我们的教育方针应该使受教育者在德育、智育、体育几方面都得到发展，成为有社会主义觉悟的有文化的劳动者。"这是新中国成立后不久对教育目的表述。

1986年颁布的《中华人民共和国义务教育法》规定：义务教育必须贯彻国家的教育方针，努力提高教育质量，使儿童、少年在品德、智力、体质等方面全面发展，为提高全民族素质，培养有理想、有道德、有文化、有纪律的社会主义建设人才奠定基础。

1993年，中共中央、国务院颁发《中国教育改革和发展纲要》，明确提出我国教育目的，要求各级各类学校认真、全面地贯彻"教育必须为社会主义现代化建设服务，必须与生产劳动相结合，培养德、智、体全面发展的建设者和接班人"的教育方针，培养"有理想、有道德、有文化、有纪律"的社会主义新人，并再次强调要抓好德育、智育、体育、美育和劳动技术教育工作，全面提高教育质量，提高全民族的思想道德和文化水平。这一表述被视为是对我国新时期教育目的的完整概括，并在1995年颁布的《中华人民共和国教育法》中以法律形式明确下来。

1999年颁布的《中共中央关于深化教育改革全面推进素质教育的决定》中对我国的教育方针作了新的阐述："实施素质教育，就是全面贯彻党的教育方针，以提高国民素质为根本宗旨，以培养学生创新精神和实践能力为重点，造就'有理想、有道德、有文化、有纪律'的，德智体美全面发展的社会主义事业的建设者和接班人。"

2001年启动的《国务院关于基础教育改革与发展的决定》及《基础教育课程改革纲要(试行)》中指出：实施素质教育，促进学生德智体美等全面发展，应当体现时代要求。要使学生具有爱国主义、集体主义精神，热爱社会主义，继承和发扬中华民族的优秀传统和革命传统；具有社会主义民主法制意识，遵守国家法律和社会公德；逐步形成正确的世界观、人生观和价值观；具有社会责任感，努力为人民服务；具有初步的创新精神、实践能力、科学和人文素养以及环境意识；具有适应终身学习的基础知识、基本技能和方法；具有健壮的体魄和良好的心理素质，养成健康的审美情趣和生活方式，成为有理想、有道德、有文化、有纪律的一代新人。

2014年4月，教育部印发的《教育部关于全面深化课程改革落实立德树人根本任务的意见》中强调："要根据学生的成长规律和社会对人才的需求，把对学生德智体美全面发展总体要求和社会主义核心价值观的有关内容具体化、细化，深入回答'培养什么人、怎样培养人'的问题。教育部将组织研究提出各学段学生发展核心素养体系，明确学生应具备的适应终身发展和社会发展需要的必备品格和关键能力，突出强调个人修养、社会关爱、家国情怀，更加注重自主发展、合作参与、创新实践。"

通过梳理和比较不难看出，我国基础教育目的与时俱进，更加注重人的素质培养，个性化发展、全面发展、长远发展。育人的空间和时间变得更加丰富和灵活：教学环境由传统局限在校园、教室的封闭环境变得更加开放，许多拥有教育资源的社会场馆（如博物馆、植物园等）都成为新型"教室"；教学时间延伸到课前和课后。教师也不再代表知识的权威，不是学生唯一的知识来源，网络资源、合作学习的同伴都成了重要的学习对象和渠道。

教材作为实现教育目的的最直接载体，需要对这些教育目标有清晰具体的体现。相应地，教材中的内容也不再局限于传统意义上"规范""系统""教条"式的学科知识，不再只满足于学科知识的传承，而是以知识为载体，追求"知识与技能、过程与方法、情感态度价值观"等多维度的教育目标，并引导学生学会学习、善于实践、敢于探索和创新，在知识应用过程中发展自己的能力。

回顾历史，我国在相当长的时期，教材基本都采用"一纲一本、编审合一、高度统一"的模式，虽然是受制于国情的无奈之举，但必须承认它在一定程度上发挥了重要作用，为国家无数建设人才的培养作出了贡献。但是，造成的负面影响也显而易见。首先，教材缺乏竞争，不能形成百花齐放，各种版本相互取长补短、共同进步的繁荣局面；其次，教材也被有意无意地过度"神化"，束缚了教师教学的主动性和创造性；还有，"统编"和"单一"也导致教材研究的缺位，没有科学研究作指导和引领，教材质量提升速度缓慢，出现这样那样的问题，甚至走一些弯路也就不难理解了；再有，我国地域广阔，各地教育状况差异极大，一套教材"放之四海"显然无法满足差异性的需求。严格说来，国家也并非完全没有对教材进行"放权"，只不过效果事与愿违。在"文化大革命"后期，国家不设统一的课程标准和教学计划、教学大纲，也不使用统一的教材，由各省、市"革命委员会"自定课程，自编教材，导致课本内容越来越"革命化"，片面地强调联系实际。如上海、辽宁等地取消了物理、化学、生物课程，改成了"工业基础知识""农业基础知识"或"工农业基础知识"等。物理教材简化为"三机一泵（拖拉机、柴油机、电动机、水泵）"，生物教材简化为"三大作物（稻、麦、棉）一头猪"等。①

进入基础教育课程改革以来，教材改革成为重要的改革内容和抓手，静态、封闭、保守的教材观逐渐转变，教材也相应发生了很多可喜的变化。教材常被看作"知识的容器"，然而，知识是什么？按照辩证唯物主义认识论，知识是人脑对客观世界的属性及其联系的能动反映。建构主义的知识观认为不存在脱离人的大脑的客观知识，知识是新的信息与学生既有经验进行互动，通过学生主动加工形成的解释、理解和判断。基于这样的理念，新课程教材不再忽视学生，注重与学生"对话"，引导其思维，帮助其在头脑中建构知识。另外，教材还被视为一种教学材料与课程资源，是师生展开教学对话的文本、媒介和工具，其开放性、动态性、生成性、整合性、有机性受到人们越来越多的关注和重视。②

总之，教材变得多样化，其定位从"控制"转为"服务"，从"被动使用"转为"主动选择"，师生逐渐成为教材的主人，可以灵活地加工和整合教材成为教学内容，使教材降低"身段"变为教学资源中的"首席"。学者杨启亮这样概括："教材不是供传授的经典，不是供掌握的目的，不是供记忆的知识仓库，而是供教学使用的材料；面对新课程改革，教师和学生不是材料员，而是建筑师，他们是材料的主人，更是新材料和新教学智慧创生的主体。"③

案例：调查数据首次披露：新课改十年教科书作用明显

在日前由北京市社科联和首都师范大学联合举办的，以"教科书：教育质量和教学改革的核心文本"为主题的首都教育论坛上，新中国成立以来规模最大的一次教科书调查数据首次披露。

主持调查的首都师范大学特聘教授石鸥介绍，此次共调查教材192套，占2001年以来经教育部审定通过的义务教育课程标准实验教材的86.88%；调查覆盖全国24个省390个县区，被调查学生近30万人，教师1万多人。数据显示，在满分均为100分的"尺度"下，教材在关注学生学会学习和情感

① 石鸥等. 百年中国教科书图说（1949—2009）[M]. 长沙：湖南教育出版社，2009：174.

② 靳玉乐，王洪席. 十年教材建设：成就、问题及建议[J]. 课程·教材·教法，2012(1).

③ 杨启亮. 教材的功能：一种超越知识观的解释[J]. 课程·教材·教法，2012(12).

态度价值观的形成、在学生获得学科基础知识和基本技能上都获得了高度评价。专家指出，新课程教材建设已经显示出教材多样化制度的极大优越性。①

三、教材的属性

提到教材，人们通常想到的是一类应用于学校教学，传承人类知识和文明的特殊书籍。从字面上理解，教材是教学的材料，汉语辞典将其解释为"有关讲授内容的材料，如书籍、图片、讲授提纲等"。② 教材也常被称为教科书，理解为包括教科书和配套教辅资源在内的所有材料。但两者经常出现混用，在国家教育部的网站上，就提供了《中小学教材编写审定管理暂行办法》《中小学教科书选用管理暂行办法》《中小学国家课程教材审定服务指南》等管理文件，其中"教材"与"教科书"含义相同。鉴于这样的历史背景和现实状况，本书在概念上不将两者严格区分，"教材"一词与"教科书"等同理解。

虽然教材对每个人来说都不陌生，它影响到每个人的成长和发展，但教材究竟是什么，对于其概念的界定和本质的理解，仁者见仁，智者见智。我国两位著名的教育先驱叶圣陶和陶行知对教材就有不同的论述：叶圣陶主张把教材设计成上课时所用的材料，突出教师的重要作用；陶行知则主张把教材设计得"便利学生学"，充分发挥学生的学习主体作用。在教育观念不断更新的今天，人们对教材的理解也相应发生着变化。一些学者从不同角度进行了论述，概括起来主要有以下几种说法。③

(一)课程说

有学者认为，教材就是狭义的课程④，是承载课程目标和内容的载体。这种理解在课程资源并不丰富的历史时期具有一定的见地，也反映出教材在课程实施中占有极其重要的地位。当然，放在课程概念变得更宽泛，课程资源更加丰富的今天，不免给人以偏概全的感觉。

---

① 苏婷. 新课改十年教科书作用明显[N]. 中国教育报，2014-01-07.
② 现代汉语词典(第6版)[K]. 北京：商务印书馆，2012：655.
③ 陈月茹. 中小学教科书改革研究[M]. 北京：教育科学出版社，2009：25.
④ 欧阳钟仁. 现代启发式科学教学研究[M]. 台北：幼狮文化事业公司，1979：112.

（二）工具说

有些学者提出教材是用于教学，培养学生的一种工具。与教学资源、教具等一样，都属教学工具之列。这样的观点对于一些步入"教教材""唯教材论"误区的教师具有观念上纠偏的积极引导作用，但也容易导致一些师生走向另一个认识的极端，轻视甚至漠视教材，弱化了教材应该发挥的重要价值。

（三）材料说

《教育大辞典》中对"教材"的解释是：教材是教师和学生据以进行教学活动的材料，教学主要媒体。[①] 有些学者提出，教材是由一定育人目标、学习内容和学习活动方式分门别类组成的可供学生阅读、视听和借以操作的材料。[②③] 这样的观点一定程度上把握了教材的功能和定位。

（四）媒介说

这种观点认为教材是解决教学矛盾的产物及联系的中介，"教材即传授知识技能的事实，它是位于教育者与被教育者之间的媒介"。甚至曾经有观点以此为基础对教学进行界定，认为教学就是师生以教材为媒介，进行的一系列知识传授活动。这些观点突出了教材在教与学矛盾中的重要作用，然而现在看来无疑比较落伍，随着教育资源的不断开发，以及教育技术快速发展并得到更普遍应用之后，教育者与被教育者之间的媒介更加丰富多样，教材虽然仍在发挥着一定的媒介作用，但已经被逐渐弱化和替代。

（五）范例说

叶圣陶先生曾在一次研讨会上说过："语文教材无非是个例子。"相似的观点认为，教材是为开展教学活动以使师生互动产生知识，提供的一种范例和素材，以便师生能够以这些"范例"为基础，积极主动地开展教学活动，在理解和建构教材内容意义的基础上，获得知识与技能、过程与方法、情感态度与价值观的全面发展。[④] 这种观点强调教师不能"唯教材是瞻"，鼓励

---

① 顾明远主编. 教育大辞典（第1卷）[K]. 上海：上海教育出版社，1990：282.

② 曾天山. 教材论[M]. 南昌：江西教育出版社，1997：7-8.

③ 范绮. 教育哲学[M]. 北京：世界书局，1973：184.

④ 毕华林. 教材功能的转变与教师的教科书素养[J]. 山东师范大学学报，2006
(1).

他们发挥自身的创造性，利用教材举一反三，对教材进行二次开发。

(六)其他

还有一些其他的观点，比如，认为教材是一种教学的手段。类似的认识注意了教材的局部功能和作用，但往往存在明显的偏颇。

四、教材的功能

教材具有多种功能，并随着使用者、学科及编写者背景不同而变化。苏联的朱耶夫和贝林松认为教材具有七方面功能：是学生掌握信息的基本源泉；将学科知识体系转换成教学体系的转换功能；授予学生以科学系统化方法的系统化功能；谋求知识与技能巩固的功能；培养学生自学的功能；统合学生周围基本信息，使之成为一个整体的综合功能；作为政治、意识形态手段的教育功能。[①] Jaan Mikk 认为教材具有八方面功能：动机学习激发功能；信息呈现功能；系统化知识的功能；引导学习方向的功能，包括学习内容指导与学习策略指导两个层次；学生自我评估功能；促进学习个别化的功能，主要是为不同水平的学生提供相应的教科书；价值形成功能；协调不同学科的功能。[②] 国内学者钟启泉提出教科书具有三大功能：信息功能——选择、传递对学习者有价值的真实的信息、知识(真实性、思想性)；结构化功能——有助于学习者建构自己的知识(系统化)；教育指导功能——使学习者学会合理的学习方式(指导性)。[③]

2001 年，我国教育部印发的《基础教育课程改革纲要(试行)》中对教材开发提出明确要求：教材改革应有利于引导学生利用已有的知识与经验，主动探索知识的发生与发展，同时也应有利于教师创造性地进行教学。教材内容的选择应符合课程标准的要求，体现学生身心发展特点，反映社会、政治、经济、科技的发展需求；教材内容的组织应多样、生动，有利于学生探究，并提出观察、实验、操作、调查、讨论的建议。

鉴于教材功能多样，把教材严格区分为学生用书和教师用书无疑是过时的做法，在学生手里使用时可以担负传递知识等功能，在教师手里时可

---

① 钟启泉. 现代课程论[M]. 上海：上海教育出版社，1989：596-596.
② Jaan Mikk. Textbook：Research and Writing [M]. Bern：Peter Lang，2000：17-20.
③ 钟启泉. 现代课程论[M]. 上海：上海教育出版社，2004：379-380.

能担负帮助其改变教学实践等功能。① 笔者认为，从课程和教学应用的角度，教材具有以下主要功能。

(一)支持课程建设

教材是课程的重要组织部分，是居于核心地位的重要课程资源，是体现课程理念、目标、内容、评价等方面的显性载体、物化形式，一种示范、参考和借鉴，也是课程实施的抓手和保障。课程改革往往也需要通过教材在内容的选取、组织等方面直观表现出来，并将这些课程改革的成果相对稳定、固化和传承。可以这样形容，课程改革的一级级接力棒，传递给教师手中的主要是教材。以教材作为参照，有助于学校、教师对课程纲要、课程标准等更深入、准确地理解。

这体现出教材的"课程资源"属性。然而，特别要注意的是，教材不等于课程，不能将课程窄化为教材，认为教授了教材就完成了课程教学任务。这种偏颇的认识极其有害，应引起广大教师的警醒。

(二)承载学科知识

教材最核心、最重要的功能是承载知识，这些知识是人类文明发展所积累的精华，是经过实践检验被普遍认可，具有科学、规范特点，青少年成长所需的基础性知识。当然，这些知识不限于事实性知识，也包括学科的能力、方法，以及情感、态度形成等内容，是学生核心素养、学科素养、学生能力发展的载体，使课程标准中的教学目标更加显性化、清晰化，使教学更加有的放矢。

无论教材如何发展变化，其作为"知识手册"的属性永远不会消失，只是所占的比重会根据需要合理调整。

(三)引导教师教学

近几十年来，随着教育理念的发展，教材观也发生了很大的变化，教材除了提供知识内容和知识目标，还将比较典型、实际教学效果突出的教学设计思路显性或隐性地渗透其中，引导教师结合实际创造性地使用，帮助教师改善课堂教学效果。因此，当前应用的教材都注意提供获得普遍认可的优质教学策略和方式，并将教材中的内容拆分成不同的栏目，便于教

---

① 弗朗索瓦-玛丽·热拉尔等. 为了学习的教科书[M]. 上海：华东师大出版社，2009：70.

师灵活地编排、组织和丰富，以形成具有个性化的教学设计。

引导教师教学体现出教材的"教"材（助教）属性。

(四)促进学生学习

传统的教材重视教师对知识传授，相对忽视学生的自主学习，往往用大段的文字介绍学科的知识和规律，不管学生是否喜欢是否能够理解。给人的感觉是一个知识权威在"自说自话"，丝毫不顾及听众的感受和反应。

教材要符合学生的认知特点和习惯，做到深入浅出、循序渐进，这是教材与一般科学著作相比最大的不同之处。教是为了学，学生是学习的主体，而且学习不只是在课堂上才能发生。基于这样的认识和理念，当前的教材更加注重学生的自学功能，这无疑是一个重大的进步。在内容的表达上，尽量使用学生更易于接受的较通俗化的语言，努力与学生"对话"；在栏目的名称上，也引导学生的各个学习环节，如"你知道吗""想一想""试试看"等；同时，设置章前言、节前言、课后归纳等栏目，帮助学生主动理解和把握待学习的内容，反思归纳学习的收获；还有，提供一些关于学习方法的建议，让学生结合自身实际形成较理想的个性化学习方式。

支持学生自学体现出教材的"学"材（导学）属性。

(五)引导学科实践

如果笼统划分，教材内容可分为陈述性内容和活动性内容。现代的教育理念强调学生在"做"中"学"，在活动中去自我发现知识、感受知识的应用价值，同时也获得学习的经验和能力，而这些收获远比知识本身更重要，更有利于学生的长远发展和终身发展。因此教材会设计较丰富的活动，引导学生进行广泛的实践，如调查、文献检索、实验、设计、讨论、展示等。

有些教材出于教学目的特别突出学生实践活动。比如，美国在 20 世纪 70 年代就开发出了活动型的教材《实验化学介绍》（*Introduction of Experimental Chemistry*），它不是以学科知识的方式进行表述，而是用了 52 个研究性项目作为基本组织方式，此教材必须在实验室条件下使用。也有些教材将活动性内容拆分出来，形成单独的活动手册，教材则以陈述性内容为主。

引导学生实践体现出教材的"活动手册"属性。

(六)检测学习效果

检测是不可或缺的重要学习手段和环节。教材通过设置检测练习，帮助学生了解自己的学习状况，并加深对所学内容的领悟，强化知识的应用。除了练习检测以外，教材还可设置自评、互评栏目，实现学生自我反思、同学观察互评、教师评价、家长评价等多维综合评价效果。既能帮助学生把握自身学习状况，有的放矢地改善学习，又能帮助教师了解学生掌握程度，有针对性地改进教学。除了帮助教师和学生评价学生学习，教材还对考试试题命制的内容、形式、难度等方面发挥引导作用。

检测学习效果体现出教材的"评价手册"属性。

(七)记录学习收获

教材是学生学习的重要资源，在学习过程中学生需要记录教师提供的新知识、新方法，还需要记录自己在学习过程中练习的答案、实践探索的成果、学习的总结和感悟，因此当前很多教材尽可能设置"留白"，让学生书写学习的收获。然而，限于教材的样张和成本，教材能给学生留有的记录空间往往非常有限，难以满足学生的需要，很多内容需要记在另外的笔记本上。

记录学习收获体现出教材的"学习记录"属性。

除了以上一些重要功能之外，教材还能提供一些参考资料、工具表、知识链接、教学情境资源等，发挥教学工具、教学情境等功能。

案例：北京版初中化学教材前言

亲爱的同学们：

翻开这本书，它将会带你进入一个五彩斑斓的化学世界。

在书中，我们精心为你设计了适合化学学习的各种板块和栏目。它们将引领你在科学的海洋中畅游，享受知识带给你的乐趣。这不仅有助于开阔你的视野，增进你对科学、技术与社会之间相互关系的理解，还将激发你的想象力、创造力和动手实践能力。

我们真诚地希望这套教科书能引发你学习化学的兴趣，培养你对科学的热爱。[1]

综上，教材是具有复合属性的多功能综合体，既要承载知识，还要"导教""助学"，以及引导学生自主学习和开展课内外学科实践活动等。然而，有以下几点应当引起足够重视：

---

① 宋心琦主编. 初中化学教科书[M]. 北京：北京出版社，2013：1.

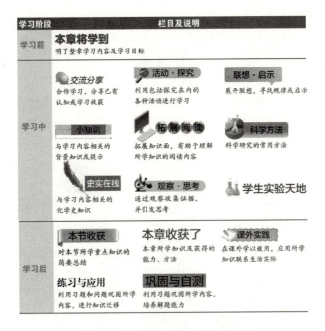

图 1-1　北京版初中化学教材前言

其一，不能盲目扩大教材的功能，否则过犹不及。从哲学辩证的角度来说，如果一件事物"什么都是"，它将"什么也不是"。同样的道理，如果教材试图追逐教辅资源、教学的所有功能，必将导致教材的泛化、异化，不伦不类而丧失其应有的价值。

其二，要注意教材功能的主次。鉴于教材功能多样，必须根据教育目的和实际需要分清主次，否则将可能导致教材本末倒置、舍本逐末。

其三，要注意教材在内容表达上的特殊之处。虽然承载知识，但应用对象主要是青少年学生，因此不同于学术著作，不能过于面目严肃；虽然引导学习，但需要讲究教学的科学规范，因此也不同于科普读物，不能过于轻松随意。

由于缺乏对教材功能、特点的深入认识和理解，早期的很多教材采用简单的"拿来主义"，如使用基督教的圣经或是儒教的"四书"（《大学》《中庸》《论语》《孟子》）和"五经"（《易经》《诗经》《书经》《春秋》《礼记》）之类的经典或古典的原文本身，也有直接使用学术著作，如《几何原理》等。这些书籍本身并不是为教学而编写，没有体现出教学规律和教学方法。使用这些本身不是"教材"的教材，无疑给师生的教与学带来很多困难。

教材的复合功能给教材编写带来巨大的挑战。相信每位编写专家都有这样的切身体会，在有限的篇幅中，因为要兼顾和平衡这诸多功能，常常纠结于孰轻孰重、孰多孰少的考量。在满足一方面或几方面的时候，另外几方面可能被弱化或顾及不足。因此要打造一套非常理想的教材，首先要考虑的是教材的科学定位问题，其次解决教材内容受样张限制的问题，再次是平面化呈现特点问题。不过，这些问题都有望在电子教材的设计开发中迎刃而解。

第三节　教材对教与学的影响

教材与教学紧密相连，相互依存，相互支持。教材是教学的重要支撑，同时也在教学应用过程中得以检验和发展。除了这层关系之外，两者又互为矛盾，互相限制。一方面，教材是教学的重要参考和依据，其质量对教学效果必然会产生影响；另一方面，教材在编制的时候，编写者必须充分了解学校的软硬件条件、教师的教学水平、学生的学习能力，不能脱离实际闭门造车。否则，过于理想化或低于教学水平的教材必然遭到师生的排斥。对这种作用与反作用的对立统一关系，如果缺乏清醒认识，不能将其理顺，可能导致在相互纠缠中彼此价值和利益都受损害的两败俱伤结果。

抛开这些因素，教材由人（编写人员）编写出来，被人（教师和学生）教学应用，完全为人所左右，用好用坏全在于使用者，在于他们持什么样的教材观，采用什么样的应用方式。也就是说，教材既可能对师、生、教、学产生正面的积极影响，也可能产生负面的消极影响。

一、教材对师、生、教、学的正面影响

(一)渗透和传递课程目标

学生培养目标、学科课程标准（或教学大纲）等纲领性指导材料的重要性不言而喻，但长期以来教师们普遍反映阅读和理解存在一定困难，或者感受不深，执教学段越低的教师这种情况也越严重。究其原因，这些材料往往表达得比较抽象和笼统，对长年实践于一线教师不免有"曲高和寡"之嫌，所幸进入课程改革之后已经有很大的改善。而教材是依据相关指导性文件和材料编写而成，教师们把两者结合起来进行比对和验证，能够更清

楚地把握教学目标。由此看出，教材发挥了传递课程教学目标的重要作用。

(二)传承典型知识和经验

通过教材编写者潜心研究，充分借鉴国内外先进教材成果，吸纳教学中的成功案例，精心选材、加工、组织，承载了既丰富又典型教学内容的教材才得以开发出来。不难看出，教材发挥了不可替代的传承教育成果的作用，而且在继承传统的同时又结合时代要求加以创新。如果没有教材支持，教学内容全靠教师进行开发，其工作压力、工作强度将不可想象。对于经验丰富的优秀教师来说，也许并非是不可完成的任务(甚至个别名校还组织教师改编、自编教材)，但对更多经验、能力、水平一般的教师来说，无论是理论水平、知识视野、对教学目标的把握都无法满足要求。即使勉为其难地开发出来，其质量也无法保证。这方面我国曾有惨痛的教训："文化大革命"时期，中央教育行政管理部门一度向地方下放部分教育权力，允许自编教材。然而各地拿出的教材质量非常不尽如人意，造成了教育质量的"滑坡"。无论是从历史的教训还是从现实的考量，教师的主要精力应放在创造性地使用教材，利用教材设计和实施符合实际需求的教学。

(三)保证基本教学质量

我国作为一个经济尚不发达、发展很不均衡的人口大国，很多地区教育水平仍然比较低，突出的问题是师资力量不雄厚，"教非所学"的教师占相当大比例。在这样的背景下，教材起到了规范教学内容、教学目标、教学方法的作用，保证了最起码的教学质量。如果没有教材作为教学的依据和示范，这些教育不发达地区的教学水平将更加难以想象。

即使在教育状况比较好的地区，对于缺乏经验的教师，有一个相对权威的教学资源充当教学的重要抓手，能避免教师过于随意发挥，对于在基础教育阶段为学生打下相对扎实的基础，并使他们具备继续深造的学习能力起到保障作用。

再有，在大班教学的背景下，如果没有相对统一的教材，学生在进入更高学段学习时，相互之间知识背景各异，能力水平参差不齐，而教师面对这样的"多国部队"，必然陷于"众口难调"的窘境，教学将无从下手、无处着手。

(四)有助于教学进度统一和教师互助

教师的工作"个体化"特点比较突出，备课、上课、判作业等几乎都是

"单打独斗"。然而,教学既是一门艺术,更是一门科学,如果教师之间缺乏同伴互助,不能集体备课,一起进行教学研究,共同建设教学资源,这样的"单干"显然对教学质量的保证和教师专业成长都极其不利。

教材的统一使用有助于大体统一教学进度和内容,教师们可以在教材这个共同的"平台"上进行对话和交流,共同发掘教材的内涵和价值,研讨基于教材的科学教法。合理分工,群策群力,共建共享教学资源,贡献每个人的经验和智慧。既减轻教师个人的工作压力和负担,又提升工作效果。可以说,教材是联结课堂教学与校本学科教研的重要纽带。

(五)给学生提供学习依据

课堂教学中,教师会组织学生进行很多的学习活动,通过教师讲授、学生自主学习、小组讨论等方式引导学生主动发现知识,活动环节较多,信息量也比较大。如果不能让学生清楚哪些是重点,哪些是一般要求,哪些需要掌握,哪些只需了解,学生可能陷入盲目,"胡子眉毛一把抓",这样不仅会加重他们的学习负担,而且也不利于学习效果。对学生而言,给他们提供抽象的教学目标内容他们通常难以理解,教材的示范和指引作用就显得尤为重要:一方面帮助他们梳理知识,使之条理化、系统化;另一方面有利于明确学习目标,并为课前和课后的学习提供支持。试想,如果没有教材,学生课前对学习任务可能一无所知,课后依靠只有知识"骨架"的笔记进行学习又将是多么困难。

二、教材对师、生、教、学的负面影响

如前文所述,新中国成立以后很长时期内,都采用"一纲一本"的统编教材方式,从1951年至1986年,国家教委委托人民教育出版社共编写了7套全国通用中小学教材。1986年以后,中小学教材建设进行重大改革,教材编写由"一纲一本"变为"一纲(标)多本"和"多纲(标)多本"。"一纲一本"时期,教材几乎是教师和学生唯一的教学资源,有限的一些辅助性的参考书也是紧扣教材编写而成,教材处于毫无竞争的绝对"霸权"地位,既是教学的依据,也是考试的依据,教材不由自主地扮演了教学的"圣经"、测试评价的"考经"角色。

在这样的背景下,如果教育者缺乏科学的教材观,盲目地仰视或藐视教材,教材会对教师的教和学生的学形成束缚,不能实现教材应有的价值。

(一)教材对教师教学的负面影响

1. 教材限制教学

我国在很长的历史时期，教材是教学、考试的极其重要的依据，以至于出现把教学简单化成为"教教材""学教材""考教材"的行为。教材被师生过分倚重甚至很大程度成为他们的依赖，教学也按照教材设定的框架和顺序开展，一切都从教材出发并回归教材，教师几乎是拱手交出了主动性和决策权。这种状况即使在国外发达国家也比较普遍。早期有研究发现，四年级学生82%的学科学习活动时间，都花在使用教材上。[①] 教材在发挥积极作用的同时，无形限制了教师经验、智慧的发挥，束缚了学生的批判学习能力和创造精神。

教学评价也或多或少步入了误区：教材是评价教师教学的依据，教材上的知识点都能讲清楚、说明白、重点突出、难点突破，这样的教学就被视为成功的教学，这样的教师就是高水平教师。相反，忽视教材、不落实教材、超越教材都可能受到怀疑、质疑和批评。导致有创新精神的教师也不敢"越雷池半步"，乖乖地回归教材。久而久之，即使最初对教材有所抱怨的教师很多也逐渐适应，并安于这样的现状——因为教学变成相对简单的"教书"行为，通常只需经过一轮的磨炼之后，教师就能"得心应手""应付自如"了。

即使在课程改革走向深入的今天，在一些学校仍不难见到这样的情形：教师的教学是围绕提前准备的学案进行。学案内容大体是由教材知识点转化而成的，答案明确、唯一、封闭性的填空、问答题等。于是，教学的目标和任务被简化为解答这些问题，落实这些知识点。学案原本有其独特的导学价值，然而这样的学案却无异于一道道绳索，束缚了教学的灵活性、生成性、开放性，自然也束缚了学生学习的积极性、主动性、创造性。更有甚者，极少数老师照本宣科，遵循教材的内容编排和活动设计，按部就班、不折不扣地加以落实，丝毫不考虑教材提供的教学设计思路是否与自己的教学风格、学生的学习风格相符，是否切合学生的实际水平，是否能有效达成教学目标等。

---

① PK Komoski. Instructional materials will not improve until we change the system [J]. Educational Leadership，1985(42).

案例：历史教学中的"教书"状况

在中学教学实际中，常常会看到很多"唯教科书"的情况，长期以来一直累及我们的教师和学生。例如，教师和学生的一切活动，都死死围绕着历史教科书转：教师向学生介绍、讲述历史，其实是在介绍、讲述历史教科书；教师所用的教学方法，多是讲解历史教科书的方法；教师对学生学习历史的要求，主要是要求学生掌握历史教科书，等等。如此一来，历史教师在教学中的主导作用，无形中就被历史教科书的主导而取代了，教师在教学活动中的创造性、主动性无意中限于书本而被削弱。当教师被教科书牵着鼻子走时，学生更是要顺从于教科书了。学生学习历史的过程几乎成了诵读、摘录、背诵、复核及至默写教科书文字的过程；学生学习历史的方法和技能的训练，基本上围绕在对历史教科书的识记上；学生的学习活动和认知活动，似乎并不是面对历史，而只是面对历史教科书，而历史教科书之外的事理则完全不必探究。①

2. 教学排斥教材

随着课程改革的推进，教师对教材的认识回归理性，但也出现走另一个极端的情况，那就是轻视教材。

一种情况是教师认为教材无法顾及具体的教学场景和实际需求，以"个性化教学"为由将其"逐"出课堂。这种理由显然站不住脚，教材本身也无意"包办"教学，而且给教师教学留出了发挥的空间。教育存在共性的规律，这些一般性规律不因为个别具体的教学情况的存在而被否认，教材蕴含了这些规律的成果，具有普适性的指导应用价值，不应被忽视和舍弃。

另一种情况是有些教师认为，只要自己在课堂中渗透了教材的内容，考试要求的重难点得到落实，就没有必要让学生在教材上再浪费时间，因此出现了用教学代替教材的情形。然而教学存在时空局限，尽管学生在课堂上会记录笔记，但往往是知识的要点和结论，缺乏知识的背景、细节、过程和发展，学生靠阅读笔记并不能对学习内容进行系统地把握，不能深刻地领悟和引发新的思考。长此以往，学习内容将变得支离破碎，不利于打下坚实的基础。再有，课堂教学不会、也不应该面面俱到，很多相对浅显的内容可以让学生自己阅读教材获取，既节省课堂教学时间，又有助于学生阅读理解能力的提升。因此，教师要克服教学代替教材的不良倾向。

---

① 叶小兵. 对历史教科书作用的反思[J]. 中学历史教学参考，1996(5).

3. 抑制专业提升

当教师对教材形成依赖，其教学工作极易转变为"解读教材""执行教材"的简单行为。这样的教师如果离开教材这根"拐杖"，可能变得寸步难行：站在讲台上手足无措，不知该选择什么样的教学内容如何与学生对话，不清楚该让学生掌握到什么程度……由此看出，教材限制了部分教师教学的主动性、创造性，由于他们不敢超越教材，其业务水平的提升也受教材这个"天花板"的限制。

虽然造成这样的结果是教材的"无心之过"，但长期积累形成的教材观的确带来了不小的危害，导致部分教师离了教材就无从备课、授课，个人的学科专业知识也越来越局限在教材范围之内。只有给这些老师解除掉教材这根"绳索"的束缚，他们才能够超越教材，真正发挥自身的聪明和智慧。而这个问题，更多的是需要他们加强学习，提升理念，依靠自身的努力去解决好。

(二)教材对学生学习的负面影响

1. 窄化学习视野

人们常批评一些学生"死记硬背""读死书""死读书"，从侧面折射出教材可能在一定程度上限制学生的学习，使他们形成学习的依赖。导致这种状况的原因很多，其中教师在教学过程中过分重视教材往往是最主要的原因：课前要求学生预习教材；课中带着学生分析教材，把教材上的知识点逐一标注出来；课后的作业围绕教材；考试时很多试题要求不折不扣地按照教材内容填写。教师把教材的地位推崇到无以复加的地步，教材也就成为教学的中心，学生的学习自然而然就围绕教材展开。在学生的心目中，教材上有的内容就需要重视，教材上没有的内容就可以无所谓，把学习简化为"念书"。然而教材的容量终究有限，另外也不可避免蕴含着编写者的个人偏好，这种状况使学生的学习视野非常狭窄，缺乏活力和灵活性。这如同给一个还不善行走的人提供拐杖，帮他迈开步伐，但如果他始终不能甩开拐杖，拐杖反而对他造成限制。因此，要避免让教材成为束缚学生的"拐杖"。

当然，也有学生由于受教师"重教学轻教材"的影响而忽视教材，一学期或一学年结束时，课本还跟新发下来的一样。这种走另一个极端的情况也值得关注。

2. 加重课业负担

近年来屡有新闻报道，很多高三学生在高考结束之后，把教材当作发泄对教育不满情绪的对象，撕成一页一页向楼下"天女散花"。教材虽有无辜"代人受过"之嫌，但教学中教师过分要求掌握教材，对教材每个字里行间的内容都"精雕细琢"，并利用考试考查教材的手段强化这种要求。这些做法，不仅使学习变得枯燥乏味，教材无形中成了加重学生课业负担的"罪魁祸首"也就不足为怪了。

3. 限制创新能力

课程改革之前的教材基本以呈现有明确结论的知识为主，缺乏开放度，使得学生的学习处于封闭状态。即使学生在学习和实践过程中发现与教材不一致的地方，因为有"定论"清清楚楚地呈现在书上，学生首先会怀疑是自己出现错误，不敢把自己的发现大胆表达出来，也不去深究其中可能蕴含的学问。长此以往，学生的问题意识、创新能力、科学精神都会被压抑甚至扼杀。从国家对创新人才的培养目标来衡量，这无疑是一个非常值得关注和亟待解决的严重问题。即使当前中小学教材虽然有了了不起的进步，但类似问题依然存在。

对此，《孟子》中有"尽信书，则不如无书"的精辟见解，强调不要迷信书本，倡导独立思考，勇于质疑。作为两千多年前的古人，尚且有这样的远见卓识，我们如果还不及先辈岂不可笑。

三、正确发挥教材在教和学中的价值

课程改革是一个全局性的改革，它给教材带来很多全新的变化。然而面对新教材，教师表现各异，差别非常大："有的感到无所适从，茫然不知所措；有的恪守教材而教教材，不敢越雷池半步，从而照本宣科；有的脱离教材而随意另选材料，费力而收效不佳；有的在教学中再生教材，把教材当做活的资源来使用。"①

教材作为一种重要的课程资源，归根结底是一种应用对象，没有将其摆正位置、对其不合理使用造成的失误或错误，不应归咎于教材本身，而在于使用者。教材不是真理，很多知识会随着科技的进步、人类认识水平的发展而变化。自然科学领域，冥王星曾被当作太阳系九大行星之一，原子被认为是构成物质的最小粒子等；人文科学领域，知识有更强的主观性，随着社会的发展和人们认识的提升，一个概念的界定常常会不断修正和完善。因此，知识可视作是现阶段对世界最合理的认识和解释。而且，不能

---

① 郝淑芳，蒋夏林. 处理教材要把握好三个关系[J]. 湖南教育•数学教师，2007(2).

把教学简单化为将教材内容"复制""粘贴"到学生的头脑中。在教学中应科学、灵活地运用教材，做到"用教材教"而非"教教材"。教师应结合学生实际，融合自身的教育经验和教育智慧，加工教材内容形成更理想的教学资源提供给学生，满足学生的个性化学习需要。教师在施教过程中要避免走两种极端：一种是过分依赖教材，把它当成唯一的教学依据，不敢"越雷池半步"；另一种是过于轻视教材，盲目脱离教材或随意改编教材，甚至以"挑战"教材的权威性作为"时尚"。教材具有其应有的"高度"和"站位"，既不需要教师仰视，也丝毫不容藐视。承认教材应有的权威性，但不能绝对服从；把教材看作资源的一种，但充分领悟其内涵和借鉴及优势。总之，要用好教材，需要教师不断提升教育理念，形成科学的教材观，教学既基于教材，又超越教材。

　　另外，教材是依据学生培养目标，遵循课程标准编写而成，是对课程标准的解读和演绎，因此教师应在使用教材之前和使用过程中，要加强对课程标准的研读，结合课程标准要求更深入地理解、把握教材，使教材的功能和价值充分发挥出来。[①]

　　考虑到教材对教学存在利弊两方面的影响，并非所有的课程中教材都是必需的。课程按应用地域和影响通常划分为国家、地方、校本"三级课程"，其中校本课程更突出学校个性化教育特色和目标，通常教师开发讲义即可组织教学，也建议教师们把精力用在讲义和教学设计上，避免步入重教材开发轻教学效果的误区。当然，如果该课程经过时间检验深受学生欢迎并成为学校的品牌，讲义也积累得比较系统而丰富，在此基础上顺理成章地加工成校本教材，以此固化和传承教学成果也不是坏事。

第四节　教材内容的选择和组织

　　编写教材是一个极具挑战性、复杂程度很高的任务。教材内容是决定教材品质的最关键因素，然而，摆在编写者面前的知识素材可谓"琳琅满目"，进行选择时需要考虑哪些因素，选定的内容该如何组织？这不是一个容易回答的问题，因为要权衡考量的因素较多，绝非只是简单的哪一个或

---

① 乐进军. 北京版初中化学教材特色分析[J]. 新课程教学，2013(5).

几个方面。因此，把握科学的指导性原则就显得极其重要。

一、教材内容的选择

在对教材内容进行选择时，需要把握以下几个"统一原则"。

(一)基础性与发展性相统一原则

"基础教育"一词清楚地揭示了在这个教育阶段的根本任务和目标，是为了学生未来的发展奠定基础。因此，教育的内容应突出基础，不宜过于高深、深奥。然而，不能简单地把较浅显、简单的入门性知识都看作是基础性知识，正如打地基是为了盖楼房一样的道理，基础性隐含的另一个重要特点是发展性，这些知识为学科的后续学习作铺垫，为学生未来成长的选择性作准备，具有很强的"弹性"和"张力"。然而，不同于盖楼房有明确的规划图纸、清晰的目标，学生的发展具有不确定性、差异性和自主性。因此，在考虑具有共性特点的基础上，适当体现一定的选择性，在共同性和差异性之间把握合理的度，前者为主，后者为辅。

由于对这些道理认识得不够全面到位，教材设计者可能有意无意地步入这样的误区：觉得这对学生的发展有益，那对学生的进步有帮助，不断把主观认为"有用"或"重要"的内容"塞"进教材中，而幼小的孩子根本无力反抗，只能疲于应付。对这种危险和有害的成人化思维，必须予以坚决制止和反对。另外，学校不是学生唯一的学习场地，课本也不是学生的全部学习资源，社会、家庭也都是学生的"课堂"，是学校教育的基础、拓展和延伸。对于现实生活中易于获取的内容，没有必要简单地重复到教材之中。

(二)经典性与时代性相统一原则

在漫长的发展历程中，基础教育通过不断研究、提炼、创新、检验和完善，逐渐形成了较为经典的教育内容体系，这是一笔对青少年成长无比重要的精神财富。在学生最宝贵的青春时光，要注重教育的效率和效益，教材内容不容随意，应在分析论证的基础上，科学地选择和取舍，然后按照课程改革的目标和要求，结合学生的认知特点呈现到教材之中。对于存在争议、还有待验证的知识，如果不是出于特别的考虑，原则上不应纳入中小学教材。

学生到学校受教育，是为了将来能成为国家的合格公民、建设人才。因此，教育要着眼未来，与时代发展和进步的方向相一致，教材内容要符合现代化的教育理念。譬如，我国中小学教材应弘扬中华民族优秀传统文化、渗透社会主义核心价值观，促进学生形成顺应时代精神的积极情感态度价值观，包括爱国精神、民族自豪感、科学精神、环保意识、社会公平正义、社会责任感等。相反，对与落后于时代、与时代脱节或违背当前价值观、世界观、教育观的内容，应该果断地予以摒弃。因此，经典性的内容也需要从时代发展的角度进行分析和评判，教材建设是一个不断超越经典，同时创造经典的动态过程。

(三)社会需求和个人发展相统一原则

教育承载着为国家培养人才的重任，无论是什么年代，也无论是什么国家，都对人才有比较明确的期望和要求，因此教育首先要服务于国家建设的大局。教材中的教育内容，应与国家意志保持一致，与国家的政策法令及政治导向相契合。比如，当前我国大力倡导的发展学生核心素养等，必须在课程标准和各学科教材中有明确的体现。

学生的差异天然存在，各有所长也各有所短。在满足共性要求的同时，教材设计时应尽量考虑学生在学习风格、认知兴趣、个性特征、发展方向等方面的差异，既提供不同层次、不同类型的学习内容，也提供多种多样的学习活动，为学生的个别化、差异化学习提供资源上的支持和方法上的引导。

(四)学科培养与整体育人相统一原则

学科是教育的单元性载体，课程内容被划分成一个一个的学科，不同的学科承载不同的教育目标，但带来的问题是各学科注重局部，却易忽略整体，注重了学科素养的培养，却忽视学科间的整合。因此，教材内容在选择时既要植根于学科，有助于学科知识的构建、学科素养的发展，也要注重超越学科的科学素养、人文素养的培养。

教材中应选择那些符合未来社会发展需要，能为学生成人、成才打下良好基础，学科中重要的知识与技能。如各学科中的核心概念和重要原理、科学探究技能、社会与历史探究技能等。同时，这些内容还能够发挥载体作用，有助于教育目标的达成，有利于发展学生团队协作、技术运用、问题解决、自主学习等终身学习所需要的能力。

如果将此话题展开，需要考虑的因素常常超出学科本身，包括涉及的性别定位、民族平等、平衡传统与现代及国内与国际等深层次文化问题。比如，有学者曾对人教社版(1994—1996)的六年制小学语文教材进行统计分析发现："女性形象出现率仅为20.4％，而且年级越高，课本中女性出现的比例越低。""小学语文教材中出现的男性多为社会型、事业型、管理型、悠闲型,而女性出现的场景主要在家庭。"①由此看出,如果陷入学科难以自拔,不能从育人的高度来审视教材内容,教材内容可能出现编写者根本意识不到的严重问题。

(五)教学效率与合理负担相统一原则

合理设定学生的学业负担,使教材内容的容量和难度控制在绝大多数学生可接受的范围内。既不能急于追求教学效率,超出学生的学习水平和承受能力,过于加重学生的学业负担,使学生疲于完成教材的学习内容,挤压、掠夺他们实现个性化发展的时间和空间;也不能不顾及教学效率,随意地降低学生其实能够承受的学业负担。合理的学业压力能转化为学生学习的"助推剂"、进步和成长的动力。

案例:语文版新教材替换40%课文 未撤《南京大屠杀》

在昨天举行的语文版义务教育修订版教材使用暨培训工作会上,语文出版社社长王旭明透露,今年秋季,400多万中小学生将启用新修订的语文版一年级和七年级语文教材。与修订之前相比,新修订的教材课文数量减少了15%,共有40%的课文被替换,同时,古诗文和中国传统文化的比重有所增加。

注重传统 小学读背古诗增四成

语文出版社社长王旭明介绍,此次语文版教材修订的原则就是要充分发挥语文教材立德树人的优势,体现语文课程工具性与人文性统一的特点。目前,体现中华优秀传统文化的内容不足是语文课本普遍存在的问题。此次教材修订中十分重视古诗文学习,继承和弘扬中华优秀传统文化。比如,一至六年级相关课文约占全部课文的30%,每册最后一个单元集中安排反映中华优秀传统文化的课文。七至九年级相关课文约占全部课文的40%,每册安排两个单元的古诗文。同时,教材还注意通过课后练习、口语交际、习作(写话、写作)、综合性学习等内容的设计,使学生潜移默化地受到优秀传统文化熏陶。比如,一至六年级《百花园》中的"读读背背"栏目,安排的内容都是古诗文;全套教材在《百花园》中安排读背古诗文82篇,比此前教材增加了40%。另外,七至九年级口语交际中的《交流座右铭》《谈谈你心

---

① 史静寰. 教材与教学:影响学生性别观念及行为的重要媒介[J]. 妇女研究论丛,2002(2).

目中的君子》，写作中的《我看古人的苦读精神》，综合性学习中的《诸子百家初探》《现代社会与儒家思想》等，都与中华传统文化密切相关。

减负提质　课文数量减少 15％

在此次教材修订中，要体现的另一精神就是"减量提质"，减轻学生的负担。据统计，修订版语文版全套教材课文数量比修订前减少了大约 15％。不过，王旭明坦言，减量并不是减负的根本途径，更重要的是提升质量，即从语文学习的角度，把练习设计得难度适宜、梯度合理、衔接自然，精心考虑学生的接受度，以此提高他们的学习兴趣。同时，把非语文的或者说语文学习价值低下的内容筛选出去。这样做的目的，就是引导学生爱学语文、乐学语文、会学语文，切实减轻学生负担。除了减量之外，修订版教材与之前的版本相比，大约更换了 40％的课文。在选文上，力求文质兼美，所选课文既有较高的思想性，又有较高的语文价值。

结合时代　撤换更改部分篇目

在修订的过程中，一些优秀的传统篇目得到了保留。比如，保留了体现爱国主义和革命传统教育的篇目《小英雄王二小》《国旗和太阳一同升起》《吃水不忘挖井人》《朱德的扁担》等。但也有些篇目虽然内容很好，文字也不错，但是由于和时代要求不符，还是被撤换。比如，《谁勇敢》这篇文章，有些老师建议保留下来，但最终还是更换掉了，原因就在于一个孩子为了保护其他孩子不受马蜂蜇，用身体扑向马蜂窝，虽然保护了别人，但自己却受伤了，文本的结论是这个孩子最勇敢。

"之所以换掉这篇文章，是因为我们认为，对孩子来说，这不是最好的解决办法，不应倡导这种行为。怎么办最好？那不是语文要讲的事，至少在选文时我们不选这种文章。"王旭明说。

注重实用　增加语言运用练习

王旭明介绍，修订版教材在课后练习上，注意引导学生理解内容、体会情感，同时加强语言文字的理解和运用，做到既有一定数量的朗读和理解课文内容的练习，又有较大比例的语言文字理解和运用的练习。据统计，全套教材当中，语言文字运用题，即用语文来说现象，分析、解释各种问题的题目，占到 50％以上，主要体现在口语交际、习作和综合性学习上。如口语交际加强了互动性，比如，一、二年级看图讲故事《劝说》，七、八年级开一次辩论会《一分钱的官司该不该打》等；习作也加强了实用性，比如，一至六年级加强应用文的写作指导，安排了 8 次应用文写作的练习；综合性学习加强了实践性，比如，七至九年级的编演短剧、办一份小报等。王旭明表示，希望通过这些环节，切实提高学生语言文字运用能力。①

二、教材内容的组织

教材内容的组织通常需考虑以下几个"统一原则"。

(一)学科逻辑与认知逻辑相统一

教材在组织时主要考虑两个方面，一是学科自身的逻辑，一是学生的认知逻辑。

1. 学科逻辑

随着科学文化的不断进步，各门学科逐渐发展成为比较成熟、严谨的体系，学科知识内容之间存在或直接或间接、或显性或隐性的内在逻辑关联，也就是学科逻辑。它是按照一定的理论方法使学科中的各个知识点串联起来而形成一定的线索结构，通常以概念、推理、命题等形式出现。② 这种理论方法往往是该学科的内在知识线索，通过它将相关的知识有机串联组合起来。

就知识难易度来说，可划分为入门知识、提高知识、尖端知识，通常低层次知识是高层次知识的基础和学习的前提。举个浅显的例子，小学数学中的加、减、乘、除内容，在编排时都是让学生先学习加法，再学习乘法；先学习减法，再学习除法。因为后者是前者的提高和延伸，没有前者作基础后者的学习将无从谈起。类似的，在英语学科中，要让学生学习阅读，必然先让他们学习字母、单词。没有这些基础，学生面对的将是一堆莫名其妙的符号。

就知识的性质来说，可划分为理论知识、实践知识等，理论源于实践，又指导实践。理论比较抽象难于理解，实践则比较具体易于接受。在编排时，实践安排在前有利于学生理解抽象的理论，理论在前则有利于指导实践，效果不好一概而论，应根据学生的学习能力和教学目标的实际情况来确定。多数教材采用实践和理论交替安排的方式，总体效果往往更好一些。

除了有明确先后关系的知识内容，有些则相对"平行"，可以互为先后。

---

① 语文版新教材替换40%课文 未撤《南京大屠杀》[N]. 京华时报，2016-05-24.
② 杜尚荣，李森. 中小学教材编写逻辑体系的反思与重构——兼论教材编写的教学逻辑体系[J]. 课程. 教材. 教法，2014(10).

比如，物理中的热学和电学，安排哪在前哪在后，都各有利弊。在这种情况下，需要进行整体考虑和分析论证。

2. 认知逻辑

基础教育阶段的学生身心不断发展，其学习的认知心理也在不断变化，教材编写者需要考虑学生心理特点和认知水平，按照切合他们认知规律的要求对教学内容进行组织。比如，学生在数学学习之初，认识的数字是按"1、2、3、4"顺序，而非类似于"1、3、2、4"的随意安排。尽管从数学意义上，这些数字的作用、地位都是等同的，没有主次轻重之分，但毫无疑问，将数字按递增顺序编排学生更容易接受。同时，没有一本数学教材会把"0"安排在其他数字之前，因为它意味着"没有、不剩下、不存在"等，学生对这样的抽象含义难以感知，理解起来相对困难。又比如，低年龄段的学生在学习概念原理时，不强求他们非常准确、完整、到位地把握其内涵，可结合他们的知识基础和理解水平，采用打比方、不完全归纳等方式，帮他们大体知道其中的主体内容或关键，甚至有初步的印象即可，否则反而导致"欲速则不达"。欠缺的地方，可在后续的学习中寻找合适的时机不断深化和完善，而且这样安排还可能吊起学生的学习"胃口"。每一个阶段的教学，都应是以"省略号"，而不是以"句号"为结束，这样已知和未知就永远能关联起来。

认识逻辑很难用较短的篇幅概括清楚，但它却是学习心理中非常重要的组成部分，包含了人认识世界、改造世界的一般规律。当前教材无一例外地在知识的编排上注意从易到难、从简单到复杂、从具体到抽象、从生活实际到学科内容等，这些做法都体现了认知逻辑。

3. 学科逻辑与认知逻辑相统一

一方面，我们很清楚，学生头脑中如果充斥很多零散无序，相互之间缺乏关联的知识碎片，将难以构建知识体系，难以用来解决实际问题，这样的知识也不能产生真正的价值。因此教材内容按学科逻辑进行组织将有利于学生把握知识的来龙去脉，易于在头脑中使之系统化；另一方面，如果置学生认知逻辑于不顾，学生学习时不可避免会吃很多"苦头"，其主体作用的发挥也往往成为一句空话。这样教材的价值将难以真正体现出来。

由此不难看出，学科逻辑和学生认知逻辑两者都非常重要，需要相互兼顾而不能顾此失彼。既不能过于突出学科逻辑而不管是否贴近学生认知水平和喜好，也不能只考虑便于学生学习而弱化学科知识的系统性。在实际操作中，不应将两者对立起来，而应寻找两者的结合点，充分发挥两者的作用。如果的确存在不易调和的矛盾，需要结合教学目标，从利弊两方面审慎地分析论证究竟偏重哪一种更加理想。

案例：小豆包入学先识字后学拼音

新学期亮相的人教版、北师大版、北京版小学一年级语文教材，一大共性就是汉语拼音章节的错后。

以人教版为例，教材颠覆了此前"迎门学拼音"的设计，将"识字"单元置于"汉语单元"之前。此前的人教版小学一年级语文课本目录顺序为"入学教育、汉语拼音、识字、课文"等，新教材则改为了"我上学了、识字、汉语拼音"等。孩子们先学习"天地人"等简单汉字之后，再学习 aoe 等基本拼音。

北师大版语文教材中的拼音单元由以往的多个单元集中为 1 个单元，同时拼音单元在教材中错后放置。新教材要求学生在认识前几个单元的汉字之后再学习拼音。

无独有偶，北京版语文教材第一册要求学生在学拼音的时候就开始识字。据介绍，由于新教材的认读量较老版教材明显增大，因此在书中的拼音学习部分，就要求学生对生字进行"认一认"，并且在课后练习中会有相关的练习要求。

这一"颠覆性"变化，不少来自一线的语文教师和教研团队表示了认可。来自东城区教师研修中心的专家表示，此前教材中"先学拼音后识字"的设计，让很多孩子觉得枯燥，学的时候感受不到拼音的用处。现在让一年级的孩子们先认简单的字，可以让刚入学的孩子感受到学习的快乐，消除他们害怕甚至恐惧的心理。"因为字都比较简单，很多小朋友都认识。先接触汉字之后，小朋友在后面学拼音的过程中也会觉得拼音是有用的，学好拼音是为了认识更多的汉字。"

不少一线语文教师认为，新教材的这一改变显示出对于孩子需求的关注。孩子们在生活中可以经常碰到汉字；与之相比，拼音作为一个符号，孩子们在生活中接触、使用的机会都很少。教学顺序换一换，其实是更加关注到孩子们的需求。先学习认识一部分常用常见字，有利于将孩子的生活、经历融入学习中。

此外，从认知规律上来看，有教师表示，作为表音的拉丁字母，它的形与义之间没有直接的联系；而表义的方块汉字，远比无意义的、相似处很多的拉丁字母更容易辨认和识记。"孩子们显然是更容易接受具象的事物。"①

(二)"直线式"与"螺旋式"相统一

"直线式"是指前后的内容层层递进，不加重复。"螺旋式"则是在对旧知识适当重复、巩固的基础上，呈现新知识，增加知识的深广度。

苏联教育家赞可夫(Занков Леонид Владимирович)提出"直线式"的教学方式，他认为学生已经学过的内容就不要重复，否则会使学生缺乏新鲜感而对学习产生厌倦，降低学习效率。主张从减少教材和教学过程的重复中求得教学速度，从加快教学速度中求得知识的广度，从扩大知识广度中求得知识的深度。他提出："只要学生掌握了已经学过的知识，就向前进，就教给他们越来越新的知识。"同时他指出高速度也不是越快越好，引导者必须通过观察确定孩子已经真正地理解了概念，再发现孩子的探究的意愿后，才可以继续下一步的引导。对此他强调："以高速度前进，绝不意味着在课堂上匆匆忙忙地把尽量多的东西教给学生，而是根据是否有利于学生的一般发展来决定掌握知识和技巧的适宜速度的。"这个速度是要与学生的"最近发展区"的实际相适应，以丰富多彩的内容去吸引、丰富孩子的智慧，促进其发展。

美国教育家布鲁纳(Jerome Seymour Bruner)则提出"螺旋式课程"理论，强调以与儿童思维方式相符的形式将学科结构置于课程的中心地位，随着年级的提升，不断拓宽加深学科的基本结构，使之在课程中呈螺旋上升的态势。他认为一个好的"螺旋式课程"的编制应从三个方面入手：第一，把学科中普遍的、基本的概念和原理作为课程的中心，并且要注重内容编排的连续性；第二，使学科的知识结构与儿童的认知水平相统一；第三，重视知识的形成过程。

两种组织方式各有优劣，并且具有互补性，在实际编写教材时应综合考虑、统筹兼顾，根据需要一方面尽量体现出"直线式学习"的效率，另一方面通过"螺旋式学习"保障学习效果的落实和巩固。对后者我们强调得比较多，对前者却常常重视不足。比如，在概念知识的学习中，学生对抽象内容的理解不易到位，但未必就需要在此着太多笔墨，可以让学生带着初

---

① 小豆包入学先识字后学拼音[N]. 北京晚报，2016-09-13.

步的印象继续学习。后面的实践知识对它是一个注释和说明，当学完后面的知识，学生通过回顾反思产生顿悟，之前的困惑也许已迎刃而解了。也有人认为"直线式"比较适合相对成熟的学习者，"螺旋式"教材则对低龄学习者更有意义。

(三)纵向组织与横向组织相统一

教材内容的纵向组织是指按知识的先后和难易由旧到新、由浅入深、由简到繁的顺序进行编排。横向组织是相对纵向组织而言，是按照学生发展的需要，用一些"大概念""核心概念"等主题将内容进行统摄和整合。这种组织方式强调知识的旁征博引，突出知识的广度而不只是停留在深度的追求。

纵向组织在新知识的学习中必不可少，有利于让学生把握知识的来龙去脉，实现知识在数量和质量上的积累和深化。然而如果只是这种单线条式的发展，缺乏对学科内以及学科之间相关知识的联系，知识将变得孤立，削弱其系统性，也不利于知识的应用，因为学习的目的是"学以致用"，而实际的问题通常具有复杂性，很难只用单独某个知识点就能够解决。因此，在对教材内容编排时应根据教学目标、教学进度、学生水平状况，合理地对两种组织方式加以选择和运用，使之有机统一。

第五节 数字时代纸质教材凸显的局限性

很多人对自己在学习阶段使用过的教材有一种油然而生的亲切感，因为它们曾像亲密伙伴一样，陪伴自己度过了美好的学习时光，对自己的成长默默地发挥了重要作用。的确，纸质教材在漫长的历史时期，对人才的培养和人类文明的传承作出了不可磨灭的贡献。时至今日，它仍然是书籍中最受关注、应用面最广、市场影响力最大的部分。

正如哲学上所说的任何事物都存在正反两方面一样，纸质教材既具有一定的优点，又存在诸多不足。其优点主要有：使用简便，开卷即可阅读，动笔就能标注和记录，无需其他技术条件支持；稳定性、安全性强，使用过程中不会出现电子设备可能出现的各种意外情况；由于功能单一，反而能让阅读者聚精会神地专注于阅读，不会受其他干扰，有利于深度理解和思考。然而，在数字技术快速发展的今天，纸质教材的局限性愈发凸显，越来越不能满足现代化教育的要求和期望。

一、容量相对有限

纸质教材受成本限制，其样张数量有较严格的要求，导致教材容量非常有限。教材编写者受困于此要求，常常纠结于对一些内容的取舍，被迫对很多有助于教学的内容忍痛割爱。基于这样的原因，很多教材相对"单薄"，宝贵的篇幅只能用于呈现结论和规律，不能充分拓宽学生学习视野，给他们提供丰富的与社会、生活、科技相联系的内容，以及知识应用的情境，不利于调动学生自我学习的积极性。为此，有人形象地将它比作有营养但缺乏味道的"压缩饼干"。虽然教材编写者试图改变这种状况，比如，在教材中设置"留白"，提供给学生探究、表现的空间，但往往因为教材内容都已经无处安置而只能作罢。

二、版本不够丰富

考虑到编写、印刷、出版、发行等环节的经济成本，一家出版社在一个学科通常只会开发一个教材版本。这意味着，选用这套教材的某一地域的所有学生都别无选择，只能"一刀切"地使用这唯一的版本，学生客观存在的知识基础、认知水平、学习风格、学习能力、学习目标的差异将无法顾及。如果将教材比作学生需要摄取的营养，由于学生学习的"胃口"存在差异，总会出现一部分学生"消化不良"，一部分学生"营养不良"的情况。另外，无法做到因"材"施教，教学的针对性难以体现，教学的实效性也难以保证。总之，只要纸质教材仍然使用，教材的多样性、选择性就永远是一个难以企及的梦想。

三、改版周期过长

目前一套教材在使用过程中，只要不是课程标准进行了调整以及教材出现了明显的科学性问题，出版社对教材进行质量提升的改版意愿往往并不主动和强烈。从投入、收益和风险的角度去揣度，应该不难理解：每一页图文混排之后版面相对"固化"，教材改版过程中"牵一发而动全身"，有一处修改可能导致后续许多页面需要调整，投入工作量很大，并耗费不菲的版面制作成本，而且还要承担可能由于审校不慎而产生新的疏漏甚至错误的风险。当前教材改版周期大多在十年左右，这种"不变、慢变"与快速变化的科学技术、现代文明的发展速度很不相称。知识的陈旧、老化、落伍、缺乏新鲜感让教师、学生和家长颇有微词，但作为教材选用的弱势群体，他们没有有力的话语权，对此只能无可奈何。邓小平同志在1977年年明确地指出，学校教育"关键是教材。教材要反映出现代科学文化的先进水平，同时要符合我国的实际情况"。① 试想，教材始终落后于时代，何谈培养面向未来的人才？

四、呈现缺乏层次

教材除了承载知识，还要体现学习认知的过程，渗透教学的思路。然而，纸质教材局限于平面化的纸质载体，内容呈现缺乏层次，"一览无余"。尽管为了引导学生主动学习，体现认知发展的过程，教材编写者希望将诸如实验现象、探究结论等内容暂时隐藏，让学生在不受干扰地情况下，通过思考、钻研得出自己的答案，然后再"揭晓谜底"进行核对。换言之，纸质教材允许对内容呈现的选择只有"有"或"无"，没有"先"和"后"。在教材使用时，当教师在正式教学之前想让学生通过阅读教材进行自学，却由于学生提前知晓了结论，学习的新奇感、趣味性大大降低，学习探究实践活动常常沦为走过场、走形式，学生的学习变得"只唯书、只唯上"。这种状况严重妨碍了学生的观察、思考、质疑和创新。

除此之外，教材内容之间缺乏直接的关联性，不能进行快速检索和通过链接进行跳转，查找特定的内容会费时费力。除了妨碍阅读和降低学习效率，也不利于学生对相关知识进行整合使之系统化。

五、信息类型单调

纸质教材的信息载体是纸张，能够印刷其上的信息不外乎文字和图表，是静态的视觉信息，而事物的动作特征、声音特征、变化过程等信息纸质教材则无能为力。比如，地理学科中一年四季、日食和月食的成因用文字和图片描述起来既困难，学生也不易理解和掌握，远不及用动画揭示所能达到的学习效果。另外学生学习风格各异，纸质教材显示无法满足"视觉型""动觉型"学生的学习喜好。为此，当前很多学科教材在发行时配套数字资源光盘，以缓解此问题。但也带来新的问题，一是增加了额外的教材成

---

① 邓小平文选：第二卷[M]. 北京：人民出版社，1994：55.

本，二是这些媒体资源与教材分离，还需要额外的电脑或相关电子设备支持，并不方便师生使用。

六、不便资源整合

在学习过程中，学生会应用到教材在内的各种资源，包括拓展知识、教辅内容、练习、辞典、音视频素材、网络资源等，学习过程中还会生成很多具有个性化特点的学习成果，可谓种类繁多，数量可观。然而，在纸质教材时代，这些学习资源相互分离，不能整合在一起，与学习内容有机对应。这种分散和割裂状态除了降低学习效率，更严重的是不利于学生形成整体认识，从多角度、多形式来把握学习。要知道，以打基础为重要目的的基础教育阶段的学习，非常突出的一项任务就是对知识进行加工，使之融会贯通成为稳固的体系。

从这个意义上说，电子教材时代值得期待，这些资源都可以被电子教材数字化处理后，有序、有机地集成起来，相互关联、互为支撑，使学习更具系统性。

七、耗费纸张能源

纸质教材使用量大，每年要耗费大量的纸张。纸张的生产离不开森林树木，需要消耗大量的电能，会产生很多污染环境的化学物质，这些对于我国这样一个人均占有森林面积很小、能源不足、生态环境亟待改善的国家，造成巨大的生产压力。据统计，我国每生产一吨纸张需要木材 3.75 吨、煤 0.5 吨、水 100 吨，同时在生产过程中还会产生 35% 的水污染。单从木材消耗来看，1 吨纸大约要用 3.1 立方米的马尾松，相当于砍掉 17 棵树。中国目前在校中小学生有 2 亿多人，以每名学生一年两学期使用 15 册课本计算，每年要用 30 多亿册课本，消费纸张达 55 万吨之多，需砍伐 1000 多万棵树。[1]

为破解这一难题，国内一些地区近年来在教育部的倡导下，曾尝试在部分学科进行教材循环使用，并积极动员区县和学校参与，同时也在印刷用纸、消毒、逐年部分更新等方面采取了一些保障措施。然而，总体效果并不理想。主要原因包括：学生通常有在课本上标注、记录的习惯；使用

---

① 匡文波. 电子与网络出版教程[M]. 北京：中国人民大学出版社，2008：11.

一遍之后书会变得很陈旧；学生希望课余也进行阅读，而不是下课后就交由教师保管；一些学生希望能保存自己使用过的书；升学阶段需要利用各年级用过的教材进行全面复习等。对这种做法不理解、不支持的家长甚至直言不讳地表示，如果是政府财政经费困难的原因，他们愿意自己出钱购买教材。

可见，只要教材仍然是纸质的，相关问题终究难以解决。而当电子教材得以使用，问题的根源也将不复存在，纸张的问题自然会被化解于无形。

案例：国务院关于中小学课本纸张供应及价格问题的紧急通知(1988 年)

最近，国家教委、新闻出版署连续收到不少省、自治区、直辖市出版部门的紧急函电，反映近年来纸张价格及印刷原材料、工价上涨，影响了今年上半年课本用纸的供应和今秋明春课本的印刷，形势十分严重，如不采取紧急措施，一旦中小学开学，学生拿不到课本上课，不仅影响教学，也会影响社会的安定。为了切实保证今秋中小学课本按时供应，特通知如下：

一、请各省、自治区、直辖市采取坚决措施，保证今秋中小学课本的按时供应。省、自治区、直辖市的负责同志要亲自出面抓好这项工作，解决中小学课本用纸计划供应及有关问题。

二、中小学课本价格，由省、自治区、直辖市政府根据本地实际情况确定。考虑到社会心理承受能力，今秋课本价格暂以不动为宜，纸张价格上涨部分继续由地方财政补贴。如确有困难，也可考虑在保持原有补贴的前提下，适当提价，但提价部分一般不要超过每印张二分，封面每个二分，插页每页一分。请遵照执行。①

八、增加书包重量

在人们通常的印象中，一页纸张轻飘飘的没有多少重量。然而积少成多，由一页一页纸张组成的书籍，其重量就不容低估了。有阅读习惯经常带书出门的人对此体会尤深。

近年来随着彩色印刷技术的应用，教材的印刷和装帧也有极大的提升，精美的教材常令学生爱不释手。然而随之带来的问题是纸张的厚度和重量

---

① 国发明电(1988)8 号. 国务院关于中小学课本纸张供应及价格问题的紧急通知. 1988-04-30.

增加，一本本教材让学生的书包又厚又重，再加上各种文具、学具、水杯等，书包给他们幼小的身体(尤其是小学生)造成沉重的负担。很多心疼孩子的家长为此购置拉杆箱式书包，于是学生们像旅行团一样成群结队拉着拉杆箱上学、放学的"景观"，让人既觉有趣又不免心怀忧虑。除了沉重的课本不利于其身体健康成长，在一些拥挤的城市，背着或拉着沉重的书包穿行于人流和车流之中，存在不小的交通安全隐患。

教材和书包的"不便携性"，不利于提升学生使用教材的频度，也不方便进行课堂之外的非正式学习。

第六节　纸质教材的配套数字资源

随着教育理念的发展更新，纸质教材也出现了很多令人欣慰的进步，包括内容的选取、表达的样式、栏目的设置等，更加灵活、新颖，兼顾教师教学和学生学习的需要，也更受到师生的欢迎。然而，无论理念如何发展，技术如何提升，都始终无法触及纸质教材的根本特征——纸张为载体，技术所发挥的作用只能"打外围战"，比如，纸张质量更好、印刷效率更高、印刷效果更好等。纸质载体的不可变，决定了教材内容及呈现方式的不可变，进而决定了其固有局限无法从源头上得以突破。

另一方面，教育技术已经逐渐深入应用到每所学校、每个教室，师生都感受到数字化教学方式和数字资源给教学产生的巨大影响，对纸质教材与时代的脱节无可奈何的同时，也通过自身努力积极"补救"。面临这样的需求压力，无论是出于主动还是被动，出版机构在发行教材时都努力创新，采取一些变通方式提供数字配套资源，力求构建"纸质教材＋数字辅助资源"的数字化教材体系。很多教育技术开发商更是敏锐地注意到了这个"空白地带"，瞄准这个大好商机纷纷出手，推出一些各具特色的辅助资源。

一、配套磁带、光盘

像英语、语文、音乐等语言或声乐学科，由于需要给师生提供标准的示范性朗读、范唱、表演等，早期的纸质教材配套录音磁带或录像带。这些磁带在当时发挥了重要作用，尤其是师资相对薄弱、教育不发达、师生发音不标准的地区。很难想象如果没有这些资源，学生的语音状况和歌唱水平会达到什么程度。然而磁带在使用过程中存在很多不足：播放音像质量难以保证，检索困难，易出现卡带、绞带造成损坏，播放次数稍多后信号失真等。当电脑普及之后，磁带很快被磁盘，进而是光盘所替代。数字化的资源使用更加便利，且保存起来不易损坏，因此逐渐覆盖所有学科，上面的内容除了音频资源外，还有拓展的知识文本、教学所需的情境资源、学习用的小游戏、教学课件等。

由于近年来光盘也濒临淘汰，很多电脑已不再配置光盘驱动器，所以教材配套资源的存储载体也逐渐改为闪存盘、移动硬盘或其他。

二、提供点读笔、点读机

点读笔是采用光学图像识别技术和先进的数码语音技术开发而成的智能阅读和学习工具，能实现点读、复读、跟读、录音等学习功能。很多出版社发行英语、语文等学科教材时，在纸张页面上印制有光电识别器可以识别的隐形二维码，并在一些位置对应有音频资源。利用与之配套的点读笔设备，点击这些"热区"位置时，通过光电识别，就能发出相应的声音，达到"即点即播"的效果。采用这样的方式，使"哑巴"教材也能唱歌、说话，将声音"附加"在单调的文字之上，使阅读和学习更充满乐趣。除了这种只能播放音频的点读笔之外，有些点读笔还配有小液晶屏幕，可以播放与教材对应的视频、动画、图像，效果更加丰富。

点读笔轻便小巧，操作简便，其最大的好处是给人以媒体资源与纸质教材融为一体的感觉。不过对教材纸张和印刷技术有特殊要求，成本相对较高。另外这些点读笔往往价格不菲，给家长带来额外的经济负担，一些经济状况较差的家庭只能忍痛放弃使用，对学生的学习造成不利影响。

点读机最早出现在美国，据称一经上市后就迅速风靡全美，随后又风行于东南亚一些国家，成为这些国家少年儿童最为喜爱的教学工具之一。点读机与

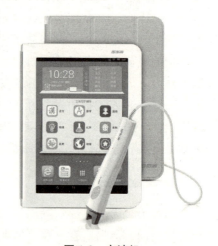

图 1-2　点读机

点读笔使用原理相似，本质上是一款配置较低具有专门功能的电脑，但性

能比点读笔更加强大。使用者在使用过程中选择要点读的某一页，点击上面的图案、文字、数字等内容，其笔头上装配的摄像头能识别书本上的二维码，然后设备播放与之对应的各种类型媒体资源。有的点读机还将名师授课视频、电子辞典等收录其中，功能更加丰富。

三、设置资源链接

目前中小学教材的开放性越来越强，引导师生将教学的注意力不局限在教材本身，基于教材，超越教材。所采用的方式主要有两种，一种是将链接的网址印在书上，需要使用者在电脑的网页浏览器输入后访问相应资源；一种是将链接地址转化为二维码印在书上，使用者在联网条件下利用手机、平板电脑等移动终端进行扫描后，快速访问相应资源，这与点读笔、点读机原理相似。

这种方式的优势是把数字资源与纸质教材内容自然地衔接起来。存在的不足是，链接的一些外部网站内容，常常因为这些网站的改版、调整而导致链接失效，给师生的使用带来困难。

四、提供电子书

教师和学生常常需要复制教材中的文本、图片等内容，用于课堂教学或学习资源整理，很多出版社迎合这种需要，将教材的数字文本（或图片版）进行分享。这样的电子书虽然只是教材的简单数字化转换，但在传统教材和数字化教学中间架起了一个重要的桥梁，受到广大师生的支持和欢迎。

即使这样的电子书价值有限，也并非所有的出版社能"慷慨"。考虑到版权问题以及担心自身的经济利益受损，很多出版社无视师生对电子书的呼声和诉求。

五、建设资源网站

数字化教学方式对数字化资源的需求巨大，然而出版社能够提供给师生的常常只有传统的教材、教参、练习册，缺口巨大。教师们只能自力更生，自主开发或通过网络搜索可以应用的资源，无形中加重了他们本已沉重的工作负担，为此他们强烈呼吁，希望得到与教材匹配度高、系统化的优质资源。面对这种状况，一些教育责任心强、实力也相对雄厚的出版社利用网站方式，分享他们建设或购买的资源，同时也组织广大教师共建共享，对教材的使用效果及教学质量的提升发挥了重要的作用。如图 1-3 所示的是人民教育出版社小学语文学科教材资源网站界面。

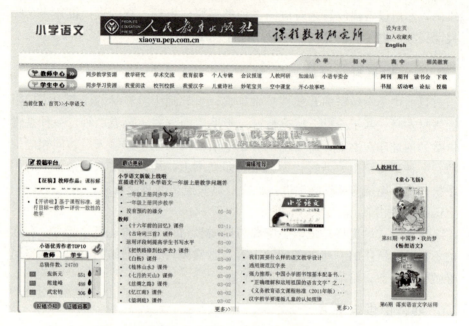

图 1-3　人民教育出版社小学语文学科教材资源网站

六、开发应用软件

一些教育技术企业开发了与教材配套的应用软件（或网站），可以在手机、平板电脑等移动终端上使用，其中不少对教材的使用有非常重要的辅助作用。比如，"纳米盒""酷听说""一起作业网"等，深受广大教师和学生的欢迎，弥补了教材的不足。以"纳米盒"为例，据其宣传具有以下一些特色功能：把智能手机变成点读机，全国各版本的小学英语课本免费在线点读；支持课本下载离线使用，点读时自动翻译；涵盖字典、汉字笔画、词典、成语字典、同反义词、歇后语、英汉互译的在线大辞典；可在线阅读的经典中英文绘本、连环画等；有真人配音的有声绘本；错题记录本，成为学生和家长的好帮手；收集了各年级优秀的作文范文，供学生学习借鉴等。

七、开发学习电脑

一些教育技术企业开发专门用于学生学习的平板电脑，内置与教材相关的各种学习资源，集点读机、复读机、电子辞典等功能于一体。由于平板电脑功能的强大，往往还包含更丰富的学习功能。

与纸质教材配套的数字资源建设，呈现出这样几个特点：一是由点到面，最初是针对纸质教材中欠缺的一些声像资源，而后逐渐拓展到内容更全面、类型更丰富的资源，且整合度更高，更注意与纸质教材的"对接"效果。二是由内而外，开始是教材出版社基于自身教材进行开发，当形成巨大商机之后，很多数字资源开发商蜂拥而上。三是自下而上，资源建设和使用起初是非网络的"线下"方式，当网络得到普及应用之后，采用"线上"方式无论从成本和效率都具有更大的优势。

对传统出版社和教育技术商越来越重视对纸质教材配套数字资源的趋势，可以从以下不同角度进行解读：

第一，纸质教材在数字化时代已经开始渐渐落伍，与教育信息化对教学应用的期望和需求差距逐渐拉大，数字化势在必行、箭在弦上；

第二，纸质教材向电子教材的过渡已经悄然拉开序幕，教育现代化的大趋势倒逼着出版社进行改革，这为其未来的数字化转型，以及为电子教材的开发奠定了基础；

第三，这种"加法"模式虽然能起到一定作用，但给人"治标不治本""不解渴"的感觉，并不能从根本上解决问题，只要仍然使用纸张作为知识内容的承载，纸质教材的局限就永远存在；

第四，数字化资源的供给方式和使用方式灵活多样，将课堂"正式"教学与课外"非正式"教学衔接起来，拓展了教学的时间和空间，这些资源为电子教材的开发、应用奠定了重要基础。当电子教材时代来临时，教师和学生从经验、技术和理念上都已经有足够的准备，不会出现手忙脚乱、手足无措的不适应状况。

第二章　电子教材的发展和研究

【本章导读】

随着电脑和网络的普及应用，电子出版在今天能与传统单一的纸质出版并驾齐驱。电子教材作为电子书的一种，在具备电子书一般特点的同时，还需要满足教育的独特需求，它的形成和应用离不开很多关键数字技术的支持和推动。对电子教材这个新生事物，不同的学者有各自的认识和理解。国内外近年来学者们纷纷着眼于不同目标、从不同角度对此进行探索，我国也提供了相关的政策支持和引导。在电子教材研究的初级阶段，对其定位、分类和组成进行梳理和概括，具有重要的现实意义和长远的战略价值。

【主要内容】

(1)电子出版和电子书；

(2)推动电子教材发展的关键技术；

(3)电子教材概念的界定；

(4)国内外电子教材发展状况；

(5)对电子教材定位的思考；

(6)电子教材的类型和组成；

(7)京版电子教材研究概况。

第一节　电子出版和电子书

在纸质教材数字化变革的过程中，电子出版技术的发展，以及电子书的开发和推广应用，为电子教材的诞生打下了重要的基础，可说是电子教材腾飞的"跳板"。

一、电子出版和电子出版物

(一)电子出版

电子出版也称数字出版。《辞海》(1999 年版)对"电子出版"解释为：利用电子计算机技术制作电子出版物的工艺过程。通常包括前期策划、素材准备、美术设计、程序编制、后期制作或通过网络发送等环节。

电子出版的发展最早可追溯到 20 世纪 50 年代末的书目数据库。早在 1959 年，美国匹兹堡大学法律中心建立了一个全文检索系统。20 世纪 60 年代，美国俄亥俄州律师协会也建立了名为 OBAR 的法律条文与案例检索系统。1974 年，美国《纽约时报》建立了报纸的电子化资料库，将该报刊载的报道与文章存储在计算机内，向公众提供联机情报检索服务。

我国电子出版主要从 20 世纪 90 年代开始发展起来。1995 年 1 月，由原国家教育委员会主办的《神州学人》创刊，并通过中国教育和科研计算机网(CERNET)向全球发行，这标志着中国大陆第一份网络报刊诞生。[①]

1996 年 3 月 14 日，国家新闻出版署颁布了《电子出版管理暂行规定》，该规定对电子出版作了如下界定：以数字代码方式将图文声像等信息存储在电介质，通过计算机或者有类似功能的设备阅读使用，用以表达思想、普及知识和积累文化，并可复制发行的大众传播媒体。

我国电子出版产业增长势头强劲，到现在无论在电子出版技术还是产业规模上都已经处于全球领先地位。以 2013 年为例，全年收入规模达 2540.35 亿元，比 2012 年整体收入增长了 31.25%。其中：互联网期刊收入达 12.15 亿元，电子书(含网络原创出版物)达 38 亿元，数字报纸(不含手机

---

① 包鹏程，范文婷，何海巍. 电子出版物[M]. 武汉：华中科技大学出版社，2010：3-4.

报)达 11.6 亿元。① 电子图书的收入规模呈现加速增长的趋势。

电子出版的价值除了让传统的文字、图表信息与各种多媒体信息结合一体进行传播，还可以使一些类似于科研著作的受众面小、不能给出版社带来经济利益的成果得以发行和推广。

(二)电子出版物

顾名思义，电子出版物是电子出版的产品。我国新闻出版署 1997 年 12 月 30 日颁布了新的《电子出版物管理规定》，其中对电子出版物的定义是：电子出版物，是指以数字代码方式将图文声像等信息编辑加工后存储在磁、光、电介质上，通过计算机或者具有类似功能的设备读取使用，用以表达思想、普及知识和积累文化，并可复制发行的大众传播出版物。

电子出版物具有以下一些特点：(1)多媒体化；(2)信息量大，内容丰富；(3)信息检索和使用方式灵活方便；(4)可交互性；(5)传播范围广；(6)传播与更新速度快；(7)易复制；(8)低成本、高效益；(9)创意、表达的艺术性；(10)环保性。②

电子出版物可按传播方式分类为网络出版物和非网络出版物，后者可通过发行光盘、磁盘(或闪存盘)，以及将内容存储其中的阅读移动终端(如电纸书)传播。如世界最大的网络书店借助 Kindle 电子阅读器，极大地促进了电子书的销量，其书籍传播模式在全球影响巨大，也逐渐改变了人们的阅读习惯。

二、电子书

电子教材的研发源于电子书的发展。电子书(Electronic Book)通常是指应用电子技术手段，经过加工编辑，存储于光盘、网络、专用阅读器等不同载体，通过软硬件技术支持进行阅读并能以某种形式加以复制发行的数字化图书。

自从美国布朗大学计算机教授安德里斯·范·达姆(Andries Van Dam)在 20 世纪 70 年代创造了"Electronic Book"一词之后，伴随着数字化技术和

---

① 张立. 2013—2014 中国数字出版产业年度报告[R]. 北京：中国书籍出版社，2014：9.

② 包鹏程，范文婷，何海巍. 电子出版物[M]. 武汉：华中科技大学出版社. 2010：7-10.

计算机网络技术的发展，大量出版物从单纯以纸和光盘为媒介的出版模式发展到以互联网为平台的创作、出版、发行、阅读模式，出现了"电子书"(e-Book)的新形态。①

关于电子书的定义，Lee，S. D. 从高新技术词典和新的《牛津简明英语词典》中总结出关于电子书的各类定义，分别是：(1)一本可以被转换为数字形式，可通过网络服务或光盘在电脑上阅读的书籍。电子书延伸了印刷媒体的功能，增加了超文本链接、搜索和交叉引用函数和多媒体等多个功能；(2)一个电子版本的印刷书籍，可以在个人电脑或专门为此设计的手持装置上阅读。② 维基百科则这样界定：电子书是必须通过特殊的阅读软件，以电子文件的形式，通过网络下载到一般常见的平台，如个人计算机、笔记本电脑，甚至是个人数字助理(PDA)、WAP 手机，或是任何可大量储存数字阅读数据的阅读器上阅读的书籍，是一种传统纸质图书的替代品。

电子书作为图书资源出现在 20 世纪 90 年代③，继而它成了出版商、图书管理员和读者的重要沟通渠道。1998 年全球电子市场上出现第一个电子书阅读器 Softbook 和骏升的火箭电子书阅读器。在 2000 年，斯蒂芬·金创作的恐怖小说《骑弹飞行》(Riding the Bullet)只发布了电子书版本，奠定了电子书阅读方式的重要地位。尽管在这一发展过程中，电子图书产业一直受到来自各方的批评和攻击，在线销售商店也一度受到影响，但其仍以顽强的生命力向前迈进。而随着电子阅读设备的不断翻新，从索尼的 LIBRIe 电子书阅读器到亚马逊(Amazon)专门为美国市场发布的 Kindle，再到后来的 iPhone 和 iPad 的广泛使用，电子图书得到了迅猛的发展。到了 2010 年 1 月，消费者数据显示，许多来自华硕、索尼、三星等的读者，积极地关注电子阅读器和电子书。2010 年 4 月，苹果公司的 iPad 首次亮相，在不到一个月的时间内 iBookstore 的电子书销售已达到 50 万美元。④ 实际上，仅把电子书等同于数字编码形式存在的电子文本的说法已经过时了。因为，电子文本是用于 ASCII 文本格式

---

① 龚朝花，陈桄. 电子教材：产生、发展及其研究的关键问题[J]. 中国电化教育，2012(9).

② Lee，S. D. Building an Electronic Resource Collection：A Practical Guide[M]. London：Library Association Publishing，2002.

③ Dorner(2003). The literature of the book @ e-books[J]. Logos，14(3).

④ Michael Kozlowski. A Brief History Of Ebooks. [EB/OL]http://goodereader. com/blog/electronic-readers/a-brief-history-of-ebooks，2010-05-17.

下的数据,而目前所说的电子书多是加载了专业的文件格式,如 EPUB 格式等。电子书只有脱离了 ASCII 或纯电子文本格式的限制,才能为电子教材的出现带来发展契机。

龚朝花等人对国外电子书发展的关键事件进行了总结,如表 2-1 所示。[①]

表 2-1　国外电子书发展的关键事件回顾(1945—2012)

年份	作者	事件
1945	Vannevar Bush	首次提出电子阅读器硬件原型产品的构想
1968	Alan Kay	第一部在线阅读电子图书的原型产品:Dynabook
1971	Michael Hart	第一个数字图书馆计划:古登堡计划 Project Gutenberg
1987	Michael Joyce	第一本电子书《下午》(*Afternoon*)出版
1993	Adobe 公司	电子书阅读软件 Adobe Acrobat Reader
1998	Nuvomedia 公司	第一款商业电子书阅读器 Rocket 问世
2004	Sony 公司	出现第一代采用电子墨水的电子纸 LIBR
2007	Amazon 公司	推出电子书阅读器 Kindle 第一代
2010	Apple 公司	出现 iBooks 商城和平板电脑 iPad
2011	国际数字出版论坛	发布电子书格式标准 ePub3.0,支持自动重新编排内容
2012	Apple 公司	发布教科书制作工具 iBooks Author

我国在 2004 年开始出现了利用电子书翻阅促进纸书销售的模式,业界称为"E 纸互动"。以方正阿帕比为例,其通过与权利人合作将电子图书部分章节在网上免费提供给读者阅读,既起到拉动国民阅读的作用,也促进了纸质书的销售。

电子书具有以下优点:制作成本相对较低;价格低廉;发行速度快、更新及时,易于传播共享;便于携带和收藏,适于移动阅读;易于检索,使用方便;可包含多媒体内容,交互功能强;满足个性化的阅读习惯;节约资源,保护环境;可以分章节购买等。

三、电子书与纸质书的关系

在当前阶段,电子书与纸质书存在如下几种关系:纸质书转化成电子书;

---

① 龚朝花,陈桄. 电子教材:产生、发展及其研究的关键问题[J]. 中国电化教育,2012(9).

电子书印刷成纸质书；电子书和纸质书同时发行。这三种都是两种类型的书并行模式，除此之外还有一种是电子书单独在网络传播，而不印制成纸质书。

(一)纸质书电子化

这是目前电子书的重要生产途径，绝大部分电子书是对纸质书进行电子化之后，通过网络等途径进行传播和销售，读者可根据自己喜好的阅读方式，选择进行购买。超星公司、北大方正公司、中文在线公司等数字出版企业就是将大量纸质书扫描识别(或直接从出版社购买排版文档)转化成电子书在网络传播，扩大新书传播途径的同时，也使很多不再版的有价值的旧书得以重新与读者见面，再度焕发其文化价值。

(二)电子书纸质化

也有一些书籍起初没有纸质版本，在网络传播受到读者欢迎之后结集印刷出版，其中著名的历史读物《明朝那些事儿》就是一个非常成功的典范。该书最初从 2006 年 3 月起在天涯社区网站首次发表，2009 年 3 月连载完毕，据称创下近 2000 万的点击率。作者边写作边集结成书出版发行之后，该书连续多年畅销，深受读者喜爱。

(三)电子书与纸质书同时发行

对于近年来新出版的书籍，有的采用两种发行方式并行的做法，既出版纸质的书籍到实体书店和线上书店销售，又发行电子书在线上书店销售。其发行方式如图 2-1 所示。

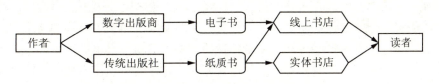

图 2-1　电子书与纸质书同时发行方式

(四)电子书网络传播

还有一些电子书在网络进行传播，如果读者反响并不强烈或受众面较窄，从节省成本考虑，通常并不发些纸质版本。这种在网络时代独有的发行方式，突出的特点是节省了很多传统的中间环节，作者与读者能快速沟通，通常是作者写完一部分就及时提供给读者，还可以根据读者反馈调整写作的方向和思路。这种方式培育了很多网络作者和网络读者。

案例：牛津英文词典可能停印　将仅以电子版出现

牛津大学出版社高级管理人员表示，鉴于对网络版的需求远远超过印刷版，《牛津英文词典》第三版将来可能不再印刷。

牛津大学出版社行政总裁奈杰尔·波特伍德告诉英国《星期日泰晤士报》记者，受互联网影响，《牛津英文词典》将来可能仅以电子版形式出现。他说，"印刷版词典市场正在消失，每年缩水 10％"。

波特伍德预计，随着电子图书和类似美国苹果公司平板电脑 iPad 等工具的普及，印刷版词典可能还有大约 30 年"货架寿命"。眼下网络上流行的《牛津英文词典》为第二版，于 2000 年上传网络，每月点击率达 200 万次。用户每年需支付 240 英镑（约合 373 美元）订阅费。按美联社说法，网络版《牛津英文词典》除方便用户查阅外，同时更便于出版方掌握词义的快速变化，及时更新大量新词汇。编辑人员大约每 3 个月更新一次。例如，今年 3 月，他们将类似 superbug（超级细菌）等新词加入网络版。①

四、我国电子书发展面临的问题

与电子书美好的远景相比，当前我国电子书的发展状况仍然不是非常理想，还有很大的提升空间。阻碍电子书发展的主要问题如下。

(一)电子书商业运作模式

相比于国外亚马逊已经成熟的电子书运作模式，我国在建立基于我国国情的电子书商业模式方面还有很大的探索空间。很多电子书出版商看好这块"大蛋糕"，但研究和创新不够，没有深入地把握读者的消费心理和需求，缺乏对电子书开发到销售各环节关键的把握。电子书的价格也高下不一，缺乏相对统一的标准。同时，在技术的投入方面，开发的产品还不够优质，也缺乏对数字阅读的深刻理解，这些都不利于理想商业运作模式的打造。

(二)电子书格式标准

从目前电子书市场上图书格式来看，种类繁多，不同的技术公司采用自己的格式规范，如超星的 PDG，清华同方的 CAJ，方正的 CEB、CHM、DPUB，Adobe 的 PDF 等。这种做法的出发点和动机不难理解：企业在没有统一格式要求的状况下，为了保护自身利益，防止盗版和非法复制，并借此捍

---

① 牛津英文词典可能停印 将仅以电子版出现[N]. 京华时报，2010-08-31.

卫自身地位，扩大自身影响。然而，却给用户增添了使用上的困难，各阅读器互不兼容，面对不同的阅读器需要不断适用和学习操作方法，书籍内容相互转换和整合困难。对出版商而言，重复地开发建设也浪费了大量的成本和资源，降低了文化传播的效率和效益。

(三)电子书知识版权保护

数字化内容易于复制、传播的特点，体现出技术的两面性：一方面是电子书发行快捷，传播效率高；另一方面其复制的成本几乎为零，容易被盗版而使出版商、作者利益蒙受损失，不利于电子书的良性发展。对电子书知识加强版权保护已成为当务之急，需要强化立法、执法加以保障，同时提升相关技术，通过加密等方式使盗版难度加大、成本提高。

另外，出版商是否能取得合法授权以保证用户利益，更是不容忽视的问题。仍以著名的网络电子商务企业亚马逊公司为例，2008 年 3 月，在亚马逊和美国知名出版集团麦克米兰公司的版权纠纷中，由于最初的谈判未果，亚马逊删除了 Kindle 阅读终端中麦克米兰公司拥有版权的书籍。2009 年 7 月，由于受到版权人的警告，亚马逊在事先未告知读者的情况下通过远程操作将读者已经付费购买的电子书从 Kindle 中删除，引起轩然大波。[1]

(四)用户的数字消费习惯

相比起发达国家，国内用户的数字化消费习惯还没有很好地建立起来，这与之前很长时间我国数字版权的法律缺位，对盗版打击力度不强有直接关系，以至于很多人都存在"重硬件、轻软件""重设备、轻资源"的观念。这种状况迫使一些技术商采用"买阅读器搭电子书内容"的营销方式，事实证明这种妥协、迁就的做法导致不可持续的恶果：用户更加忽视电子书的知识价值，同时导致电子书出版商无法追加投入成本和技术开发更优质的产品，进而陷入一个恶性循环、两败俱伤的尴尬局面，最终必然走向失败。

尽管存在问题和不足，但不可否认的是，电子出版和电子书的使用，意味着无纸化时代的到来，它对人们的沟通方式、信息传播方式都会引发一次新的变革。当它们的触角延伸到教育领域，教材的电子化和电子出版可谓顺理成章。

---

[1]　刘靖雯. 电子书版权保护与版权授权模式的创新[J]. 图书馆工作与研究，2011(8).

第二节 推动电子教材发展的关键技术

科学技术尤其是数字技术的快速发展对教育产生了巨大影响，给教育变革带来无尽的想象空间。世界教育创新峰会(World Innovation Summit for Education，WISE)的首席执行官 Stavors 提出这样的观点，认为科技正在重塑教材，用最为有效的交互原则指导人们去重塑知识的传递方式，虽然目前我们还处在一个教材 1.0 的时代，而科技的力量能够帮助进入教材的 2.0 时代。①这种融入科技的"升级版本"教材，我们可称之为电子教材。哪些技术能对电子教材产生直接推动作用呢？要细分的话恐怕难以尽述，但笔者认为就目前而言，显示技术、屏幕触控技术、多媒体技术、智能语音技术、网络技术、传感技术等，是电子教材重要的支撑和保障。而对这些技术的认识程度，直接关系到电子教材的开发和应用能否充分挖掘和发挥技术的优势。

一、显示技术

当屏幕能够呈现文本和图片信息，它就已经初步具备了用作电子教材的条件。只是最初的显示器——阴极射线管(Cathode Ray Tube，CRT)屏幕显示分辨率低、色彩单一，而且显示器占用空间大、移动困难、辐射较强，显示稳定性差，长时间使用会让人眼睛不适，甚至造成近视或导致其他伤害。总之与纸质印刷的阅读体验相比还相差甚远，因此远远不能达到用作教材的要求。

概括而言，屏幕显示经历了这样的发展变化：CRT 单色显示→CRT 彩色显示→液晶(Liquid Crystal Display，LCD)单色显示→彩色液晶显示→彩色液晶触摸显示。当前的显示器都具有无辐射、全平面、无闪烁、无失真、可视面积大、体积重量小、抗干扰能力强等优点。

值得一提的是，近年来与液晶显示同步发展的还有电子墨水屏(E—ink，也称电子纸)，它有类纸的显示效果，本身不发光、无闪烁，静态文本的阅读体验与纸质教材最相近，且不受强光的影响，能在户外体验到阅读乐趣，近

---

① 科技让我们在路上，前方是教科书 2.0 时代[EL/OB]. http://tech. 163. com/15/0503/19/AONDV5BK00094ODU. html.

年来受到业内人士的重视。遗憾的是其技术局限也同样明显，如屏幕刷新速度慢，难以播放动画、视频等，因此暂时还难以"担当大任"。

屏幕显示发展的特点可概括为：显示器质量由重到轻，分辨率由低到高，显示内容从静态到动态，色彩由单色到彩色，从平面到立体。这些变化使得其便携性、表现力更强，不仅可用来阅读，还可实时标注和记录。给使用者的感觉是，一个尺寸不大的屏幕底下可"蕴藏"着应有尽有、丰富多彩的内容。

除了平面显示器以外，三维(3D)显示技术也逐渐成熟。与普通二维(2D)显示相比，3D技术可以使画面变得立体逼真，能显示更丰富的细节，更给人身临其境的感觉。3D技术通常又分为眼镜式和裸眼式两大类。裸眼3D主要用于公用商务场合，还可应用到手机等便携式设备上。而在家用消费领域，无论是显示器、投影机或者电视，需要配合3D眼镜使用。如果将3D技术与虚拟技术结合，将能够实现虚拟现实的目的。

二、存储技术

电子设备的运行离不开数据存储设备。从电脑诞生之日起，人们永不停步地从介质、存储方式等方面对其不断革新，也取得了令人瞩目的成就。存储设备从最初使用相对原始的磁带，到逐步进化为磁盘、光盘、闪存、固态硬盘等，容量单位经历了KB、MB、GB、TB的变化，以千倍的级数增长。当前手机和平板电脑也拥有128GB甚至更大的闪存空间，即使在十多年前，这也是不敢想象的事情。而且，存储设备的体积越来越小，质量越来越轻，读写速度越来越快，成本越来越低，性能越来越稳定。

有了大容量存储设备作保障，电脑从最初只能处理简单的文本和图片，发展到处理更贴近真实世界、更复杂的音频、视频、3D动画等多媒体文档。另外，除了在电脑本地存储之外，利用网络进行云存储也是重要的存储方式，有利于实现数据的共建共享。

三、屏幕触控技术

如今，触摸屏已经成了移动终端设备的标配，它具有易于使用、坚固耐用、反应速度快、节省空间等优点。触摸屏能采集多点触摸信号，对信号的意义进行分析判断(也就是所谓的手势识别)，从而实现屏幕识别使用者手指的点击、划动等动作的目的，然后产生使用者期望的响应。这样使用者可以用其最方便最自然的方式——手指点击——来达到操作设备的目的，一定程度上实现"人机合一"、与技术融为一体的出色效果。

屏幕触控技术与屏幕显示技术同步快速发展，给用户在人机交互方面提供了极大的便捷性，也使得"人机交互"近年来愈发成为一个非常流行的术语。人机交互本质上是人与机器的互动与交流，指人与机器之间使用特定的语言或一些交互操作，实现人与计算机之间信息交流的过程。

在电子书的阅读上，由于屏幕触控技术的发展，用户在屏幕上划动手指，屏幕呈现翻页的动画效果，能使用户获得传统的阅读体验，满足其传统的阅读习惯。当然，屏幕触控技术的应用绝不止于此，多点触控可实现内容缩放、旋转、移动、跳转等很多功能，可谓"一切尽在掌握"。再有，结合手写识别技术，可非常理想地实现阅读时做标注、记笔记的功能。除了以上方面，用手指在屏幕上作画，弹奏钢琴等虚拟乐器，这些都是在美术、音乐等学科学习时所需的技能。总之，有了轻便且功能强大的液晶屏幕为基础，加上屏幕触控技术的发展，数字化学习得以快速发展起来。

四、多媒体技术

文本、图形、图像、动画、视频和音频等信息常被称为多媒体。多媒体技术（Multimedia Technology）就是将多媒体信息通过计算及处理，建立逻辑连接，集成为一个具有实时性和交互性的系统化表现信息的技术。简言之就是综合处理图、文、声、像信息，并使之具有集成性和交互性的计算机技术。多媒体技术涉及面相当广泛，主要包括：（1）音频技术，指音频采样、压缩、合成及处理、语音识别等；（2）视频技术，指视频数字化及处理；（3）图像技术，指图像处理，图像、图形动态生成；（4）图像压缩技术，指图像压缩、动态视频压缩；（5）通信技术，指语音、视频、图像的传输；（6）标准化，指多媒体标准化。① 由于多媒体技术的快速发展，与电脑相关的电子产品给我们构建了多姿多彩、有声有色的世界。

传统的纸质阅读是"寂静无声"的，阅读者的目光扫过文本，光线反射的符号信息传入大脑，通过加工、转换和组合，依靠其知识经验和理解能力，转化成相应的知识。这种阅读方式一方面对阅读者的文化水平、理解能力都有较高的要求，另一方面相对枯燥，信息转换过程中容易造成偏差。比如，对没有见过熊这种动物的人来说，无论文字描写得多么充分，他都难以在头

---

① 百度百科，"多媒体技术"词条.

脑上产生较准确的熊的形象。因此，多数时候用户希望这些信息形神兼备。例如阅读歌谱时，希望它能播放出优美的音乐来；观看一只动物的图片时，希望它能动起来，转动身体以观察其全身和细节……多媒体技术的快速发展，让这些不可能变为可能，数字阅读获得的将是动态、立体化的多媒体信息，信息量更大，用户的阅读体验也更丰富，参与度更深，通常阅读效率更高，效果更好。

　　概括而言，一些可视、可听的具象内容，文字表达存在劣势；而一些抽象的内容，比如，人的思想、观念和概念的内涵等，声像等媒体很难表现出来，以抽象表达见长的文字则显出优势。多媒体技术整体应用，各种媒体发挥自身的优势，扬长避短，就能够比较到位地呈现出需要表达的内容。

五、智能语音技术

　　智能语音技术是实现人机语言的通信，包括语音识别技术（ASR）和语音合成技术（TTS）。语音识别技术是指让计算机能接受、识别和理解人的言语信息，将语音信息自动转换成相应文本信息或命令的技术，实现人机交互的输入。语音合成技术是指让计算机像人一样能够说话，将文本信息自动转换成语言信息，实现人机交互输出的一种技术。概括来说，就是让计算机像人一样能听能说，实现"文字信息—语言信息""语言信息—文字信息"的转换，使计算机更加智能化、人性化。[1]

　　智能语音技术丰富了人机沟通方式，使信息输入输出更加类似于人际交流方式。虽然还有很大的提升空间，但像苹果公司开发的 Siri、微软公司开发的 Cortana，就是比较成功的例子。另外，语音识别技术可用于检验、矫正学生的中、英文发音，使发音更加纯正熟练；以及在音乐歌唱中，通过语音比较分析，找出学生歌唱中存在的音准、音长等问题。总之，利用技术手段更精准地评判学生与语音有关内容的学习状况，给出针对性的建议，帮助他们更高效地学习。

六、网络技术

　　网络时代的标志是网络技术的普遍应用。利用通信设备和线路，全球

---

　　① 张筱兰，王保论. 智能语音技术在教学中的应用研究[J]. 现代教育技术，2011 (11).

性开放的信息互联网络将世界各地功能相对独立的计算机系统联结起来，通过网络通信协议及网络操作系统等，实现网络资源共享和信息交换。

网络按其覆盖范围可分为：局域网(LAN，作用范围一般为几米到几十公里)、广域网(WAN，作用范围一般为几十到几千公里)、城域网(MAN，界于 WAN 与 LAN 之间)。网络的连接方式包括有线连接、WiFi 连接、移动连接等。网络的发展趋势是传输速度不断提升，移动性逐渐加强，网络存储器容量不断增大，在生活和工作各个领域得到越来越普遍的应用，更深刻地改变着人类生活和工作的方式。

网络技术的迅猛发展，使人类步入了"互联网＋"时代。在这样的背景下，"互联网＋教育"成为摆在教育工作者面前的一个课题。如何充分、合理地利用网络技术，结合网络通信应用软件，更好地实现师—生、生—生之间的同步、异步交流，实现教学资源的共建共享，更好地支持课堂内外的教学交互，还有待进行循序渐进地探索。但毫无疑问，网络是电子教材的移动性、交互性的实现前提和基本保障。

七、传感技术

传感技术在科技和生活中应用越来越普遍。传感技术的核心部件是传感器，传感器是传感系统的一个组成部分，它是被测量信号输入的第一道关口，把某种形式的能量转换成另一种形式的能量，国际电工委员会(International Electrotechnical Commission，IEC)将其定义为"测量系统中的一种前置部件，它将输入变量转换成可供测量的信号"。它是一种能感知和测量物理量，并将其转化成仪器阅读的装置。

当前包括手机、平板电脑等许多电子产品已预先配备可用于探测方向、距离、经纬坐标位置、高度、重力、光线、气压、加速度、磁场等项的传感器，如果再利用接口外接物理、化学等学科的传感器，还可测量温度、压力、电压、电流、声音强度、心率、血氧、紫外线，以及气体、溶液中某些成分含量等很多参量，可在这些自然科学学科的实验中快速、实时、准确地进行数据采集，并运行分析软件对数据加以处理，生成图形、图像、模型或结论。传感技术的应用，是传统教学实验手段的重要补充，可以让学生尽可能应用新的科技成果，对培养他们面向未来的科技素养大有裨益。

八、虚拟现实及增强现实技术

虚拟现实(Virtual Reality，VR)是一种综合计算机图形技术、多媒体技术、人机交互技术、网络技术、立体显示技术及仿真技术等多种科学技术综合发展起来的计算机领域的最新技术。特点在于以模仿的方式为用户创造一种虚拟的环境，通过视、听、触等感知行为使得用户产生一种沉浸于虚拟环境的感觉，并与虚拟环境相互作用从而引起虚拟环境的实时变化。[①]

增强现实技术(Augmented Reality，AR)是在虚拟现实基础上发展起来的一项新技术，它将计算机生成的场景融合到真实世界中。增强现实通过电脑等科学技术，模拟仿真后再叠加，将虚拟的信息应用到真实世界，被人类感官所感知，从而达到超越现实的感官体验。增强现实技术具有真实性、交互性和实用性的特点，与移动学习是一个很好的结合点，且技术条件已经成熟。学习者使用的智能手机和平板电脑一般都有摄像头和全球定位系统(Global Positioning System，GPS)，具备上网功能以及较为强大的运算能力，这就为增强现实技术的应用提供了硬件基础。另一方面，增强现实具有真实性、交互性、实时性，应用于移动学习能够更好地呈现学习内容，营造真实的学习情境，提供优质的学习体验，这些将会大大提高学习效率和效果。[②]

增强现实技术包含了多媒体、三维建模、实时视频显示及控制、多传感器融合、实时跟踪及注册、场景融合等新技术与新手段。

九、云技术

云技术是指在广域网或局域网内将硬件、软件、网络等系列资源统一起来，实现数据的计算、储存、处理和共享的一种托管技术。当前云技术发展不断加速，改变着人们的工作和生活，例如搜索引擎、网络信箱、微信、GPS 等，用户只要输入简单指令即能获得所期望的大量有用信息，可谓"唾手可得、信手拈来"，就像天上的云朵随时按照需求变成雨点落下来一样。

利用云技术、云平台可以实现更灵活有效的教学管理、资源管理，结合电子教材的网络功能，让学生个体实现人与资源、人与人(教师、同学)有效互动，达到无处不在的泛在学习、移动学习。所谓泛在学习，是由泛

---

① 许微. 虚拟现实技术的国内外研究现状与发展[J]. 现代商贸工业，2009(2).
② 李青，张辽东. 基于增强现实的移动学习实证研究[J]. 中国电化教育，2013(1).

在计算衍生而来，其特点是"人人皆学、处处能学、时时可学"，即学习者可以在任何一个学习环境下随时能获得自己想要学习的任何资源。

除了以上主要方面，芯片技术、接口技术、虚拟技术等也都直接或间接地影响和促进着电子教材的发展。

第三节　电子教材概念的界定

自从有正规的学校教育以来，教材一直以纸质书为主要媒介。随着科技的不断发展，电子教材的概念近年来逐渐兴起并被广为传播。电子教材最初泛指用于教学的电子资源，包括软件、光盘、电子图书等，需要依赖电脑及相关支持软件运行播放。由于普通的台式电脑及笔记本电脑在使用上存在体积较大、耗电量高、显示屏存在辐射、便携性较差等不足，限制了电子教材的发展，使之经历了初期的快速发展之后很长时间处于停滞状态。随着电脑科技的快速发展，电子元件的集成度越来越高且性能越来越好，屏幕显示和触控技术越来越先进，手持式电脑及相关电子产品的不断问世，新型电子教材的开发应用已成为必然趋势。

国内外学者依据电子教材的发展状况和趋势，结合自己的理解、分析和预判，在理论上对电子教材的内涵、功能、要素、特点等方面进行了论述，并从不同角度对其概念加以界定。虽然表达的角度和方式不尽相同，但在倡导基于数字课程资源下的个性化、移动性、按需服务、体现人际交往的新型学习方式上大体趋同。

一、电子教材概念的界定

(一)从电子书角度

陈桄等人提出，电子教材是一类遵循学生阅读规律、利于组织学习活动、符合课程目标要求、按图书风格编排的电子书或电子读物。它要遵循学生阅读规律要求，内容呈现、软件功能和阅读终端操作符合学生阅读习惯；利于组织学习活动要求，提供课后习题、作业和随文笔记等功能以支持教学活动；符合课程目标要求，满足课程标准、教学大纲、教材编写规范等要求；按图书风格编排要求，在结构编排上接近传统书籍风格。而且电子教材对载体的标准有明确定义，如文档格式、硬件设备、内容分发、服务环境。^① 王俊宏认为，电子教材以互联网为流通渠道，以数字内容为流通介质，包含文字、图像、声音、动画等多媒体形式；以大容量存储空间的数字化电子设备为载体；以网上支付为主要交换方式，是一种具有独立性、原创性、完整性的新型书籍形态。^②

(二)从改善学习角度

项国雄认为，电子教材是一种以信息技术为工具开发的、超越时空的多媒体教材，具有字、音、形、色、义等的合成性、动态性及可再生性等特点，其目的在于构建一种网络化的学习环境，最大限度地利用计算机和网络的优势实施教与学的活动。^③

孙众等人提出了智能电子教材(数字教材)的概念，并对电子教材的关键要素进行定位。他们认为，下一代电子教材需要强化学习资源、学习工具、学习活动、人际网络以及生成个性化教材等方面，以实现数字学习环境下的群智学习和个性化学习。因此提出了"智能电子教材"的概念：以传统教材的内容体系作为学习内容的主要脉络，以图书编排形式为基本页面的主要布局形式，集成数字化资源、学习工具，以及学习社群，成为学习者实现群智学习和个性学习的数字学习空间入口。它能够实现集体学习情境下的内容共享与学习过程共享，还能满足个性化学习需要。从结构上看，智能电子教材包括内容层、交流层、生成层三个层次。具体如下：

(1)内容层。电子教材要想达到优质教材的基本功能，那么学习目标聚焦度高且可智能推送的学习资源是必不可少的第一组成要素。除此之外，还要有符合学科特色且可离线使用在线更新的数字化学科工具，以及与资源多对多关联的学习活动。

(2)交流层。学习者可以围绕电子教材中的核心内容进行沟通交流、知识共享，这种交流可以发生在学生之间、师生之间、家长与学生，甚至由志愿者、校外专家或者指导人员等构成的多个社群之间。围绕着核心内容的交流，建立起以电子教材为中心，基于学习主题的人际交流网络。

---

① 陈桄，龚朝花，黄荣怀. 电子教材：概念、功能与关键技术问题[J]. 开放教育研究，2012(2).

② 王俊宏. 电子教材：信息时代教科书设计的新形态[J]. 中国教育信息化，2011(2).

③ 项国雄. 从传统教材到电子教材[J]. 信息技术教育，2005(5).

（3）生成层。电子教材的另一大特点能实现按需生成个性化教材。它有两种含义，一种是在通用教材的基础上，记录学习者个性化学习痕迹与学习活动成果，实现群体智慧的记录与共享；另一种是允许学习者根据自己的学习主题、目标、学习风格等，生成完全个性化的电子教材，可以保存、下载或在其他终端上使用。①

（三）从资源角度

戚常林认为电子教材是把课程标准、学习指导、习题与实验操作、可视材料、参考资料等有机结合起来，构成一个所有教学材料的集合。②

英国斯特林大学在 2003 年 8 月发布的一项研究《英国高等教育和继续教育阶段的电子教材策略与未来远景》，其中对电子教材定义为：公开发行的电子材料，独立的形式，通过教师推荐，适用于一门课程的教学并附送有超越纸质印刷的资料和功能，如互动练习，笔记、图标和多媒体等。

（四）从教材角度

台湾学者吕正华认为电子教材是纸质教材的另一种版本。③ Jung 认为电子教材是将纸质教材进行数字化后存储在电子媒介中。④ 这些认识显然存在明显的时代局限性，而今"电子教材不是纸质教材的另一种版本"已经成为人们的共识。

美国学者在《电子教材白皮书》中提出，电子教材是一种为满足电子书阅读终端而专门研发，基于数字设备、按需阅读的或者按需打印的电子化教材。通过数字应用来呈现音频、视频、交互和文本资源的集成模块。⑤

（五）从终端角度

终端是电子教材的物理载体，从这个角度，笔者所在的研究团队认为，

---

① 孙众，骆力明. 数字教材关键要素的定位与实现[J]. 开放教育研究，2013(4).

② 戚常林等. 基于 Web 的电子教材建设研究[J]. 信息技术，2002(9).

③ 吕正华. 电子教科书发展趋势与数位出版计划[J]. 教科书研究，2009(2).

④ Sung-Moo Jung. Leading future education：Development of digital textbooks in Korea[EB/OL]. http://www. unescobkk. org/fileadmin/user_upload/apeid/Conference/12thConference/paper/Sung-Moo_Jung_paper. pdf.

⑤ M. Mardis, N. Everhart, D. Smith, J. Newsum, S. Baker(2010). From Paper to Pixel：Digital Textbooks and Florida's Schools, A White Paper[EB/OL]. http://www. palmcenter. fsu. edu.

电子教材是安装有数字化教材和教辅内容资源，以及互动教学管理平台软件，应用于课堂教学和学生课外自学的便携式移动终端。为何如此强调载体特点？我们都清楚，台式电脑、笔记本电脑等设备已使用多年，但并没有引发人们对电子教材的联想和开发的冲动，因为没有人愿意长时间保持固定的姿势端坐在电脑前进行学习。由此可见，"便携""移动"是理想电子教材必须满足的条件。也唯有如此，才能将师生从传统教学时空的束缚中解放出来，否则电子教材的价值将难以实现最大化。

二、电子教材相关概念辨析

在当前电子教材尚在探索，还没有得到广泛认可和普及的阶段。出于研究人员各自的理解和倾向，提出了很多与之相近的概念术语，包括电子教科书、电子课本、数字教材、电子书包等。这些概念的本质大体相同，只是在内涵上或多或少存在一定差异。

(一)电子教材与数字教材

相关研究中，与电子教材相提并论最多的概念当数数字教材。

数字化和电子化两个概念在发展过程中本身存在一些区别。数字化是指用计算机技术将模拟信号转换为数字信号的处理过程，是使信息得以网络化、虚拟化发展的基础和保证，也是计算机技术在信息领域的全面应用。更强调信息资源的加工方法和过程，即侧重于数字化技术的使用。电子化的概念在不断地发展和变化：网络还没有出现之时，电子化仅是指用户通过计算机使用数字化信息资源，并不涉及传播问题。而在当前网络时代所说的电子化，是对数字化信息资源的一种全新使用和传播方式，是以计算机和通讯技术为基础，以数字化信息为对象和内容，通过计算机和网络进行信息使用和传播，强调的不仅是信息内容载体的数字化、计算机化，更重要的是使用计算机和通信技术来对信息进行有序管理和共享使用。[①]

概括而言，数字化侧重数字技术，电子化更侧重于计算机和通信技术的用途。但在教材的研究范畴中，两者指向性基本相同。后者在一定程度上处于"更高"阶段，更突出信息的交互。需要强调的是，理想意义上的电子教材不是简单地把传统教材内容进行数字化，即从纸面"搬"到屏幕，而

---

　　① 姚媛. 数字化、电子化、网络化和虚拟化名词的本质概念及应用[J]. 大学图书馆学报，2009(5).

应充分发挥电脑产品在播放各种媒体、网络互动、信息检索等方面的优势，因此教材除了内容更丰富之外，还应是多媒体形式。总体而言，应有可阅读、易检索、容量大、重量轻、可记录、不伤眼、能互动、性价比高等优点。

(二)电子书包、电子课本

电子书包概念兴起于 2000 年前后，当时国内外的"电子书包"主要表现为平板电脑、笔记本电脑和电子阅读器三类物理形态，用以整合与教材内容相关的学习读物、多媒体素材、课件、作业、试卷等各种类型的数字化资源。[1] 通俗来说，就是试图把传统书包中包含教材在内的各种学习用品进行数字化。

近年来我国电子书包研究趋于系统和规范。以华东师范大学祝智庭教授为核心的学术团体是研究的主力军，主要从内容、终端、学具、平台及服务和综合示范应用等层面协调推进应用。该团队研究以"电子课本""电子书包"为关键词，认为电子课本不仅应具备教学性和阅读性，还应凸显关联性、开放性、富媒体性、交互性。电子书包则是构建一种由学习内容、移动终端和服务平台三者结合的数字化学习环境。该团队着力于开发能够提供连接数字化阅读与数字化学习的电子课本，构建了微资源体、内容聚合体和行为控制层为结构的电子课本信息。[2]

祝智庭教授在论述电子书包系统及其功能建模时提出，电子书包应将其内涵真谛从以往关注"实"转换到关注"虚"的应用服务层面，突出电子书包教育教学的系统功能架构模型，致力于跨越电子书到电子课本的数字鸿沟，实现内容互操作，从而使电子课本与电子书包得以真正意义上的应用，促进数字化学习，实现电子书包真正意义上的学生减负。从这一视角而言，电子书包就好比学生的个人学习环境，从促进面向信息时代的新的学生能力发展(如自主学习能力、批判反思能力、知识建构能力、沟通协作能力、创新发展能力、国际理解能力与社会责任心)的创新人才培养目标出发，除了要能支持每一个学生随时随地学习连接，还要能提供满足每一个学生需求的个性化学习体验。因此，个性化、移动性、按需服务将成为新一阶段

---

① 刘艳斐. 纵观"电子书包"发展十年[J]. 教育教学论坛，2013(10).

② 吴永和，雷云鹤，杨飞，马晓玲. 构筑数字化教育生态新环境——电子课本与电子书包研究与发展述评[J]. 中国电化教育，2013(12).

电子书包发展的关键特性。①

王俊宏对电子书包和电子教材的关系提出这样的观点：教育教学数字内容是电子书包的核心，它是集教科书、参考书、作业本、词典和多媒体等诸多学习内容为一体的整合的数字化学习资源，这也就是我们常说的电子教材。②

第四节 国内外电子教材发展状况

一、电子教材在国外发展状况

1999 年新加坡率先步入电子教材时代，各国紧随其后开始尝试与探索，2010 年左右全球电子教材发展达到高峰期。以美国、法国、新加坡、马来西亚、日本、韩国等为代表的许多国家陆续出台相应政策，在国内进行一定规模的推广，应用于本国基础教育领域。根据克里夫兰市场咨询公司在 2011 年的调查报告，当时至少有 50 个国家（地区）计划推广电子教材，潜在市场规模达 500 亿美元。③

(一)亚洲各国

在亚洲，以新加坡、韩国、日本、马来西亚等国为代表，近年来先后启动了电子教材研究计划。

1. 新加坡

新加坡作为"第一个走进电子书包时代的国家"。自 1999 年起，已有德明中学的 163 名学生开始基于电子教材的智能学习。早在 2000 年年初，新加坡教育部门就开始在一些中小学校推广"电子书包"，接着提出"信息科技教育计划"——教育电子簿。到 2011 年在中小学校园大规模推广使用电子书包，利用它培养新一代学生掌握"21 世纪技能"，建立起电子政府、智慧岛

① 祝智庭，郁晓华. 电子书包系统及其功能建模[J]. 电化教育研究，2011(4).
② 王俊宏. 电子书包的发展及其设计[J]. 中国教育信息化，2012(2).
③ 张海迪."电子书包"的发展现状及推进策略[J]. 中国电化教育，2011(9).

的框架,对深化教育改革发挥极其重要的作用。①

新加坡的教育信息化逐步发展到智能教育阶段,主要采取了如下模式:(1)加强规划,明确目标,整体推进。即制定卓有成效的规划,明确必须实现的目标并进行通盘考虑和整体化解决方案,保证建设经费;(2)"政校学企"共同推进新加坡智能教育。新加坡教育信息化特别强调"政校学企"共同推进,无论是电子教材项目,还是"智慧岛"的建设,均是将信息技术与各类课程进行无缝链接,促进整个教育系统的转变。

2. 韩国

韩国是亚洲各国中对于电子教材的推进力度较大的代表性国家。韩国政府将推广电子教材视为推动教育公平、更新知识的利器。2011年,韩国教育技术部表示为切实减轻学生书包的重量,将面向义务教育阶段的小学和初中学生,免费发放电子教材,高中生则需购买纸书和电子书的套装,包括装有电子教材的光盘。这样学生可以把教材放在学校里,在家学习时就可以在电脑上使用电子教材。最初只用于语文、数学、英语三科,然后逐渐推广到所有科目。韩国教育科学技术部称,每本高中教科书价格为2300韩元左右(约14元人民币),套装价格在3000~4000韩元。教育科学技术部还将制订相关计划,向低收入家庭的高中生免费提供电子教材,向家中没有电脑的低收入家庭学生免费提供电脑。2011年,韩国政府制定"将课本全面数字化,2015年朝电子书包迈进"的计划。并提出2015年让所有的学生不必再使用纸制书本,而以电子教材取而代之,并计划将拿出20亿美元开发电子教材。据悉,此项政策实施后,学生将利用学校发放的平板电脑,通过一个云计算系统获取多媒体形式的所有无纸化学习材料,以及额外的补充学习内容。②。

为了调查电子教材对学生的学业成绩、问题解决能力的影响,以及师生对电子教材的满意度等现状,韩国学者于2012年在全国63所使用电子教材的示范校中,选择32所共计7000余名教师和学生参与调查。该项目的研究目标包括:了解电子教材对学生的学习效果,解决问题的能力,自我指导学习能力的影响和师生对教材的满意度;研究怎么利用电子教材教学和

---

① 赵银生. 新加坡推进智能教育的经验对我们的启示[J]. 中国电化教育,2013(3).

② 马海涛. 韩国——为教育公平普及电子教材[J]. 上海教育,2011(1).

积极学习，如何促进各种交互活动方法。结果表明：（1）从总体成绩来看，与用纸质教材相比，学生使用电子教材后成绩无显著性提高；（2）使用电子教材，能提高学生在科学和社会课程这两个学科的学习成绩；（3）与城市学生相比，农村学生使用电子教材后成绩提高得比较明显，尤其是在科学和社会科学这两门课程中；（4）小学中年段和低年级学生，成绩提高的程度比高年级的明显；（5）与纸质教材相比，电子教材提高了学生解决问题的能力；（6）电子教材提高学生的自我指导学习能力；（7）师生对电子教材都比较满意，且学生的满意度高于老师的；（8）师生认为电子教材会成为重要的学习工具，为学习者提供了认真思考和积极学习的环境；（9）在学习内容的理解和组合上，电子教材比纸质教材更有成效。但研究同时发现，已有电子教材虽然具有"移动终端＋教育内容＋服务平台"的功能，但存在比较突出的三大问题：第一，电子教材中的学科学习工具比较缺乏，导致电子教材与纸质教材从本质上差别不大；第二，学习资源数量丰富，但结构封闭，开放性不强，不利于教师创造性地再使用；第三，未能很好地促进人际交互，尤其是未能建立起师生之间的交流空间。

3. 日本

日本虽然被誉为高科技的先驱，但在把资讯科技融入教学这方面却稍落后于韩国、新加坡等国家。日本通讯部于 2010 年 10 月开始在日本的 10 所小学进行电子教材试用计划。这 10 所参与试验学校的小学生每人配备一台平板电脑，同时教室中安装了互动式黑板。2011 年参与学校增加到 50 所。政府计划到 2015 年，日本全国的中小学生每人都配备一台电子教材。①

4. 马来西亚

马来西亚教育部 2009 年推动"E-book 试验计划"，登嘉楼州政府向州内 324 所小学的 2.5 万名五年级学生免费提供电子教材，以此取代现有的纸质教材。同样的项目也在 Terengganu 州政府启动。2010 年，马来西亚投入经费为四五年级的学生配备 Kindle 电子课本，使得学生不用再背着书包去学校。此类课本同样也在印度尼西亚、土耳其、新加坡、葡萄牙等国进行使用。②

---

① 引自《联合早报》报道. 日本小学试用电子课本[J]. 印刷世界，2010(10).

② Embong A., Noor A., Ali R. (2012). Teachers Perceptions on the Use of E-Books as Textbooks in the Classroom[M]. World Academy of Science, Engineering and Technology, 2012(70): 580-586.

(二)欧美国家

1. 美国

美国是西方国家中积极推进电子教材的代表性国家。2009 年 5 月 6 日,时任美国加利福尼亚州州长阿诺德·施瓦辛格(Arnold Schwarzenegger)发起"免费电子教材计划"(Free Digital Textbook Initiative)。2009 年 10 月 11 日,州长签署法案保障电子教材计划的实施,规定允许 K-12 公立学区为学生提供电子教材。该计划的第一阶段自 2009 年起,在数学和科学两个领域的课程使用电子教材,包括生命科学、几何、代数、微积分、物理、化学和地球科学等。通过审核来决定教材是否使用。第二阶段从 2010 年开始,所有年级使用免费电子教材。通过审查的教材内容可以在网络上进行学习、下载。学生可以通过手持设备进行学习、互动和交流。

然而,根据市场调查组织 Simba Information 的数据,美国大中小学教材市场总值是每年 70 亿美元,电子教材所占比例不到 5%,且主要在大学使用。从总体来看,各州使用电子教材的中小学数量还不多。2011 年,有 15 所公立小学使用电子教材。2012 年起,初中与高中的社会研究课程也开始使用电子教材。

美国加利福尼亚州推行的电子教材政策经过几年的实际应用,暴露出一些问题,这些问题具有一定的借鉴意义。例如:(1)广泛推行还不具备条件。根据美国人口普查,美国家庭大部分配有电脑和宽带,但配备率与家庭收入成正比,即低收入家庭配备率低。(2)现阶段广泛采用电子教材将妨碍教育公平。《纽约时报》的评论认为,电子教材肯定是未来发展的趋势,通过使用开放的、丰富的、7 天 24 小时可用的数字教学资源,学生的学习方式将发生质的变化。不过,电子教材也将进一步拉开贫富的差距,因为当前只有富裕的学区和学校有条件应用数字教学资源。(3)前期需投入大量教育经费。(4)美国许多学区限制学生在校园内使用无线电子通信设备。20 世纪 80 年代后期和 90 年代早期,美国一些州由于在校园内使用移动通信设备所引发的群体性罢课事件、暴力视频上传网络、使用寻呼机和移动电话影响课堂教学、考试作弊、通过手机短信和彩信发送骚扰信息或色情信息等问题,开始制定有关限制学生在校园内使用移动通信设备的政策和规定。① 因此美国还是处于电子教材应用的尝试与探索阶段。

对于电子教材的应用情况，McGraw-Hill Education 的产品副总裁克里斯廷·威林(Christine Willig)则从优点与问题两个方面进行了说明。他认为电子教材不仅仅是把课本变成 PDF，更重要的是数字格式给学校提供了多种方式强化教育教学效果。电子教材的优点体现在教师能够轻松给出更多针对个别学生的教学建议和反馈，学生在学习过程中会变得更加投入，版本易于更新，帮学校节省资金。但同时电子教材在使用过程中，也暴露出以下一些明显的缺点：(1)在引入之前将面对各种不同的商业和技术挑战，这包括资源内容的匮乏，出版社需要找到在不同终端都能呈现电子教材的方法，电子教材的消费和学校之间的关系需要建立合理有效商业模式等。(2)学校方面，学校领导要确定引入何种设备：笔记本、eReader、还是智能手机？家长会给学生买这些设备吗？学校需要购买吗？在给学生购买设备时，学校领导需要考虑电子教材格式的兼容性。例如，苹果公司的电子教材商店中的电子书就只能用 iPad 阅读。很多设备，包括 iPad 或者其他 IOS 系统设备，都支持开放的 iPUB 文件格式，它可能成为一种工业标准，但是亚马逊公司的 Kindle eReader 并不支持。还有，一旦学校的领导做了购买何种设备的决定，他们要跟踪这些设备：这些设备都在哪里使用？设备中都有什么内容？设备是如何被使用的？另外，偷盗也是一个值得关注的问题。2007 年到 2011 年之间，在洛杉矶的某个学区里就有 1000 台笔记本被盗。还有因学生造成设备的损害，比如，他们可能想下载一些私人的文件，却会增加病毒入侵学校网络系统的机会。

2. 法国

法国是欧洲各国中最早推行利用电子书包提供数字课程资源的国家。2000 年，网上流传着一张一名法国小学生手捧一个书本大小的电子书包学习的照片。该电子书包由法国哈尔斯公司研发，将传统的键盘用电子触控笔替代，还具有其他在学习中所需的电子工具，受到学生的普遍喜爱。但由于其昂贵的价格，并未在法国大面积推广。如今，法国的电子书包技术有了很大改进，价格也大幅度下降，因此，越来越多的学校开始使用电子

---

① 刘翠航. 美中小学电子教科书的使用现状及分析——加利福尼亚州电子教科书政策引发的争议[J]. 课程·教材·教法，2011(4).

书包。①

3. 俄罗斯

2015 年 8 月，俄罗斯教育科学部第一副部长娜塔利娅特列季亚克在新西伯利亚教师代表大会上表示，新学期俄罗斯所有的中小学校将在教师、学生及家长的参与下自主决定教学过程中是否使用电子版教材。中小学教材电子化是新学年国家教育工作的重要创新之举，9 月 1 日前，联邦教育部推荐教材目录范围内的所有教材都必须配备电子版。电子版教材应包含基本的视听内容，具有人机交互功能，并且能够适配多种操作系统，尤其是能在移动设备上使用。同时，电子版教材必须通过非商业机构俄罗斯科学院和教育科学院的专业认证。至于教学中采用何种教材(纸质版、电子版或二者兼用)的问题，则由教育机构、教师、学生及家长共同决定。②

二、电子教材在我国发展状况

(一)电子教材在我国的发展状况

电子教材在我国的发展大体始于 2000 年前后，是伴随着电脑和网络发展，在学校得到一定应用而起步的。2000 年 11 月，教育部颁布的《关于在中小学实施"校校通"工程的通知》指出，为有效提高所有中小学的教育教学质量，要求 5～10 年后全国 90% 以上中小学都要完成校园网的建设，使所有的中小学师生都能共享网上教学资源。次年，北京伯通科技有限公司研发成功"绿色电子书包"并通过教育部专家认证，正式投放市场，成为首个专门加载电子教材的硬件产品。2001 年 11 月，我国第一批电子书包分别在北京、上海、大连及深圳 4 个城市试用。然而，由于种种原因，十余年过去了，电子书包和电子教材在中国的推广并不顺利。直到 2010 年以后，随着移动技术和无线网络技术的进一步提升，中国才与世界其他国家一起投身电子教材改革热潮。近年来，电子书包、基于平板电脑和其他移动学习终端的电子教材俨然成为我国教育信息化革命发展的新一轮实践热点。北京、上海、广东、香港、陕西等很多省市地区，也于近年来陆续开展电子教材(或称电子书包)研发，并在很多学校进行教学实验，开展了不少的研讨活动。

---

① 顾锦江. 电子书包国内外应用现状分析[J]. 科教导刊，2012(12).
② 邵海昆. 俄罗斯中小学将自主选用电子版教材[J]. 世界教育信息，2015(21).

1. 香港特别行政区

香港教育统筹局于 2002 年推出"无线网络计划—电子书包"试验计划，2003 年在 10 所小学试行，从 2011 年起在 61 所学校实施电子学习试验计划。2012 年香港特区政府相关部门决定推行电子教材市场开拓计划，旨在鼓励非营利机构研发电子教材。

2. 上海市

2010 年，上海在全国率先推广电子教材。上海市教委表示把开展电子书的研究和实践，列为 2010 年上海市基础教育一项试验性工作。计划先在部分学校和学科开展试点，形成相对成熟的电子课程框架，逐步尝试建立教材数字出版和发行的新渠道，待技术进一步突破后，再逐步予以推进。《上海中长期教育改革和发展规划纲要（2010－2020 年）》明确提出，"推动'电子书包'和'云计算'辅助教学的发展，促进学生运用信息技术丰富课内外学习和研究"。上海市把电子教材和电子书包纳入了"十二五"规划，准备用 3～5 年的时间推广使用电子书包。2012 年 6 月，上海市教委召开"电子书包"数字化教材研讨会，并表示 2～3 年后，上海市所有的中小学都将使用电子书包和电子课本。① 然而从目前的进展来看，受一些因素的制约，仍处于一定范围的试验阶段，尚未达到预期的效果。

3. 北京市

从 2012 年起，受北京市教委以项目方式委托，北京教育科学研究院基础教育课程教材发展研究中心（以下简称"课程中心"）着手进行基于北京版纸质教材的电子教材研发。按照转换型、媒体型、交互型三种类型，由低到高、从点到面，滚动式进行开发，力求覆盖所有学科和学段。经过几年的努力，已经完成了大部分开发任务，电子教材呈现出一定特色。在此基础上，遴选了一批条件具备，具有典型性、代表性的实验学校开展了教学应用实验。总体形成了初步的开发和实验模式。

4. 陕西省

陕西省作为一个教育和经济相对不发达的地区的代表，近年来也开展电子书包的应用探索，致力于利用新技术提升教育水平。2011 年 9 月，陕西省教育厅印发《关于试点"电子书包"项目的通知》，拉开了电子书包实验的帷幕。近年来也取得了一定的进展。

---

① 江跃中. 上海中小学 5 年内推广电子课本[J]. 共产党员，2010(7).

其他有些省市虽然没有从整体上进行部署和布局,但部分学校呈零星化地自主开展相关实验。如成都、广州等地的中小学,近几年也陆续开始了电子教材的探索和研究,研究涉及语文、数学、英语等几乎所有学科。各地的电子教材大多以减轻学生负重、改进教育信息化环境、增进教学互动、开发数字教育资源、提高教学绩效、促进教学改革等为目的。其研制和应用试点颇受各地政府、学校、新闻媒体和社会关注;同时吸引了出版社、教辅出版商、终端设备厂商、移动通信商、技术服务商、硬件设备提供商等的重视。①

除了各地采取行政引领的方式进行电子教材探索之外,一些出版机构也基于自身纸质教材的数字化进行了有益的尝试。以人民教育出版社为例,其开发的基于 PC 的网页版电子教材较为系统,面向众多学习对象,主要支持小学、初中、高中以及特殊教育、职业教育等多个教育层面和领域的学习者使用。在内容上,它涵盖了语文、数学、英语、化学、物理、美术等大部分学科。这些电子教材都是基于纸质教材的原有排版布局,在知识呈现方式和交互性方面优于纸质教材。个别学科的电子教材设计较好,如英语学科的电子教材,具有视频讲解、在线做题的功能,实现了学生与教材的交互。但总体来说,整体功能设计还不完善,个性化设计不强。虽然也使用了较丰富的媒体呈现方式,但是这些媒体设计得合理与否、是否能有效地帮助学生学习尚待检验。

(二)我国电子教材的发展阶段

孙众等人根据我国十年来电子教材所呈现出的特色功能变化,将其划分为以下几个发展阶段:②

第一阶段:资源数字化,实现学习内容的多媒体呈现。由点读笔和定位技术实现的点读机,与电子教材的最初发展形势颇为相似。两者均嵌入了纸质教材从未有过的同步声音,以及简单的交互反馈功能,揭开了教材数字化的序幕。随着电子墨水、多媒体等技术的发展,纸质教材可以通过视频、音频、动画等方式进行呈现,于是电子教材得到了充分发展,进入到第一个较为成熟的存在阶段,即资源的数字化。初期的电子教材形式就是纸质教材的电子化再现及多媒体资源的嵌入。对于早期的电子教材呈现

---

① 施勇勤,唐继文. 电子书包领域的教育出版发展策略[J]. 中国编辑,2015(6).
② 孙众,骆力明. 数字教材关键要素的定位与实现[J]. 开放教育研究,2013(8).

技术来说，最有特点的功能就是搜索。①

　　第二阶段：工具通用化，支持学习记录与课堂即时评价。当实现了纸质教材资源的数字化，满足了师生对于学习内容的多感官接受后，教师迫切需要电子教材能够支持课堂的部分教学活动。如笔记、测试、即时评价等。这些功能是所有学科的课堂教学中都要涉及的活动，因此电子教材步入第二个发展阶段，即学习资源中添加了部分扩展阅读的功能，并把通用的学习工具嵌入数字化的教材中，电子教材能做到将印刷课本的内容数字化后，储存在电子媒介里，学生可以通过有线和无线信息通信网进行阅读、收看、收听教材中的这些内容。此阶段的电子教材不仅含有传统纸质教材的内容，而且还涵盖了参考书、习题集、字典、笔记本等数量庞大的学习资料。电子教材中的学习资料，包括静止的文字和图片，也有视频、动画、虚拟现实、超级链接等先进的高科技多媒体功能，还可以直接同外部学习资料数据库相连。处于这个阶段的数字教材"利于组织学习活动，能提供课后习题、作业和随文笔记等功能，以支持教学活动"。② 学生可以利用电子教材来进行学习评价，管理学习进度，从而实现根据自身特点单独进行学习的需求。由于电子教材可以随身携带，学生和教师间的交流也不受时空的限制。但是由于这些功能多为支持记忆、理解等初级认知目标，对于满足不同学习者所需的个性化学习，以及能够促进高阶思维能力培养的课堂学习活动来说，还有一定的距离。

　　第三阶段：教材平台化，搭建起一对一的数字化学习空间。对于课堂教学来说，通用化的笔记、书签、字典等工具显然无法满足学生在不同学科的学习需要，反馈简单的习题测试、当堂判卷等无法满足丰富的教学策略与方法的需求。目前我国很多电子教材系统已经具备了如下功能：信息反馈系统，便于师生之间交互便捷的沟通；学习信息和管理信息的统计分析功能，帮助教师判断学生学习状态；电子教材控制功能，教师能够统一控制电子教材手持设备的使用状态和部分的使用权限；动态的课堂组织功能，同学之间可以组成互动小组学习、分类讨论或者共同完成项目等，对学生的无线终端自动进行分组，可以随机分组、就近分组、按照学号分组

---

　　① Henke Harold(2003). An empirical design for e-books[M]. Chartula Press, 9-18.
　　② 龚朝花，陈桄. 电子教材：产生、发展及其研究的关键问题[J]. 中国电化教育，2012(9).

等；建立无处不在的交流、沟通，课后学生仍然可以应用电子教材的无线功能与同学形成小组讨论，在电子教材上完成作业并且提交，教师通过作业管理系统批改作业并且推荐优秀的作业。因此电子教材步入到第三个发展阶段，即可通过任意学习终端，接入后台服务系统，无论何时何地上网，为每一个学生提供个性化学习资源与学习导航，"移动终端＋教育内容＋服务平台"成为其核心特征，建立起一对一的数字化个人学习环境。[1] 在这个阶段中，如何实现教育内容和服务平台在支持群智学习和个性化学习的作用，需要进行细致的分析与设计，这也是决定第三代电子教材成败的关键。

表 2-2　电子教材发展阶段特点的对比分析表

	第一阶段 资源数字化	第二阶段 工具通用化	第三阶段 教材平台化
核心	纸质教材的多媒体版	提供各学科通用工具，实现即时测评	成为个人数字化学习空间
学习资源	与纸质教材相同，少	添加少量扩展资源，相对较少	有学习资源库，多
满足个性化学习需要及效果	否。按照教材，统一学习步调	部分。如果该电子书中有少量扩展资源里，学生可以自选阅读。并可利用工具进行个性笔记，批注，测试	可以。资源库有大量资源，但是否能真正支持个性化学习，要看资源的推送机制
学习活动	与纸质教材相同，活动组织和策略主要靠教师提供	多为支持阅读、测试等各学科通用的课堂学习活动，且活动形式较单一	有投票、讨论、小组等活动。但是否有与学科目标结合，与当前学习内容相结合的有效学习活动，需具体分析
技术促进学习效果	少。除多感官刺激外，与传统课堂相同	部分。多是达成记忆、理解等浅层次认知目标	可以。但技术对于特定学科及学习者个性化学习需求的促进效果，需具体分析

① 祝智庭，郁晓华. 电子书包系统及其功能建模[J]. 电化教育研究，2011(4).

续表

	第一阶段 资源数字化	第二阶段 工具通用化	第三阶段 教材平台化
问题分析	把"用教材学"等同于"学教材"，"新瓶装旧酒"	把学习等同于阅读加考试，即刺激反应式的被动接受学习	建起 1∶1 个人数字学习空间。深度学习不会在先进技术环境下自动发生，需具体分析

(三)现状及问题分析

从设计核心、学习资源数量和质量、满足个性化学习需要、学习活动形式、技术促进学习效果及存在的主要问题等方面，对以上三个阶段的电子教材进行对比可知，第一和第二阶段的电子教材在实现了纸质教材的多媒体化以及教材中嵌入通用型学习工具后，并未促进深入学习的发生。而只有当教材不再停留于有限的资源和固定的形式，进入第三阶段以后，才有可能满足课堂丰富多彩的教学需要，以及学生全面发展前提下个性化成长的诉求。

三、对电子教材发展状况分析

可以看出，各国致力于探索电子教材在教育中的应用效果与改进措施。已有研究可以分为两类：一类是探究电子教材对提升学生的学习效果，增进学生的学习能力、语言表达能力、人际沟通能力等方面的效果。部分研究结果呈现为正效果，即电子教材能够在教育教学中起到一定的推动作用。但也有研究表明，按传统的评价方式，电子教材对于学业成绩的影响与纸质教材相比没有明显的提高，只是学生的问题解决能力、交流能力等方面，电子教材体现出了较好的促进作用。另一类是探究电子教材本身的设计与用户体验上，学习者对于电子教材有使用的愿望和兴趣，但是电子教材在易用性、支持个性化学习、支持人际交流等方面还有很多待改进的地方。目前从国际范围来看，电子教材的使用还处于探索阶段，在电子教材的硬件与软件方面，以及使用者与电子教材的关系中，都存在一些问题，需要研究人员和教学人员共同努力，以实现电子教材对于学习过程和结果的优化。

在电子教材的实验应用上，各国研究角度比较多样，研究效果也不尽相同，主要涉及学生的学习效果、问题解决能力、电子教材设计等方面。

在目标和方向上，国内外研究基本一致，都是围绕促进教育质量的提升。但总体都处于起步阶段，地域特色比较明显，实验呈现零星化，还不够系统。而且很多配套性研究均未启动，有待从教育的宏观背景和地域实际，结合理论和实践两方面，进行审慎地实验和探索。

第五节　对电子教材定位的思考

当前电子教材总体质量不算高，还有很大的提升空间，这是个令人遗憾同时也是不争的事实。究其原因，不能简单归结于哪一两个方面，但追根溯源，影响最大的莫过于对其定位的科学性、准确性存在问题，包括定位模糊、定位偏差、定位错误等情况。定位不准确，既有认识不全面、缺乏高度，也有实验研究不够，缺少一线师生参与，以及利益驱动导致盲目模仿、急于求成等影响因素。

电子教材在设计和开发之前，首先需要准确把握其定位，搞清"是什么、给谁用、如何用、新与旧"等本质问题的答案，才可能按照正确的方向、科学的路径设计开发出符合预期，真正对教学有实质帮助的理想电子教材。

一、"是什么"的问题

电子教材是什么？虽然学者们对其有不同的定义，但用简单的语言文字仍然难以概括其内涵和外延。教育和技术都在不断地发展和变化，电子教材也会相应产生动态性的进步和提升，在这个进程中，它将给教育应用提供非常多的潜在可能。类似于我们面对一个婴儿，无法预测他（她）长大成人以后的能力和才干一样的道理，没有人能够对电子教材最终的形态和功能做出精准的预判，当前对其认识只能算是阶段性的"建模"，必然存在一定的狭隘和局限，有待在发展过程不断地加以修正和完善。总之，对电子教材的认识需要持更全面、动态、开放、发展的眼光。

从系统理论的角度分析，电子教材是一个较复杂的系统，其组成要素虽然难以简单概括，但可以提取其四方面的关键要素：价值功能、指导依据、组成结构、应用范畴。它们相互关系及组成内容如图 2-2 所示。

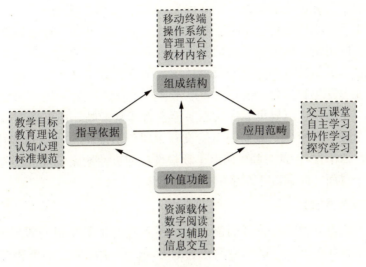

图 2-2　电子教材系统

（一）价值功能

毫无疑问，对电子教材应用价值和所能实现功能的认识应摆在首位，这是其定位的出发点，同时也是最终努力的方向和目标。电子教材具有这些"能力"：它是纳入了传统纸质教材文本、图表等内容在内的各种媒体资源的载体，是一个"教学资源库"；它可以显示和播放各种媒体资源，供师生进行数字阅读；它通过人机交互功能，让学生进行学习记录、创作各种学习成果，并在学生学习过程中提供反馈、提示和指导；它在网络环境下帮助实现人际交互和人与内、外部资源的交互。

从信息的角度，我们可以把电子教材看作资源平台、认知工具、交流平台、协作平台。（1）资源平台。电子教材本身提供教学和学习资源，还能通过它获得云端的各种资源，并通过它保存、积累、加工学习过程中生成的资源。（2）认知工具。电子教材可起到"脚手架"的作用，帮助学生提升认知的能力和效率，对学习获得的知识进行组织和归纳。（3）交流平台。电子教材可帮助师生之间、生生之间实现实时或非实时地信息交流，并记录、储存交流的信息，分享学习的成果。（4）协作平台。电子教材可支持学生协作完成小组共同的学习任务，在完成的过程中各自发挥自己的作用，贡献自己的经验和智慧，同时得到同伴和教师的帮助和启发。不难看出，虽然也被称作"教材"，但其功能已远远超越了传统纸质教材。概括而言，它是新型的教学资源，是学习的工具和手段，是教学交互的纽带。

特别需要强调的是，要注意电子教材功能的边界。尽管电脑设备能做越来越多的事情，但电子教材的开发者需要保持足够的清醒和理智，不能被"喜悦"冲昏头脑。如果电子教材试图囊括所有数字化教学功能，必将导致其功能的泛化和异化。换言之，电子教材中作为教材的核心功能不能没有边界，尽管这个边界可能一时不易界定得非常清晰，还可能随着教育发展、技术进步而变化。然而，不能没有边界，不能把电子教材弄成"大杂烩"或者"四不像"。这与师生用电子教材设备创造性地完成很多教和学的任务是两个层面的问题，并不存在冲突和矛盾。

(二)指导依据

在确定电子教材的价值功能之后，还不宜匆忙着手进行设计和开发，而应找准指导依据，以确保沿着正确的方向和科学的路径实施和推进。这些依据包括对学生的培养目标、学科教学目标，相关的教育、教育技术理论，学生的认知心理和认知规律以及电子教材所涉及的内容、技术标准规范等。

(三)组成结构

电子教材是由硬件、软件、数据等几部分有机协调组合而成的"统一体"，任何一方都不可缺少。具体而言，它包括移动终端、操作系统、管理平台和教材内容。后面会对此进一步加以阐述。

(四)应用范畴

电子教材的应用对象主要是教师和学生，既要"助教"，又要"导学"；既要有利于学生自主学习，又要有利于教师课堂教学；既要有利于学生个体学习，又要有利于学生协作学习、探究性学习等；既要有利于课内学习，又要有利于课外学习。电子教材应用方式多样，如果从教和学两方面加以划分，教最重要的是实现数字交互课堂，学则需要突出学生的自主学习、协作学习、探究学习等。

二、"给谁用"的问题

(一)传统纸质教材的应用主体

对教材应用对象的认识经历了一个发展变化过程。在我国古代，教育是为统治者巩固其统治地位，推行其统治服务。学校最初只招收王公贵族子弟，普通老百姓子弟被剥夺了受教育的资格。在封建社会经济较发达时期，普通人也能够上学，教材的使用者得以拓展，但教学的内容总体并没有变化，所教授的内容主要是"四书""五经"等儒家经典。由于这些典籍都不是专为教育编写，主要目的是强化封建制度、封建礼法，其应用主体显得空泛。

新中国成立以后，在相当长一段时期借鉴苏联的教育制度及理念。而苏联"十月革命"初期，对教材的应用对象问题，就存在一种争论，争论的焦点在于教科书是否是教师讲授内容的"提要"，不需要任何细节和事实，不必使用插图或漂亮的装帧。这种争论直到20世纪20年代才告终。到50年代，学者科瓦廖夫等认为中学教科书的体例结构应和大学教科书一样，是知识的简明纲要，不必追求趣味性，不必包括文献资料。这种观点明确了教科书的应用对象是教师而非学生。到50年代后期，苏联就教科书问题展开大讨论，其中包括教科书应用对象问题。科罗甫金等专家认为教科书不是历史著作，它不应是"知识的简明纲要"，应当考虑学生的年龄特征和教学规律。在此基础上，之后出版的历史课本便把"内容节"改为"课时节"，增加了习题作业，补充了一些原始文献材料，注重教材的生动活泼。这种变化是把教师和学生都作为教科书应用对象。① 概括而言，可以把20世纪80年代作为分界，在此之前苏联把教科书定义为"教师用书"，80年代之后定义为"学生用书"。

相应的，在20世纪80年代之前，我国的教科书把应用对象定位于教师，强调"学科中心"，注重教师教授知识内容的系统性、学术性，而忽略了学生对教科书的主动应用。这种做法隐含了一种错误的认识，就是教必然引发学，有效的教也必然导致理想的学，因为教学系统中学生被教师掌控，教师是教学成效的关键，学生只需服从、配合教师的教学行为即可。

随着90年代我国课程改革的稳步推进，素质教育的观念逐渐深入人心，教材编写者逐渐认识到学生是学习的主人，也是教材的重要主人。因此，教材在有利于帮助教师课堂教学的同时，还应有利于调动学生的自我学习，在此之后教材的"学生味"开始浓重起来。然而，带来的新问题是教师和学生是差异性极大的两个群体，虽然两者共同作用于教学，目标趋于一致，

---

① 任丹凤. 中小学教科书编制设计的理论与实践研究[D]，上海：华东师范大学，2003：25.

但无论是经验、阅历、思维、行为等方面都不在同一个层次，要兼顾两者其实是勉为其难。因此，教材尽量容纳师生双方"共用"的内容，单独用来指导教师教学的内容以及供教师参考使用的教学资源，则通过教师用书提供。

(二)电子教材的应用主体

电子教材的应用主体，无疑既包括学生又包括教师，在强调学生主体地位，"重教"转向"重学"的今天，应把学生放在首位。钟启泉教授就曾经提出：在新的信息技术时代，教材要从历来的"作为教学之用的主要教材"转型为"作为学生之用的主要教材"，不仅是教师用以指导学生的"教材"，也是学生用以学习的"学材"，而且后者的意义更加重要。[①]

相比起纸质教材，电子教材在发挥学生学习主体作用上更具有优越性：提供丰富的联系学生实际的情境，调动其学习的欲望；通过直观化的媒体资源，帮助其结合自身实际，突破学习的难点；利用人机交互，帮助和引导学生加大学习的深度，并评测自己学习状况，有针对性地改进学习。毫无疑问，电子教材在这方面"技高一筹"，更有助于增强学习的趣味性，提高学习效率。除了学生自主应用，利用网络功能，电子教材还可以实现学生协作学习，以及师生互动性质的"教学一体"应用。另外，电子教材还可利用数字技术的优势，开发出学生版、教师版等，可有效解决纸质教材难于兼顾两者的难题。

教材与学生应该是怎样的关系？教材服务于学生的学习，是学习不可缺少的资源，从这个意义上说，两者应该是一种亲密伙伴关系。然而传统纸质教材是一张冷冰冰"知识专家"的面孔，对学生的困难和要求"不予回应"，不易让学生对它产生亲近感。相反，电子教材则"有声有色、有问有答、循循善诱"，有望与学生真正建立起良好的伙伴关系。

对于教师而言，电子教材会提供给教师可直接应用或参考借鉴的教学资源，让教师在课堂上奉献给学生"营养"成分更高的"食粮"，提升课堂效益。

三、"如何用"的问题

(一)应用时空

由于要保证印刷质量和色彩效果，当前学生使用的教科书重量不可低

---

① 钟启泉. 现代课程论[M]. 上海：上海教育出版社，2003：389.

估，其便携性也大打折扣。因此，学生每天上学时，只会根据课表挑选当天用到的书籍，以满足课堂教学的需要。不便携带加上功能单一，在教室之外进行教学活动，学生通常会"赤手空拳"。这种物理意义上的障碍限制了传统纸质教材的使用空间。

相比传统的纸质教材，电子教材应用的时间和空间更加灵活。电子教材由于其便携性和不断扩大的存储容量，不仅可以"装载"本学年所有学科教材，还可以"装载"已学过和没有学过的所有教材，有利于学生随时随地学习当前的内容，巩固以往知识，根据需要自学新知识。

基于网络功能，电子教材应用时间、空间几乎不受传统的局限，随时、随地都可以访问云端的学习资源，与教师、学生进行沟通交流，让学习无处不在。

(二)应用方式

美国教育家杜威把教育看作信息交流过程，随着信息技术的快速发展，从信息的角度认识和理解教育，也逐渐成为一种研究的视角。电子教材作为信息载体和处理工具，从信息的角度分析，具有以下一些具体应用方式：

(1)信息转换。电子教材将本身存储和从云端获取的二进制数据进行转换、组合，以图、文、声、像等媒体形式"高保真"地呈现出来，供用户利用各种感官接收和理解信息。

(2)信息存储。电子教材利用拍照、录音、录像、键盘录入、语音识别等功能，以及外接的手写笔、传感器等设备，帮助学生记录学习笔记，存储学习材料、实验数据。电子教材自身结合云服务器进行数据存储，具有稳定性、高容量、可迁移性等优势。

(3)信息加工。电子教材利用其高速运算能力，对实验数据、计算数据进行分析、统计和处理，生成最终结果数据或直观化结果。除此之外，电子教材还可以按照特定的要求，对繁杂的信息内容提取关键特征进行整理归类。

(4)信息传递。电子教材利用网络功能，帮助进行师生、生生之间的各种信息传递，实现人际交互。信息传递具有快捷、跨时空、不失真、可留存等特点。

(5)信息检索。电子教材可以利用高速运算能力，帮助使用者快速、准确、全面地检索本身存储的教学资源，以及服务器、外部网络相关资源。

(6)信息生成。学生学习不只是接受已有知识，还会运用自己的智慧进行创新和创造。电子教材可提供给学生创作、制作的机会，生成新的学习成果，形成不同于以往的具有个性化特点的新的信息。

四、"新与旧"的问题

电子教材代表新生力量、新事物，然而它与传统的纸质教材是什么关系、继承、发展、改进，还是颠覆？值得我们思考。

毫无疑问，新的知识观、人才观、教材观对纸质教材产生了潜移默化地影响，使其在形式和内容上逐渐发生了积极的变化。纸质教材的这些极其宝贵的发展成果，必然也必须在电子教材上得到合理体现。从这个意义上说，纸质教材是电子教材的重要基础，电子教材可视作纸质教材的"高级阶段"，两者不是对立互斥的矛盾关系。

电子教材的类型多样，从其内容及呈现方式来看，既有将纸质教材直接数字化的"较简易"电子教材，也有在此基础上增加多媒体的"稍复杂"电子教材。然而，理想的电子教材应脱离纸质教材完全从新设计，摆脱纸质教材的传统编写方式及思路的束缚和干扰，按照新的目标、机制，以及利用新技术优化教学的要求"量身打造"。否则，一方面纸质教材的不足被"打包"转移过去；另一方面技术的优势被抑制而得不到充分发挥。然而，这并不意味着抛弃传统的教材研究成果完全另起炉灶，而是基于科学的分析论证，有取有舍更有创新。始终要坚持这样的认识和原则：没有继承就不会有发展，没有创新就不可能进步。

电子教材的发展过程中，可以适当地灵活变通，兼顾理想愿景和当前实际。比如，在"过渡时期"，电子教材可以配合纸质教材应用，作为纸质教材的辅助资源，充当支持、补充和拓展其功能的"配角"。然而，随着时间的推移和技术的不断进步，最终它将有望替代纸质教材独立应用，实现真正的无纸化、数字化学习。很多业内人士这样断定，电子教材不是对纸质教材的修补和完善，它带来的应该是教与学的深度变革。

第六节　电子教材的类型和组成

出于不同的应用需求和认识的差异，当前被开发并投入实验应用的电子教材类型多样，功能不一。梳理其类型和组成，分析其组成中的关键要素，对引导电子教材科学的发展方向，使之规范、有序、高质量的发展，无疑更加有利。

一、电子教材的类型

由于应用的目的不同，开发的成本和效率的不同，不同的电子教材内容有很多的差别。根据教材组成和呈现方式，电子教材大体可划分成三种类型：转换型、媒体型、交互型。

(一)转换型

转换型电子教材是指将纸质教材进行数字化转换，基本保留原有的版面和版式。转换型电子教材的文档格式多样，目前比较流行通用的主要包括便携式文档格式（Portable Document Format，PDF）、电子出版（Electronic Publication，EPUB）、超文本标记语言（Hypertext Markup Language，HTML）等。PDF 格式与纸质教材保持原版原饰，是一种常用流行格式，简单易用；EPUB 及 HTML 能够在适应不同的阅读设备（PC、平板电脑、手机等），其中 EPUB 能根据屏幕尺寸和分辨率对版面、字体大小、间距等方面进行自适应调整，使用者也可以结合个人喜好加以调整，实现移动式学习。

其优势和应用价值体现在以下方面：

第一，用户易适应。因为与纸质教材版面大体一致，教师和学生在使用时没有陌生感，能很快适应。另外，对用户技术水平要求低。

第二，开发快捷。利用转换工具软件基本可实现批量转化，效率高。

第三，开发成本低。除了对生成的教材文档进行检查核对外，不需要较复杂的设计和加工，因此不产生额外的加工成本。

第四，跨平台和终端性好。由于转换后的文档采用通用的格式，能够在不同类型系统、终端上使用。尤其是 EPUB 格式的文档甚至能很好地适应手机等小巧的移动终端的显示要求，具有独特的优越性。

第五，传播效率高。由于转换成的文档能够被很多阅读软件支持，且格式简单，非常有利于传播和使用，支持随时随地的泛在学习。

转换型电子教材在当前以及今后较长时期都有存在的价值，是纸质化向数字化过渡的必经之路。虽然内容方面没有提升，但利用阅读器的学习功能（如检索、笔记、标注、插入媒体资源等），可以集成导入和生成的数字化学习资源，引导学生进行数字化学习。

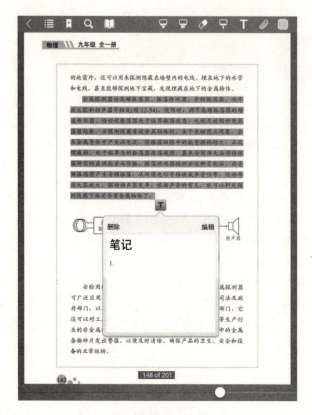

图 2-3　转换型物理电子教材界面

(二)媒体型

　　媒体型电子教材是在转换型电子教材基础上，增加了音频、视频、动画等媒体素材，突出直观性、生动性、趣味性，激发学生的学习兴趣，引导学生进行自主学习，突破用常规语言、文字等信息方式难以表达和呈现的教学难点。

　　这种类型电子教材的优势和价值在于：

　　其一，增加了内容的直观性、生动性、趣味性。

　　其二，将学生难于直接接触和感知的物体直观地呈现在学生面前，相应降低这些内容的学习难度。

　　其三，可以将微观的内容以宏观形式呈现，以及利用动画技术将较复杂的技能性知识(如体育动作)，清晰、可控地加以呈现。

　　其四，利用微课及教师讲解的视频技术帮助学生自主学习，重复学习。

利用微课，可以在很大程度上进行"先学后教"的"翻转课堂"教学方式，调动学生的学习主动性。

其五，对需要声音资源的学科（如语文、英语等），利用音频内容调动学生的多重感官进行学习。

其六，对教师来说，媒体型电子教材提供了优质教学资源。

媒体型电子教材因为其富媒体特点更切合学生认知喜好，更易受到学生的欢迎。同时通过媒体手段突破传统教材和教学的难点和障碍，能提高学习效率，进而一定程度上减轻学生的学习负担和教师的教学压力。

图 2-4　媒体型物理电子教材界面

(三)交互型

交互通常指两个或两个以上的个体之间进行的双向信息交流。交互型电子教材是电子教材最终的发展方向，它的特点是设计了丰富的交互型学习资源，突出人机之间的互动。交互方式及资源主要包括内容分层呈现、交互式练习、交互式游戏、虚拟制（创）作、虚拟实验、虚拟探究等，有利于调动学生进行自主学习、探究型学习，最能体现技术在教学中的价值。

考虑到交互性电子教材代表了电子教材的发展方向，也最能体现出电子教材的价值，本书后文中"电子教材"如无特别说明，默指这种类型，将对其应用价值、优势、设计、开发和应用等方面的问题展开讨论。

转换型、媒体型这两种电子教材各有其优势，对纸质教材的内容没有进行大的调整，学生易于适应。但由于过于依赖纸质教材，纸质印刷的不足也被遗留下来，比如，文字内容的呈现缺乏层次、互动等，没有充分发

图 2-5　交互型小学英语电子教材界面

挥电子设备的优势。理想的电子教材应是这样的交互型电子教材：它结合教育目标，发掘电子设备的优势和价值，重新设计，追求信息技术与教育的深度融合。

需要说明的是，这三种类型的划分是相对而言，并没有绝对清晰的界限。比如，媒体型电子教材中包含的媒体资源可能具有一定的交互性，可实现人机交互；转换型电子教材可适当增加一些媒体素材等。

查阅期刊文献，不难发现名称不同而实质相似的分类方法。比如，有这样的表述：第一种为 PDF 版式，对传统的纸质教材进行初步的电子化；第二种为交互式，在 PDF 版式基础上，加载十分重要的交互功能，让数字教材的互动性、生动性和灵活性更强；第三种为原生型，不再依附于传统纸质教材，独立开发，具有自身的版式与结构，融合现代化的多种技术，突破纸质教材线性而死板的模式，实现自适应，可以根据学生不同的情况，来调整教材的难易，达到"因材施教"的效果。[①]

二、电子教材的组成

如果电子教材只是用于学生个体阅读和学习，只需电子教材内容和装有阅读软件的移动终端的软、硬件组合即可实现。甚至还可进一步简化为电子教材内容与阅读软件"打包"在一起形成可直接运行的程序，安装在移动终端中就能达到目的。

---

① 施勇勤，尹冰. 试析数字教科书类型与功能特点[J]. 中国报业，2015(2).

相比起来，交互型电子教材无疑更为理想，它具有"多功能性"：既用于学生个体的课外学习，又应用于师生课堂教学，构建数字交互课堂，是重要的教学交流载体。为了更好地实现课堂管理、教学互动、资源共享、实时评测、跟踪记录学习过程等功能，并充分发挥"云技术"的优势，教学管理平台是不可缺少的组成要素。因此，电子教材应由三要素组成：电子教材内容(资源部分)、移动终端设备(硬件支撑部分)、教学管理平台(软件支撑部分)。三者的关系大体可以比喻为：货物(内容)、车(终端)、路(平台)，均为重要的系统组成要素，缺一不可。

电子教材的三要素互相依存，形成合力共同发挥作用。其应用价值不局限于电子教材内容一方面，每一要素都具有其自身的功能和价值(例如，平板电脑在其系统软件支持下可实现拍照、录音、录像，以及网络检索等)，并随着技术的发展而不断提升，使得电子教材的功能和价值不断"增值"，达到"1+1+1＞3"的效果。

细分的话，操作系统也是需要纳入考量的重要组成部分，但却常常被电子教材设计者和使用者忽视。四者的关系构成"塔形"结构(如图 2-6 所示)：移动终端是硬件载体，其他软件资源安装其中；操作系统是最底层的软件系统，支持管理平台和教材内容的运行；管理平台软件实现教材内容的管理及教学中交互功能；教材内容位于顶端，有赖于其他三者的支撑。

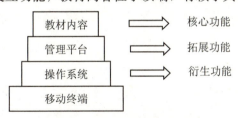

图 2-6　电子教材组成及功能

就教材的目标对各方面进行权衡和比较，毫无疑问教材内容是重中之重，实现的是最核心功能；管理平台其次，实现支持教材运行及教学管理的拓展功能；操作系统则能够实现很多教学需要用到的衍生功能。

(一)移动终端

移动终端作为电子教材的硬件组成部分，是电子教材的物理基础。随着技术的发展，硬件性能不断提升，给电子教材提供了重要保障的同时，也带来更大的发展空间。电子教材在设计开发前，应综合考虑功能需求、性能、价格等因素，选择适合的移动终端，并在过程中不断关注硬件技术的发展。

移动终端的选择尚没有特定的要求,理论上笔记本电脑、平板电脑,甚至手机都可以充当,只是应用效果各有差异。环球最大的网络图书城亚马逊分别在 2007 年和 2009 年推出 Kindle 和 Kindle DX 两代电子书阅读器,这两种阅览器支持读者在线浏览书籍;谷歌也于 2010 年推出电子书服务"Google Editions",用户可免费下载电子书进行阅读;汉王、盛大等公司也相继投入电子书包的研发市场,盛大 Bambook 电子书阅读器支持多种文本格式,用户可自定义修改文字,利用智能书签进行标记,其内置的多种联网方式支持读者与作者、读者与读者、读者与书之间的多向互动。国内第一代电子教材移动终端,可追溯到 2002 年人民教育出版社和文化传信集团合作研发的一款手持式电子教材。当时媒体报道中这样描述:"手持设备的大小与中小学生使用的 32 开教材大小相近,重约 300 克,采用液晶显示,一张 3 厘米见方的存储卡容纳初中或高中教材和辅导读物的全部内容"。该电子教材在 9 个省的 10 所学校开展实验,约千余名学生参与实验课程。[①]

近年来,具有更轻薄、运行速度更快、显示效果更好、触控更灵敏、待机时间更长等优点的平板电脑得到普及和应用,而且价格也不断下降。考虑到应用主体为身心尚在发育的青少年学生,设备的稳定性、流畅性、便捷性、安全性等方面会有很高的要求,平板电脑被一致认为是电子教材移动终端的理想选择。在满足移动性的同时,学习中书写、绘画和文字输入的需求也不应被忽视,如果额外配置具有感应触控功能的手写笔、可装可拆的外接键盘,无异于锦上添花。

(二)教材内容

教材内容是电子教材最核心的组成部分,是由各种数字媒体资源及交互效果系统组织而成。它也是电子教材质量最具决定性的衡量因素,在设计和开发时最需要投入时间、精力和教育智慧。相比起传统纸质教材相对单一的功能,电子教材的"集成度"更高,增加了媒体资源、辞典手册、课外读物、练习、笔记等(如图 2-7 所示)。理想的电子教材不是将这些元素简单"拼盘"或"做加法",而是依据教育理念、目标和课程标准进行科学设计、有机整合,以实现高层次的教育价值。

电子教材不应像纸质教材那样一成不变,而应具有相对的开放性,允

---

① 高路. 我国第一代电子教材——人教电子教科书问世[J]. 课程·教材·教法,2002(5).

许师生对其内容和形式进行调整和丰富，并利用开放性的"接口"纳入出版社、教研机构、学校等单位开发的优质教育资源。

电子教材内容的设计与纸质教材有很大不同，常采用设计脚本方式，开发环节也复杂很多。目前教材内容的技术格式多样，有的是单独的应用软件，可直接在对应的操作系统上运行；有的是网页型，在各种网页浏览器上都可呈现，对终端设备几乎没有特别要求，尤其是 HTML5 格式的网页，具有广阔的应用前景；还有的是各种类型的电子书格式（如 iBooks），需要相应的阅读软件支持运行。

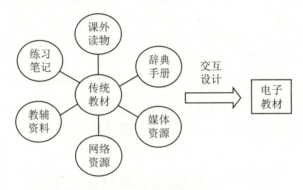

图 2-7　电子教材内容组成

(三)管理平台

电子教材的管理平台也常被称作管理系统、学习系统等。管理平台主要实现几方面功能：教材管理、课堂教学管理、课外学习管理、学习资源管理等。

(1)教材管理。包含教材的运行、下载更新、分类整理等功能。

(2)课堂教学管理。利用网络环境、云环境，电子教材可承担信息交互枢纽、桥梁、载体的作用，实现数字课堂中人际教学交互，以及人与资源的交互。管理平台从软件角度提供有力的支持，使电子教材内容、教学生成内容，以及与教材相关的资源内容被相互传递和分享，实现学生管理、广播教学、信息传递、远程控制、学习观察、协作学习等功能。

(3)课外学习管理。类似于课堂教学应用管理功能，管理平台支持课下学生与同伴、教师之间的学习交流和信息、资源传递。

(4)学习资源管理。学生利用管理平台，将学习过程中获取的资源进行加工整理。

(四)操作系统

支持电子教材运行的底层平台——操作系统是一个本应得到关注和重视,但事实恰好相反的方面。操作系统是支持硬件功能发挥的软件基础,是需要首先加以考虑和选择的因素。操作系统除支持管理平台、电子教材内容运行之外,还提供了许多基本功能,如拍照、摄影、录音、浏览网页、通信等。这些功能对电子教材都能起到极其重要而有效的支撑作用,值得充分发掘其价值。

目前主流的 IOS、Android 和 Windows 三种系统各有优势和不足。以 Android 系统为例,其开放性带来便利的同时,设备屏幕尺寸、配置和性能各异,会让开发人员感到头痛,当程序包经过修改调试满足了某一种型号设备的需求,安装到另一种时运行状况可能效果迥异,出现运行不流畅或显示效果不佳等意外情况。另外,部分类型的媒体资源不能被所有系统所支持。比如,SWF 格式的动画文件就无法直接在 IOS 系统播放,使用时需要将其转换成其他格式,或者放弃 IOS 而选择另两种系统。

第七节　京版电子教材研究概况

北京作为我国的首都,是全国政治中心、文化中心和国际交往中心,一直坚持教育优先发展、科学发展,近年来更是加快了探索中国特色社会主义教育现代化道路的步伐,全面实施首都教育发展战略,推动教育基本实现现代化。为此,北京教育投入持续增加,办学条件显著改善,教育体系更加完善,人才培养模式不断创新。

《北京市中长期教育改革和发展规划纲要(2010－2020 年)》提出,到 2020 年实现教育现代化,建成公平、优质、创新、开放的首都教育和先进的学习型城市,进入以教育和人才培养为优势的现代化国际城市行列。

在当前教育技术快速发展,课程改革走向深入的背景下,北京在教育技术的应用上注重内涵发展,着眼技术的高品质应用,聚焦优质数字课程资源的系统开发,着手教材改革的探索,进行电子教材开发和实验的研究。开发的电子教材基于按新课程标准修订的北京版纸质教材,类型包括转换型、媒体型、交互型。为便于表述,对该电子教材以下统一简称为"京版电子教材"。

一、研究背景

(一)国家政策导向

近年来我国陆续出台很多教育政策，一方面，从宏观层面推进教育信息化建设，如要求深化教育技术的应用、数字化课程资源的建设和共享等；另一方面，把开展电子书包的研发纳入重点专项工程。这些宏观或微观的政策，都为电子教材的发展提供了重要依据，是对电子教材发展的有力倡导和支持。

2010 年 7 月出台的《国家中长期教育改革和发展规划纲要（2010—2020）》中强调信息技术对教育发展具有革命性影响，要加强优质教育资源开发与应用。加强网络教学资源体系建设。引进国际优质数字化教学资源。……建立开放灵活的教育资源公共服务平台，促进优质教育资源普及共享。

2011 年 4 月，新闻出版总署《新闻出版业"十二五"时期发展规划》正式发布，第一次将"电子书包研发工程"列入"十二五"重大工程项目。

2012 年教育部印发了《教育信息化十年发展规划（2011—2020 年）》，在发展目标中提出要"基本建成人人可享有优质教育资源的信息化学习环境。各级各类教育的数字资源日趋丰富并得到广泛共享……政府引导、多方参与、共建共享的资源建设机制不断完善，数字鸿沟显著缩小，人人可享有优质教育资源的信息化环境基本形成"。在发展任务中提出要"缩小基础教育数字鸿沟，促进优质教育资源共享，以促进义务教育均衡发展为重点，以建设、应用和共享优质数字教育资源为手段，促进每一所学校享有优质数字教育资源，提高教育教学质量"。

2012 年 9 月出台的《国务院关于深入推进义务教育均衡发展的意见》中将"推动优质教育资源共享"作为实现义务教育均衡发展的重要举措，其中包括"大力推进教育信息化""开发丰富优质数字化课程教学资源"等工作内容。

2013 年教育部颁布《教育部关于做好 2013 年度基础教育优质数字资源建设工作的通知》，向全国各级各类教育机构、团体和学校、有关出版社和企业广泛征集学前教育、义务教育、普通高中教育和特殊教育的优质数字资源，同时启动"微课""主题教学网站"和"教育游戏"优质数字资源共建工作。

2015 年，教育部在《教育部 2015 年工作要点》中提出"加快推进教育信息化"。加快教育管理公共服务平台建设……完善国家教育资源云服务体系。继续加大优质数字教育资源开发和应用力度，探索在线开放课程应用带动机制。加强"慕课"建设、使用和管理。深入开展"一师一优课、一课一名师"活动，深化教学应用。《2015 年教育信息化工作要点》通知中提出，加快推进"人人通"取得新进展，使 50％教师和 30％初中以上的学生拥有实名网络学习空间，深入研究和挖掘网络学习空间的应用模式，将空间与课堂教学有机衔接，鼓励教师和学生利用网络学习空间开展网络教研、互动交流和自主学习，探索信息技术促进教学改革、提升教学效率与效果的新模式，助力减轻学生学业负担。提出"加大优质数字教育资源的普及与应用力度，实现优质资源的广泛共享"。

（二）北京政策导向及研究部署

《北京市中长期教育改革和发展规划纲要（2010—2020 年）》强调应加强数字校园建设，充分利用现代信息技术和丰富的数字资源，深化教育教学改革。鼓励教师探索新型教学模式，形成适应信息化的教育教学方式与校园文化，培养提高学生利用现代信息技术收集、整理、分析信息的意识、习惯和分析解决问题的能力。积极开展多媒体教学、远程教学，推进现代信息技术与课程的深层次整合，创新网络化学习模式，探索新型技术形态的教育应用与创新。

《北京市"十二五"时期教育改革和发展规划》在重点工作中指出要促进信息技术与教育教学的深层次融合，建立覆盖中小学全部课程的数字化名师授课资源库，全市优秀教材和特级教师优质课程资源超市，形成覆盖基础教育阶段全学科主要知识点与能力点的综合辅助性课程。完成覆盖小学至高中全学科的市级骨干教师和学科带头人同步课程资源建设和平台搭建，为教师的相互交流提供服务。建设网络虚拟学习环境，实现无处不在的学习。

北京近年来通过"校校通"和"班班通"工程的有序推进，已保证中小学每间教室都配备有现代化的多媒体教学设备，实现了网络连接，这些都为电子教材的应用奠定了基础。在全国各地对电子教材的研究风起云涌的背景下，北京市基础教育近年来开始着手进行围绕北京版电子教材开发和实验的研究。北京市教委从 2011 年起在年度工作部署中提出"开展电子教材编写、使用、管理的实验研究，探索基于电子教科书的有效教与学方式，减轻学生的课业负担"。为此，市教委委托课程中心开展电子教材研究。

二、研究团队组成及分工

电子教材的研究涉及教育内外的诸多领域，具有跨界性、复杂性、综合性。利用北京市国家课程教材修订契机，课程中心协调相关出版社、教材编写专家、教育技术专家及硬、软件开发单位，成立多方参加的研究开发团队，建起京版电子教材研究组。研究组由领导组、专家组、技术组、学科组、实验组五个部分组成，各组的职能分工如图 2-8 所示。

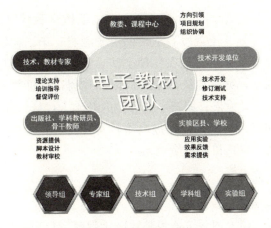

图 2-8　研究团队组成

领导组。领导组由市教委主管领导和课程中心负责实施的研究人员组成。在市教委相关部门的领导下，课程中心负责组建研究团队，制定研究方案，组织和开展研究，并督促研究按计划、有步骤地实施。

专家组。领导组遴选高校、科研院所在教育技术、教材研究领域取得突出成果的专家组成专家组。专家组参与制定研究方案，并在研究过程中进行理论和技术的指导，以及对电子教材进行审核。

技术组。领导组通过市场调研、招投标等方式，选择具备开发实力和经验，符合电子教材开发期望的技术开发单位中的专业人员组成技术组。技术组负责进行电子教材制作，对电子教材的实验应用提供技术培训和支持。

学科组。学科组由出版社、市区级教研机构的学科专家、一线学校的骨干教师共同组成。学科组负责从教学角度对电子教材进行策划、设计，以及对电子教材的开发进行监督，对电子教材成果从科学性、质量方面进行把关。

实验组。在保证典型性、差异性、代表性的前提下，领导组选择一定数量的区县和学校的相关教研人员和教师组成实验组。实验组人员在参与培训之后，按照实验方案利用电子教材开展教学应用实验。

三、研究目标及内容

(一)研究目标

研究目标主要包括四个方面。第一，以纸质京版教材为基础和参考，"滚动"开发类型各异、覆盖所有学科的电子教材；第二，以电子教材为新型课程资源和技术载体，构建在物理空间、资源空间、交互空间具有创新性的数字交互课堂，突破传统课堂的局限和障碍，促进教与学方式的真正变革，促进学生主动发展；第三，在实验的基础上，修订和完善电子教材，提炼相关实践和理论性成果，促进电子教材开发的良性循环；第四，探索电子教材的分发、推广机制及途径。

(二)主要研究内容

1. 电子教材开发

电子教材开发研究内容主要包括：电子教材编写组织模式和编写标准、出版模式和出版标准；电子教材审查模式、审查标准、发行模式、实验回馈模式；电子教材媒体格式种类及标准；电子教材互动内容呈现方式；电子教材的正文、阅读、检测练习内容呈现形式；电子教材版式、版饰。

2. 电子教材实验及修订

作为电子教材的应用主体，学生和教师对电子教材的适应程度和快慢将直接决定教学效果，因此在推广使用电子教材之前，需要研究其内容的呈现方式如何兼顾传统阅读习惯、学生和教师的阅读喜好，同时借鉴其他电子媒体比较成熟的呈现方式，使学生和教师能较快较好地适应和使用。另外如何将电子教材的诸多功能进行科学整合，在教学中发挥最大效果，且避免其负面的影响，是更值得重视的研究内容。

具体研究内容包括：师生适应电子教材阅读方式的研究；电子教材对教学效率及效果影响的研究；电子教材对教学互动交流方式影响的研究；电子教材对学生阅读心理、学习心理影响的研究；电子教材对教师教学方式影响的研究；对电子教材评价的研究。

3. 电子教材推广

由于电子教材尚处探索阶段，离推广应用还有不小的距离，且推广所需的条件比较多，情况相对复杂，因此在推广方面的研究只进行较初步和有限的尝试。

研究内容主要包括：电子教材客户端管理软件的开发，以及利用客户端软件进行电子教材分发研究；电子教材内容下载、更新及反馈方式研究。

四、研究主要进程

研究经历了摸索、积累、规划、聚焦的过程，形成了螺旋式提升和发展的态势。研究中理论与实践研究并重，采用"理论—实践—理论"的研究路线，用理论指导实践，同时在实践中检验、创新和发展理论。研究工作主要包括：文献研究，调查研究，电子教材设计、开发、实验、修订，提炼理论成果等。具体流程如图 2-9 所示。

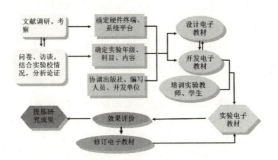

图 2-9　主要研究工作流程

(一)文献研究

围绕以下主题进行文献研究：国内外电子教材研究的最新进展和成果；国内外电子教材开发机制；可用于电子教材的应用平台软件及应用状况；国内外电子出版物的研发流程；国内外电子出版物的出版和发行机制；国内近年来流行的中、小学生课外电子教辅设备及使用情况。

(二)调查研究

考察、调研电子阅读产品生产及推广单位，了解其在电子教材方面的发展思路、研究状况，以及其产品的利弊、在教学中应用前景；通过问卷、访谈等形式，对北京部分区县、学校的教师、学生、家长进行需求调研；考察、调研国内开展电子教材研发和实验取得一定成果的地区；对实验学校教师和学生进行问卷调查，了解他们教育技术经验和水平，以及对电子教材的应用需求。

(三)开发研究

在前期调研基础上，选定硬软件、系统平台、学科。由于受开发工程量大、标准缺乏、开发经验有待积累、开发周期长等不利因素的制约，开发工作采取从"点"(部分学科、部分章节开发)到"面"(多数学科、整册开发)、从低学段到高学段、从转换型到媒体型再到交互型，有计划、有节奏地稳步推进。

(四)实验研究

在实验学校开展电子教材教学应用实验，侧重于研究电子教材内容及呈现方式如何满足师生教学需求，如何促进教学方式向更高效率更优效果转变，调动学生更高的参与度，合理拓展学习的深度和广度，如何避免其负面的影响。并适当提炼出电子教材的编写、审查、发行等机制的初步成果。

涉及内容还包括教师、学生的培训，管理平台的应用等诸多方面，具体实施按照如图 2-10 所示步骤进行。

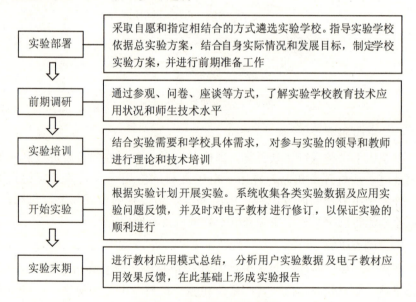

图 2-10　电子教材实验步骤

通过实验研究，探索京版电子教材在不同环境、条件下课堂应用模式，探索学科电子教材的研发方向，为电子教材标准的制定提供支撑，以及在不同层次环境下与多系统、多平台、多终端的融合发展模式与技术服务手段。

实验获得了较丰富的课堂教学观察数据，以及教师和学生的反馈。后续还有待于加大实验的广度和深度，以更准确把握电子教材定位，保障其开发品质，从内容资源、教学功能、用户体验等几个维度，满足不同层次环境下的需求。

(五)推广研究

在电子教材分享方面，采用了两种方式。一种是利用北京课程教材资源网，教师和学生使用合法身份登录之后，可以下载、更新电子教材内容。另一种是利用电子教材中的管理平台软件，从"教材库"直接安装和更新教材内容。为了保护教材版权，对下载内容进行了加密处理，合法用户才能正常使用。

除了分享以外，还注重收集使用者的反馈意见。这两种方式都附带有信息反馈功能，使用者可以将遇到的困难、障碍及时提交给研究组，与研究人员对话，获得指导和帮助。也可以反映电子教材中存在的不足、问题，对其修订提出建设性的意见。

五、主要进展和成果

到目前为止，研究取得的进展和成果主要包括以下几方面。主要的理论和实践成果分散在本书相关章节中加以介绍。

其一，通过包括文献研究、问卷调查、访谈等调研方式，梳理了国内外电子教材发展状况，大体把握北京中小学教育技术应用状况，以及师生对电子教材的应用需求，进而确定了京版电子教材的发展方向和定位。

其二，基于京版纸质教材，进行了包括转换型和媒体型在内，着眼交互型的滚动式开发，逐渐覆盖所有学科、所有册次。

其三，对部分媒体型、交互型京版电子教材进行了教学应用实验。检验了电子教材对教学的支持作用，给教和学方式的变革产生的影响。初步积累电子教材教学应用模式。

其四，在电子教材版权保护、分发、在线获得使用者反馈意见方面，积累了一定的经验和行之有效的模式。

其五，进行了电子教材开发机制研究，初步形成北京市电子教材开发机制、标准等理论成果，初步建立了京版电子教材建设理论框架体系。

其六，对纸质教材和电子教材从承载内容、呈现方式、教学功能、应用方式、应用价值等方面进行了比较和分析，基本厘清了两者的区别。

第三章　电子教材与纸质教材的比较

 【本章导读】

　　电子教材作为纸质教材的继承和发展，两者关系密不可分，在性能特点上既有相同之处，又有许多不同。电子教材作为新生事物，具有纸质教材不可比拟的优势。在新旧变换的过程中，需要比较梳理两者在开发和应用各环节的异同，厘清电子教材的生产及服务路径。对待电子教材，利益相关者态度各异；对电子教材是否应取代纸质教材这个问题，学者也有不同见解。

 【主要内容】

　　(1)两种教材的性能特点比较；

　　(2)电子教材的优势和潜质；

　　(3)两种教材开发及应用流程比较；

　　(4)利益相关者对两种教材的态度；

　　(5)电子教材取代纸质教材之争。

第一节　两种教材的性能特点比较

电子教材是对纸质教材的继承和发展，然而两者之间有什么联系、存在哪些区别，有待进行冷静的分析和比较。这样有利于在扬弃中创新，把握教材变革中必须坚持和发扬之处，找准需要改进和完善之处，进而明确电子教材开发的方向和目标。

以下主要从教材的承载信息、性能特点、阅读方式三方面对两者进行比较。

一、承载信息比较

(一)纸质教材

纸质教材上承载的信息以抽象的文字符号为主，适当辅以直观的图像、图形内容，要求使用者具备一定的语言文化基础和文字理解能力。

纸质教材的信息具有以下特点：其一是无法进行调整，只能是"一成不变"；其二是静态，不能呈现声音信息和连续的动态过程。当需要表达动态过程时，或者通过系列图形或图像调动读者的想象力使之连续化、动态化，或者用文字进行描述；其三是内容线性排列，按照页面的顺序由前到后有序地编排；其四是不能对阅读者做出任何回应，完全处于被动使用的状态。

(二)电子教材

电子教材承载的内容是多媒体信息，在信息表现中综合使用了多种媒体形式，运用多媒体技术综合处理图、文、声、像等多种信息媒体，并将它们整合成为具有交互性的有机整体。①

文本。文字是一种最基本的媒体形式，是对语言内容的抽象，也是多媒体信息系统中出现最频繁的媒体。由文字组成的文本常常是许多媒体演示的重要连接部分。虽然媒体属性相同，但与纸质教材的静态文本相比，电子教材的文本更具灵活度和开放度，需要时使用者可以调整字体、字号、颜色，还可实现滚动、缩放，实现移动、飞入等一些动态呈现效果。

---

① 匡文波. 电子与网络出版教程[M]. 北京：中国人民大学出版社，2008：229.

图像。这里说的图像是指静态的图片，包括图形（由绘图工具制作的简单几何图形组合而成）和图像（通过拍摄手段获得的、静态的真实自然图像等）。图像的使用，能够很好地丰富信息的表现形式，使之更直观和生动。

动画。动画一般是指利用动画制作软件或其他动画设计手段得到的非自然实景的动态画面，如计算机卡通动画和游戏动画等。一般可分为二维平面动画和三维立体动画。

音频。音频指声音信息。音频的使用可使多媒体信息具有声情并茂的效果。常见的音频表现形式有解说、音效和背景音乐等。

视频。视频是指利用摄像设备摄制的动态图像，有时也称为视频影像或电影。它能够真实地记录和反映现实世界。

这些媒体信息在电子教材中可以通过超链接的方式组织起来，按照知识逻辑、认识逻辑构成有机的整体。与纸质教材的静态信息相比，它们具有以下不同特点：（1）可变性。这些信息的呈现方式可以人工加以调整。（2）连续性。声音、动画、视频媒体可呈现连续的信息。（3）交互性。设置有交互功能时，这些信息可以对用户的操作做出相应的反馈。

二、性能特点比较

（一）两种教材的共性

虽然电子教材与纸质教材有很大的不同，但作为教材，在实现教育教学目标方面的一些根本属性始终不能偏离。主要包括：

1. 教学性

无论是什么教材，教学性似乎是必要的。这正是纸质教材不同于一般学术著作，电子教材区别于普通数字资源的本质特点。

电子教材在设计时需要以学生培养目标、学科课程标准为依据，遵循教育教学规律。从这个意义上说，电子教材必须与传统纸质教材一样，保持和固守传统的教育属性。有所不同的是，由于数字化的内容及教育方式改变有助于提升教学效率，给教育带来更大的施展空间，学生培养目标和学科课程标准能够合理加以调整，提高教学的要求。

2. 科学性

作为教材，其选择和承载的内容应是人类文明的精华，是经过实践检验，具有权威性和严谨性，必须精挑细选对学生当前和未来发展，以及在学科的整体学习上都有帮助的重要基础知识。表达和呈现则应规范准确，具有严密的逻辑。科学性还有另外一层含义，就是应符合教育科学的规律，切合学生的学习心理、认知特点等。

3. 工具性

与纸质教材一样，电子教材是课程的核心载体，是促进学生知识和能力发展的重要工具，教师和学生在教学时可根据需要灵活运用。

4. 艺术性

教材不同于普通的书籍，其使用者主要是青少年学生，因此除了要在内容的编排设置上把握学生的学习规律之外，教材还必须设计得活泼、美观、具有情趣，以强烈的艺术性激发学生阅读和学习的欲望。

(二)电子教材的个性

由于载体、内容和呈现方式等方面的不同，电子教材具有以下一些不同于纸质教材的特性。

1. 富媒性

电子教材内容由文本、动画、图像、音频、视频等多媒体有机组织而成。不同的教学内容根据需要合理选择媒体格式，以达到充分调动学生的各种感官，更理想地理解和掌握知识的目的。

2. 交互性

电子教材突出人机交互，给学生的学习提供必要的支持和引导，帮助和陪伴学生发挥主体作用，进行自主学习。除了人机交互以外，利用网络、云端服务器，电子教材还可在课堂教学中实现人机交互。

3. 开放性

相对于纸质教材内容的"不可增减"，电子教材具有良好的开放性，本身可链接到互联网、校园网等"云端"资源，还允许学生自主查找和访问电子教材之外的相关教学内容。当然，作为教材——教学的重要指导和参考，其开放性不能不加限制，不能没有边界，是一种有限的开放。

4. 定制性

不同于纸质教材印制发行后的"一成不变"，电子教材可以根据使用者的喜好，对内容的呈现风格、内容本身、内容编排次序等进行合理调整，形成能愉悦自己身心、调动自己兴趣、满足自身需求的个性化版本。利用数字技术的灵活性，无论是形式还是内容上，教材的"自定义"都能够得以实现。

5. 便携性

利用平板电脑等轻便设备作电子教材的硬件终端，具有轻便易于携带、可移动性强等优势。同时，利用自身的大容量存储结合云服务器的支持，实现一"机"在手，教材内容尽收其中。使学习的场所更加开放，不再固定在特定的区域和环境。

三、阅读方式比较

教材的首要功能是用于阅读。阅读的定义更多，《心理学大词典》这样解释："阅读是一种基本的智力技能。它的作用：吸取知识，积累经验；促进发展，陶冶心情；范例启发，锤炼语言。"[①]从本质上说，纸质阅读就是把印刷的符号标志与学习者已经掌握和理解的口头语言联系起来。

虽然电子教材的功能除了通过数字阅读获取知识信息以外还有很多，但阅读仍是核心功能，需要对两种阅读方式进行比较。

(一)纸质阅读

纸质阅读是读者用眼睛从纸面的文字、图表等抽象符号和形象的图示获得信息，然后通过大脑加工，将其转化成相应的内容，再将内容与自己的原有知识相结合，运用理解能力将其纳入自己的知识体系。从信息加工论的观点，阅读过程是文字信息的输入、检测、存储、加工、输出和反馈等信息的加工过程。在这一过程中，需要调动学生的阅读感知、注意、记忆、思维等各种心理因素参与。[②]

纸质阅读的突出优点在于，在阅读时更可以随意调整身体保持放松的姿态，同时纸质材料在光线漫反射作用下，更能够提高阅读的舒适度，不易形成视觉疲劳。虽然模仿纸质书籍的电纸书产品已经投入使用，但与真正的纸质读物相比仍还存在差距。[③]

(二)数字阅读

近年来，以互联网阅读、手机阅读、手持阅读器为代表的数字阅读方式正深刻改变着人们的阅读习惯。2009 年 8 月 20 日，国内七大文学网站联

---

①　朱智贤主编. 心理学大词典[M]. 北京：北京师范大学出版社，1989.

②　李永健. 技术优化学习的理论与实践[M]. 杭州：浙江大学出版社，2010：104.

③　石梦华. 传统阅读与数字阅读的异质互补[J]. 新疆社科论坛，2014(6).

合倡议将每年 8 月 20 日设立为"数字阅读日",标志着数字阅读已经成为一种非常流行的重要阅读方式。中国新闻出版研究院 2014 年公布的《第 11 次全国国民阅读调查报告》数据显示,2013 年中国成年人数字阅读的接触率首次超过半数,越来越多的民众已尝试并接受"数字阅读"。

数字阅读是指基于电子媒介的阅读,主要表现为阅读方式的数字化和阅读载体的数字化。数字阅读在保持纸质阅读内涵的同时,有更广的范畴,也对读者有更高的要求。面对数字信息,在阅读时所运用到的感官除了眼睛之外,还要调动手、耳来共同获取静态、动态、无声、有声的信息,信息容量相比纸质教材会更大。然后需要大脑快速加工处理这些立体化的信息,将各种不同的媒体信息进行综合分析、提炼、相互关联,加以理解形成新的知识。

由于信息量大,数字阅读需要阅读者投入更高的专注度,并善于从大量的信息中过滤掉无关或关系不大的内容,将注意力集中在与主题有关的信息。例如,视频中的景象既有背景又有前景,前景又分为近景、中景、远景等,景物中可能有很多人,但与主题内容有关的可能只是其中一位,如果阅读者不能对这纷繁复杂的信息加以区分和取舍,将视线聚焦到"主人公"身上,将不能获得最有价值的信息。

有研究人员认为,对着屏幕进行阅读易导致对内容的理解不足,因为屏幕阅读相对于在纸上面阅读更加耗费精神和体力。除了强调屏幕阅读耗用更多注意力以外,一些新兴的研究还指出人们并不总是会在屏幕阅读上投入相当的精力,许多人会下意识地认为在计算机或平板电脑上阅读的重要程度不如看纸质书高。圣何塞州立大学的 Ziming Liu 于 2005 年曾对 113 人进行过调查,得出这样的结论:进行屏幕阅读的人会走很多捷径,他们会花费更多的时间在浏览、扫描和搜寻关键字上面,相比之下,阅读纸质书的人更有可能是把文档通读一遍,而且是只有一遍。① 由此我们不难看出,即使是针对完全相同的文本,纸质阅读和屏幕阅读也或多或少会有一些效果上的差异。有些差异是由于阅读者对数字阅读的适应不足,或通常将数字阅读用于娱乐休闲或非正式学习的习惯造成,对此不应草率下结论或对数字阅读心怀戒备。

---

① 数字时代的阅读:纸质书和电子书背后的科学[EB/OL]. http://36kr.com/p/202629.html,2003-04-16.

相较于纸质阅读，数字阅读的环境开放性、过程互动性、使用便捷性、内容丰富性和成本的低廉性等特点①，使得其拥趸日益增加，很多不喜书本的人也加入阅读者行列之中，其影响不容小觑。

第二节　电子教材的优势和潜质

如前文所述，纸质教材存在诸多不足：提供的信息形式单一且容量有限；开发和更新周期较长，导致信息相对滞后；不利于学生现代信息素养的培养；纸张生产需耗费大量林木资源和能源，且不利于环保；重量大，不利于学生身体健康；成本较高，对国家和学生家庭都是不小的经济负担等。电子教材突破了纸质载体的桎梏，充分运用信息技术，并融合现代化教育理念，能针对性地解决上述弊端，达到更理想的应用效果。相比纸质教材，它具有以下优势和潜质。

一、容量大、资源丰富

传统教材局限于书本的厚度、重量和成本，可容纳的信息量比较有限，编写人员常常对很多原本可以提供给学生的辅助学习资源忍痛割爱，教材语言力求凝练且比较抽象，教材不太注重情境的创设，安排的素材往往也较单薄，大段的文字陈述使学生被迫充当"听众"的角色……毫无疑问，这些都降低了阅读的趣味性，不利于学生理解和掌握，更何况新知识的学习本身就具有难度和挑战性。电子教材则利用先进的存储手段，容量得到了极大的提升，可以提供更丰富的教学资源供学生自主选择学习，满足学生个性化发展的需求。

再有，电子教材可以把一些工具书（如汉语辞典、英汉辞典、百科全书等）集成其中，充当同伴、助手、专家顾问的角色，做学生学习的"后盾"，让学生即使在课外也不是"孤独地"学习，更积极主动地进行探究式、发现式学习。同时节省了学生很多查找资料的时间，使学习更连贯更流畅，效率也更高。

---

① 王余光，汪琴. 世纪之交读者阅读习惯的变化[J]. 图书情报知识，2005(4).

二、多媒体内容及组织方式更符合学生认知特点

传统教材传递给学生的信息只有静态的文字、表格和图片信息等，不符合人们交流信息的习惯，难以激发学生学习的热情，也难以表达具有复杂时间、空间关系的事物。像科学、语言、艺术等一些学科，所涉及的知识信息有很强的媒体性，纸质教材对此无能为力。例如，学生学习英语、语文时，需要有新字词的朗诵音频；学生在学习音乐时，需要有歌曲、伴奏等音频；学生在学习体育时，需要有示范动作的视频或动画。缺少这些，学生对课本上的图片示意或文字描述难以理解，或者理解不到位，造成认识上的偏差。相反，电子教材除了呈现基本的静态文本信息，还能播放视频、动画、音乐等，激发学生的学习热情，使他们获得更深刻的学习感受。

还有，在内容的组织安排上，传统教材只能是线性、单向编排，而人类的思维活动则是发散的、多向的，两者之间存在明显的错位。电子出版能够突破线性表达的桎梏，使其具有联想功能，从而更接近于人类对知识、概念、思想的表达习惯。① 可见，利用超链接使各种媒体内容灵活跳转，除了操作简便快捷之外，更大的好处是符合人类思维的特点。

另外，按照现代教育理念，知识是学生能力、素养的载体，在教学中讲知识、教结论的做法不利于学生的长远发展。纸质教材的内容缺少层次性，所有内容一览无余，导致学生常常在阅读教材过程中，正需要进行提炼、加工之时，目光却被随后的答案和结论所干扰，从而使思维受到束缚，学习的主动性自然也被妨碍。电子教材则可以按照学习的规律，有计划、有层次地呈现相关内容，要求学生在自主思考的基础上，提交答案后，电子教材才反馈最终的结论。

由此不难看出，电子教材不仅能提供给师生更丰富、更立体的教学资源，而且能满足个性化的教学需求，必然能够促进教学效率和教学质量的提升。

---

① 匡文波. 电子与网络出版教程[M]. 北京：中国人民大学出版社，2008：5.

三、实现教学互动，改善教学方式

(一)人机交互

电子教材结合无线网络技术，可以在课堂内外实现师生、生生交互。在课堂上学生可及时把自己的答案、问题反馈给教师，进行讨论交流和展示等，实现更理想的协作学习、研究性学习，改变传统的课堂上难以让每一个学生参与的局面。教师可以根据学生的反馈及时了解学生的学习状况，并科学地调整教学安排，实现更有效、更高效的教学。利用电子教材的交互功能，可逐渐构建交互式数字教学系统，实现多种交互，除了师生、生生交互之外，还有"生—机—师"交互。

(二)人与资源交互

人与资源的交互方式大体可以分为以下几类：

"人—资源"方式。电子教材本身存储有教材及拓展学习资源，学生可以根据学习需要对资源进行丰富和调整，教师也可将教学中用到的拓展资源提供给学生，存储到电子教材中。教师和学生还可以利用电子教材实现上传和下载，与云平台进行资源交换。除了内网资源，师生还能借助电子教材查找和访问外网的教学资源，选择可用资源下载保存。

"人—资源—人"方式。学生还可以将自己学习的过程性资料、学习成果，利用电子教材分发给同学，同学进行补充和修改后反馈回来。这种应用方式，能使资源在共建共享过程中不断地丰富和优化。

"资源—人—资源"方式。人与资源的交互，不能只体现在学生主动获取资源，将其转化成自身的知识，还要体现在资源引导学生深化学习。比如，电子教材依据对学生测评的结果给出学习建议，推荐针对薄弱环节进行强化的资源。这对资源建设提出了更高的要求，需要对资源进行科学分类、编目标识、有机组织，使之系列化，具有层次性，才能保证学生在使用时达到效果"增值"的目的。

四、内容和形式开放，可满足学生个性化需求

由于教材无法满足所有的实际教学需求，对教材进行"二次开发"历来被倡导。然而传统教材的内容通过印刷的方式"固化"在纸面上，不能进行任何更改，学生只能被动地应用，其差异化的需求无法得到满足。而电子教材的内容具有开放性，学生可根据自己的喜好和需要，将其中的内容重

新组织编排，把通过网络或书籍等途径获取的相关学习资源丰富其中。不仅能将学生学习的积极主动性调动起来，还提供了让他们真正成为教材主人的机会。

不仅如此，我们还可以设想，利用数字化编辑的便捷及成本低的优势，电子教材还能为教师和学生进行个性化定制，开发"教师版"和"学生版"。"教师版"中资源可更加丰富多样，供教师在教学中进行选择和组合。"学生版"可以根据学生能力水平的差异适当分为不同层次，如"A版""B版"等。甚至还可根据教学应用目的，开发特别应用于预习和复习的"预习版""复习版"。这样，应用主体和应用目的的针对性将大大加强，传统教材中由于兼顾情况不一的应用主体而导致平庸化的问题将有望得以解决。

在呈现形式上，也可根据学生的阅读喜好，调整颜色、字体、字号、版面等，满足学生的个性化需要，让学生在愉悦氛围中实现更有效的学习。比如，女同学喜欢清新淡雅，以粉色、紫色色调为主的背景，男同学则偏好蓝色、灰色等相对深沉的格调，女生还喜欢布置小花、小草之类的装饰……总之，在不妨碍正常使用的情况下，允许学生把电子教材装扮得称心如意，增强人与教材的亲近感，使学生更爱使用。学生还可以使用电子教材提供的工具，进行内容搜索、标注高亮、做笔记等操作。

五、内容更新快捷，与时代和科技同步

传统教材由于技术限制，存在开发周期长、更新慢的弊端。当教材分发到学生手中，即使其中存在问题甚至严重错误也没有很好的解决办法，只能等待下一个版本再纠正过来，然而这与当前版本的使用者已经没有关系了。同时，与教学内容相关的时代和科技前沿信息不能及时更新，使学生的学习资源总是处于滞后状态。有些学科表现得尤其明显，比如，当前微信已经成为人们普遍应用的交流手段，但很多信息技术教材中的即时通信软件还停留在已经相对过时的飞信、QQ等。教育是面向未来的事业，如果学生学到的都是落后于时代的知识，显然与人才培养目标南辕北辙。

电子教材则能有效地克服这些不足，利用网络下载手段可及时修改和更新教材内容，提升教材科学性，与时代和科技发展同步。

六、推进教育信息化，提升学生信息素养

教育信息化是教育发展的重要方向之一，也是教育的必然发展趋势，

而电子教材的使用会对教育信息化产生全面而有力的推动作用。随着信息技术的飞速发展，信息素养已逐渐成为每个公民必备的素质。2016年发布的"中国学生发展核心素养"总体框架中，"信息意识"是重要的素养之一，强调学生应能自觉、有效地获取、评估、鉴别、使用信息，具有数字化生存能力，主动适应"互联网＋"等社会信息化发展趋势，具有网络伦理道德与信息安全意识等。

信息素养主要表现为以下八个方面的能力：(1)运用信息工具。能熟练使用各种信息工具，特别是网络传播工具。(2)获取信息。能根据自己的学习目标有效地收集各种学习资料与信息，能熟练地运用阅读、访问、讨论、参观、实验、检索等获取信息的方法。(3)处理信息。能对收集的信息进行归纳、分类、存储记忆、鉴别、遴选、分析综合、抽象概括和表达等。(4)生成信息。在信息收集的基础上，能准确地概述、综合、履行和表达所需要的信息，使之简洁明了，通俗流畅并且富有个性特色。(5)创造信息。在多种收集信息的交互作用的基础上，迸发创造的火花，产生新信息的生长点，从而创造新信息，达到收集信息的终极目的。(6)发挥信息的效益。善于运用接受的信息解决问题，让信息发挥最大的社会和经济效益。(7)信息协作。使信息和信息工具作为跨越时空、"零距离"的交往和合作中介，使之成为延伸自己的高效手段，同外界建立多种和谐的合作关系。(8)信息免疫。浩瀚的信息资源往往良莠不齐，需要有正确的人生观、价值观、甄别能力以及自控、自律和自我调节能力，能自觉抵御和消除垃圾信息及有害信息的干扰和侵蚀，并且完善合乎时代的信息伦理素养。①

电子教材的推广使用将会使学生利用现代信息技术进行学习成为常态，涉及信息获取、处理、生成、协作等，涵盖信息素养的各个方面，必然能促进学生信息意识和信息技能得到显著提升，为培养高信息素养的未来人才奠定坚实的基础。

七、降低成本，减轻经济负担

教材在教育的经济投入中占有不小的比重。以北京市为例，按"一费制"标准，一名学生完成基础教育所需教材费用约为4400元。如果使用电子教材，按照市场预测，一本存储有从小学到高中学习内容的电子教材价格

---

① 张静波等. 信息素养能力与教育[M]. 北京：科学出版社，2007：45—70.

不超过 1000 元，暂不考虑其他成本的话，一名学生可节省开支约 3400 元。再按每年约 100 万学生计算，如果使用电子教材，每年教材费用将节省 3 亿元，这是一个非常可观的数字。

使用电子教材可以省略传统教材的制版、印刷、装订等生产环节，节省了纸张、油墨、印刷设备的成本。在发行上也变得简便易行，节省了发行的存储、运输成本。虽然电子教材的移动终端需要一次性投入一笔开支，但其价格也会因为大批量生产而降低，因此总价位理应比传统教材低，从而减轻国家在基础教育阶段书费上的投入，减轻学生家庭（尤其是低收入家庭）的经济负担。总而言之，电子教材应用存在"短期投入大，长期投入小"的特点。

八、重量轻，给学生"减负"

随着学习的科目门类逐渐增多且不断细化，学生持有的教材数量也不断增加。教材从过去的黑白印刷到彩色印刷，使用的纸张变得更重，学生每天背着沉重的书包上下学，不利于正在发育阶段的身体健康成长，少数学生因此变得弯腰驼背，甚至导致颈肩肌肉劳损，压伤脊神经。2010 年 7 月《北京晚报》与"搜狐教育频道"联合进行"推广电子课本是否可行"的调查，38% 的被调查者表示，孩子的书包在 10 斤左右，另有 21% 的学生书包重量在 15 斤左右，14% 的学生书包重达 20 斤左右。医学专家介绍说，对孩子们来说，8.5 公斤对脊柱所造成的压力相当于 20 公斤至 25 公斤对于成年人脊柱造成的压力。减轻学生书包重量一直是学生、家长和社会的共同愿望，电子教材有望从技术上使这个共同的"减负"心愿变成现实。

九、节约资源，为节能环保作贡献

我国作为一个不发达的人口大国，学生人数多，每年教材用量极其可观，而教材的循环利用受卫生和使用习惯等很多因素制约难以推进，因此每年在教材生产上耗费的林木资源相当惊人。显然，利用电子教材可以节省可观的林木资源，而且当前很多电子阅读器采用更新型、更节能的显示技术，具有超低能耗的优势。因此，采用电子教材在节约资源、节约能源等诸多方面能起到一举多得的作用。

除了以上所列举的方面之外，未来的电子教材可结合智能化程度更高的管理软件，跟踪学生的学习状况，利用大数据分析学生的学习行为习惯，将分析结论和建议提供给学生、教师或家长，矫正学生的学习行为，提高学习效率和效果。反过来，采集学生使用电子教材相关数据，可检验其应用情况和有效性，以此作为对电子教材进行优化的参考依据。

将电子教材的优势与纸质教材的不足进行对应性比较，可概括为下表。

表 3-1 电子教材与纸质教材相比的优势

	纸质教材的不足	电子教材的优势
1	限于样张数和成本限制，容量有限	存储设备容量大，可容纳更多内容
2	内容局限于文字和图表	可呈现多媒体内容
3	内容缺乏层次	内容可分层呈现
4	内容以线性排列为主	内容可通过超链接、非线性呈现
5	形式和内容"一成不变"	师生可以对内容和呈现形式进行调整
6	不能与阅读者进行交互	可实现人机交互
7	内容不能更新	内容可在线快捷更新
8	不能将学习资源进行整合	可帮助学生对学习资源数字化后整合
9	重量大，不便携带	重量轻，便于移动学习
10	不利于培养学生现代化信息素养	有利于发展学生现代化信息素养
11	不能帮助实现人机交互	支持数字交互课堂、协作学习
……	……	……

一些学者也表达了对电子教材优势的看法。陈月茹认为：电子教材以超文本形式把课程内容所有知识点按层次和网状的逻辑结构有机地联系起来；传统教材文本中的知识与信息只能按线性顺序排列，不仅制约了阅读和检索的速度，而且给理解造成一定障碍；电子教材采用超媒体技术，直观生动再现知识的方式，十分有助于提高读者的阅读兴趣，使其准确完整地理解所学内容；实时交互性是电子教材的又一显著特性。[①] 杨再石认为，电子教材已经完全突破了印刷版图书以电子书形态简单复制的传统观念，不仅具有阅读的基本功能，还有强大的内容表现能力，更重要的是其带来的社交活动。[②]

---

① 陈月茹. 中小学教科书改革研究[M]. 北京：教育科学出版社，2009：87—88.
② 杨再石. 从《地平线报告》看教育技术的整体发展[R]. 北京：高等教育出版社，2013：2—19.

　　然而笔者认为，电子教材将能够深度整合课堂内外的正式学习和非正式学习，把教育技术的应用从外围推向核心，这才是电子教材最重要的价值和贡献。正如教育技术专家何克抗教授所提出的："各学科教学质量与学生综合素质的提升主要通过课堂教学来实现，所以课堂教学是学校教育的主阵地。过去教育信息化往往在软硬件基础设施建设、或教育信息管理方面下很大工夫，当然，这些工作也是必不可少的，但不能总是敲边鼓，总是打外围战。教育信息化必须面向课堂教学这个主阵地，要打攻坚战，才会有显著成效。"①

第三节　两种教材开发及应用流程比较

　　《现代汉语词典(第6版)》对"开发"一词解释为"以荒地、矿山、森林、水力等自然资源为对象进行劳动，以达到利用的目的"，其中体现出很强的目的性、计划性和创造性。具体到教材的开发，同为用于教学的重要课程资源，电子教材与纸质教材相比，开发既有相似之处，又存在很大差异。综合考量开发和应用流程，两种教材主要包括目标制定、编写教材(脚本)、素材(媒体资源)准备、印刷(制作)、审定、发行、服务等环节，如图3-1所示。

一、目标制定

　　教材开发是一项责任和意义重大的工作。开发者除了要有审慎认真的态度，头脑中还必须始终有强烈的目标意识，依据目标的准确设置开发的起点和努力方向，把握各个开发环节的要点和关键细节。

　　从本质来看，纸质教材和电子教材都是服务于课程实施，为了实现学生的总体培养目标、课程目标、学科教学目标，教材在设计时都必须以课程纲要、课程标准为依据。课程标准是课程纲要的具体化，是教材编写的直接指导。《基础教育课程改革纲要(试行)》对课程标准做出如下定位："国家课程标准是教材编写、教学、评估和考试命题的依据，是国家管理和评价课程的基础。应体现国家对不同阶段的学生在知识与技能、过程与方法、

---

① 何克抗. 我国教育信息化理论研究新进展[J]. 中国电化教育，2011(1).

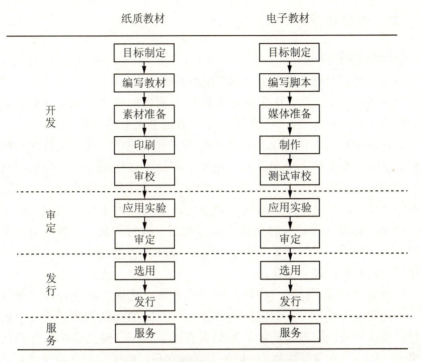

纸质教材　　　　　　　电子教材

|开发| 目标制定 → 编写教材 → 素材准备 → 印刷 → 审校 | 目标制定 → 编写脚本 → 媒体准备 → 制作 → 测试审校 |

图 3-1　两种教材开发与应用流程比较

情感态度与价值观等方面的基本要求，规定各门课程的性质、目标、内容框架，提出教学和评价建议。"然而课程标准的目标表述相对笼统和抽象，需要进行分解和细化，转化成具体、有层次、可操作、可评价的目标项，然后以此作为教育教学的最初起点和最终归宿，设置相应的知识和活动内容，落实到具体各册、各单元、各章节的教材之中。总之，对这些目标的把握，既不能"一叶障目，不见泰山"，也不能"只见泰山，不见树叶"。

相比而言，电子教材由于其功能和价值更加丰富，其目标也应加以拓展，涵盖更有效的人机交互，支撑课堂内外师生互动等，这些目标可以参照其评价标准来制定和细化。

在制定目标时，还需要在多方面进行系统分析：包括教师分析、学生分析、教学内容分析、教学评价分析等。电子教材由于复杂程度高，技术应用、素材资源等也应纳入分析之列。

二、编写和设计

(一)纸质教材的编写

编写是纸质教材开发中决定其质量的关键环节。

对于教材编写人员，国家近年来提出了明确的资质要求，只有教育经验、能力水平、身份等方面都符合要求，方可进入编写团队。

在正式编写之前，有很多重要的准备工作，包括：进行充分的调研和分析，了解已有教材的应用状况，梳理已有教材在使用过程中师生提出的意见和建议，分析其优点和不足；对学校分类抽样后进行调研，以了解学校数字环境、教学条件，以及教师和学生的能力、水平和使用需求；了解教材评审的标准；设计教材结构、内容框架、教材栏目、呈现风格；设计教材特点和特色；对编写人员进行培训，提升教育理念、统一思想，然后依据各自的特长合理分工等。

纸质教材的编写包括一些相对固定的环节，比如，确定合理的编写团队——确定编写依据——确定结构体系——确定单元结构模式——确定课的结构模式——确定教学资源的配套及表达模式——确定写作流程和自查标准——写作、自查与统稿。① 对于不同的学科，由于学科性质和特点不一样，会存在一些个性化的要求，操作上有细微差别。

在编写过程中，需要把握好教材内容选择和组织的原则，编排时兼顾学科发展逻辑和学生认知逻辑，从全局进行权衡和考量，科学地分析和设计。

除了内容编写之外，还有很多配套的设计工作，如封面和封底界面、整体色彩、版面风格、装饰等，这些设计要体现出教材的艺术性。高质量的教材不只是内容突出，其形式也充分体现学科特色，满足学生的欣赏喜好，同时又与内容相得益彰。

(二)电子教材脚本的编写

电子教材需要完成的编写工作则是脚本的设计。脚本是用以描述电子教材所需要的文本内容、媒体素材、交互功能等，作为后续开发依据的文档。电子教材脚本的编写也是一个严谨有序的过程，包括脚本模板的确定

---

① 张廷凯. 从设计和编写视角看教科书品质的提升[J]. 西南大学学报(社会科学版)，2010(7).

(学科不同脚本格式可以不同)、脚本样章的编写、脚本样章的审校、依据脚本样章开发电子教材(以检测脚本模板的可行性、有效性)、修改脚本模板、进行整册脚本的编写。

电子教材有其开发的基础和前提，在设计脚本时同样需要兼顾学科发展逻辑和学生认知逻辑。除此以外，学生的阅读风格、认知风格、思维方式、信息处理方式等很多方面都应在权衡之列。鉴于脚本的质量直接影响到电子教材开发水平，对编写的脚本应进行充分地审校或研讨，以保证切合目标、规范准确，充分发挥技术的优势，能有效突破教学内容的重难点。在制作过程中，脚本编写人员还应与技术人员经常沟通，帮助他们理解脚本内容，同时也应听取他们从技术角度提出的合理化建议，对脚本设计进行完善和优化。由于交互型电子教材复杂程度高，在经验不足或不是很有把握的情况下，可以对脚本进行"预制作"，在磨合过程中完善脚本的样式和表达方式。

电子教材的脚本通常采用两种格式，一种是"卡片式"，一种是"表格式"。

1."卡片式"文本脚本

卡片式脚本通常包括标题区、页面设计区、呈现说明区、交互说明区几部分。如图3-2所示。

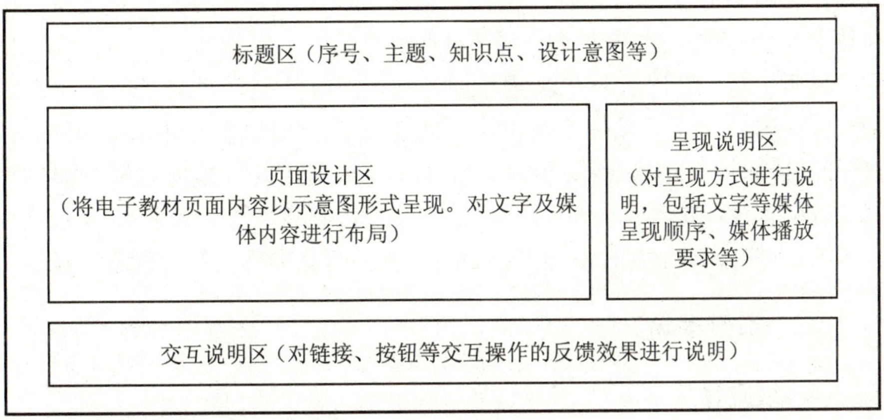

图3-2　"卡片式"文本脚本

2."表格式"文本脚本

"表格式"脚本内容包括序号、位置、内容、媒体、呈现方式、设计意图几部分。

表 3-2 "表格式"文本脚本

序号	位置	内容	媒体	呈现方式	设计意图

序号：将脚本内容按照先后次序进行有序排列。如存在页面跳转时可以指向对应序号。

位置：电子教材的页号或特殊的位置说明。

内容：页面中的组成内容，主要指文本。

媒体：说明页面中用到的图形、图像、音频等多媒体资源。

呈现方式：页面中内容呈现的先后次序，或页面中链接、热区、按钮等交互操作效果。可用示意图结合文字说明。

设计意图：说明本页设计的教学目的，以及期望达到的应用效果。由于技术制作人员通常并不通晓教育教学，此内容有利于他们对设计目的准确理解和把握。

3."幻灯式"脚本

以上两种脚本都是静态的文本，方便打印并装订成册，但对动态的过程只能通过文字进行描述，不够直观，可能导致理解偏差。笔者在实践中发现，利用 PowerPoint 制作"幻灯式"数字脚本应用效果更好。对编写人员和技术人员来说，有"所见即所得"的直观效果。主要编写要求为：利用备注栏说明主题、设计意图及注意事项；利用幻灯片呈现对应电子教材页面中文字内容，以及与媒体素材的混排效果示意；当鼠标点击页面中热区、按钮及链接时，利用动画功能显示批注文字说明，或直接播放目标媒体素材，也可直接跳转到对应页面。当然，在正式编写之前，需要编写人员和技术人员进行研讨，编写一个双方都能理解且操作简便易行的脚本模板。

三、素材准备

(一)纸质教材

纸质教材样稿完成并得到编委会的认可之后，接下来需要编写人员和出版社编辑准备文字之外的图片、图形资源，以及一些编写人员无法提供但却是教材不可或缺的内容。这些素材资源可以通过制作、拍摄、收集、购买等方式实现，但需要严格把关：一是保证有合法的版权；二是在技术上达到印刷所需要的规范和标准；三是其科学性、准确性能够保障；四是与教材的主题关系紧密，能有效地支撑编写目标。很多有瑕疵的教材问题常常出现在素材资源上，即使是一处小问题也影响到整册教材的质量和口碑，因此切不可掉以轻心。

(二)电子教材

电子教材需要的素材资源更加丰富，包括文字以外的各种媒体，这些资源可以通过制作、录音、拍摄、加工合成、收集、购买等方式实现。这些素材在制作时，要注意按照相关的技术标准，使用比较常用、易于转换的文件格式，方便在不同操作系统、不同类型移动终端上应用。其中音视频的清晰度要达到较高的质量要求，保障学生学习的效果，以及视力、听力健康。另外素材的风格要与电子教材的整体风格相一致，因此需要在开发之前就有明确的设计、规划和技术标准。

素材资源的品质很大程度决定了电子教材的总体质量，其开发往往需要投入相当多的时间以及人力和财力。要保证开发的效率和质量，应遵循科学的开发机制，由专业技术人员和教育专家通力合作，共同完成。

四、印刷与制作

(一)纸质教材

教材编写人员完成编写之后，由出版社编辑在电脑上进行文本录入，再将图片等资源结合进去，印出清样，经过编写人员和编辑的多次审校，确认无误后进行制版、印刷、装订，形成纸质教材。细分的话，主要包括收稿、送审、编辑加工、发稿、装帧设计、发排、校对、印刷、装订、出书等环节。

为了保证教材的质量，保障师生的权益，国家对中小学教材的印刷也提出了非常明确的要求。2001年6月，教育部、国家质量监督检验检疫总局、新闻出版总署联合下发《关于实施〈中小学教科书幅面尺寸及版面通用标准〉和〈中小学教科书用纸、印制质量标准和检验方法〉两项国家标准的通知》，规定教材印刷必须严格按照相关标准，包括幅面尺寸、字体、字号、纸张种类等用纸规格和印刷形式，并强调"所有与中小学教科书印制有关的印刷设备、纸张和原辅材料的生产及供应单位，应按照标准组织生产和供应"。

例如，《中小学教科书幅面尺寸及版面通用标准》(2009年发布)对教材正文用字有如下要求：

按不同的年级和学科，正文用字(不含少数民族文字和外文)字体、字号分四类。a 类：21P～16P(2 号～3 号字)，正楷体为主，适用于义务教育 1～3 年级各科教科书。b 类：14P(4 号字)，正楷体和书宋体为主，由正楷体逐渐过渡到书宋体，适用于义务教育 2～4 年级各科教科书。c 类：12P(小 4 号字)，书宋体为主，适用于义务教育 5～9 年级和高中各科教科书。d 类：10.5P(5 号字)，书宋体为主，适用于高中理科教科书(注：P——Point，1P≈0.35mm)。

由于印刷技术发展由来已久且不断提升，就清晰度进行比较，目前纸质教材略占上风，通常分辨率在 300～600dpi 范围，而电子教材屏幕一般在 300dpi 左右。当然，影响视觉效果的因素除了清晰度，还有其他一些方面。另外，屏幕显示技术正处在加速发展进程之中，很多电子设备使用了清晰度相当高的视网膜屏(Retina Display)，它是一种具备超高像素密度的液晶屏，分辨率达到 300dpi 以上，人眼已经无法分辨单个像素。这方面的技术可谓已攀升到了一个新的高度，按照这样的发展势头，如果需要的话，相信超越纸质教材的分辨率指日可待。

虽然纸质教材的内容最终要印刷到纸张上，但利用电脑进行"无纸化编辑"却留存下来数字化的版面内容，将其进行加工和转换即可形成转换型的电子教材，这为转换型、媒体型电子教材的开发提供了便捷的内容基础。

(二)电子教材

电子教材没有纸质教材那样的印刷过程，但开发的过程更为复杂。开发技术人员需要依据脚本内容，进行界面美工设计，将开发出的素材资源和文本等内容进行混排，实现超文本链接和超媒体链接。除此之外，还需要利用电子教材开发工具或编程软件，开发学科虚拟学习工具，实现各种交互功能。最后要整合所有内容形成可以在移动终端上运行的电子教材内容。

遗憾的是，由于缺乏相对统一的标准，目前电子教材的开发依然处于"各自为战"的状态，针对不同类型的操作系统、不同配置的终端设备，采用不同的开发工具或编程语言，选择不同的电子教材类型目标，所形成的电子教材格式也各不相同，相互之间转化起来比较困难。不过这种状况也并非全无益处，不同的开发模式和目标，形成了各自不同的个性化特色，避免了过于同质化。如果综合各自的优点，可融合提炼出电子教材的追求目标和努力方向。

五、审校和测试

(一)纸质教材

纸质教材的审校主要包括两方面,一是由印刷厂校对人员和出版社编辑进行校对,一是由编写者进行审校。前者是多人按照一定的程序,进行各有分工、各有侧重的校对。如初校一般由印刷厂的校对人员完成,主要是消灭校样上的缺字、错字等;一、二、三校由出版社校对人员完成。一校重点在于改正文字、标点符号。二校继续找出一校未发现的错误的同时,检查版面布局等问题。三校对上个校次做一次认真的"核红",即检查改版效果如何,然后检查封面、扉页、目录等内容,通观全局,统一全局格式。① 在此基础上,再将打印出的清样交编写者审校,确认前面的校对无误,并从学科及教学的角度进一步把关。

(二)电子教材

相比起来,纸质教材如果存在问题,都在"明面"上显而易见。电子教材的问题则既有面上的,又有很多只有在播放、交互操作时才会显露出来的。因此,电子教材既要进行类似纸质教材的审校,又要按软件开发的要求进行严格测试。对初步完成的电子教材,一方面对内容进行审校,以保证没有科学性错误;另一方面进行充分调试,以保证各种媒体资源的显示和播放效果,各种交互控制和跳转均有效,在网络环境和非网络环境,管理平台上运行的稳定性、安全性等。对于存在的问题,需要及时找到原因并加以解决。这些都解决之后,还应考虑程序代码的优化,达到更理想的运行效果。

电子教材的审校和测试贯穿于整个电子教材开发的各个环节,是改进设计方案、检验并保证应用效果的重要举措,目的在于衡量和评估它对教学应用的教育价值,判断其应用效果,并形成改进建议。

在测试时要讲究科学和效率,秉持以下原则:应尽早并不断地进行测试,避免错误累积和放大;要制定系统的测试计划,成立专门的测试小组;测试时既要输入合理的条件,也要输入不合理的条件;集中测试易出错的

---

① 李堃,张魁,尚鲜利. 教材建设与管理[M]. 北京:国防工业出版社,1993:110—119.

地方；进行回归测试；全面检查每一个测试结果；保管好测试文件。①

参与审校和测试的人员应合理分工：学科专家从学科教学应用的角度，技术专家从技术角度，教育技术专家从总体效果角度，等等。除了参与脚本设计和把关的各类专家及完成制作的技术人员，最好还吸纳少量使用者，即教师和学生参与，以了解是否符合他们的阅读习惯、操作习惯，是否能达到预期的应用目的。

1. 内容审校

对电子教材的文本及其他媒体内容进行审校时，首先可以沿用纸质教材的审校方式，检查文本、表格、图像等"平面化内容"。如：表达是否严谨科学；内容是否相互衔接、连贯成体系；是否切合教学目标、教学要求，满足师生应用的需求等。其次审校声音、动画、视频等需要连续播放的媒体文件，一是检查技术质量，包括清晰度、流畅性、稳定性。二是审查内容的科学性，如果有必要的话，可能需要反复慢速播放，以仔细检查个别片断、帧的内容细节。毫无疑问，这是个费时、费力、工作量巨大的任务。

2. 技术测试

(1)用户界面。

用户界面直接影响到学生与教师的使用体验。理想的界面有助于吸引学生，让他们心情轻松愉悦，并照顾他们的操作习惯，让他们操作便捷流畅。用户界面的测试包括视觉测试、交互体验和连接结构测试等。

在对用户界面的视觉设计进行测试时，需要检查视觉设计风格是否统一，具体包括色彩、对比度、高亮区、背景色是否协调，视觉设计的行列分区及内容是否得当等方面。另外要考虑总体视觉设计是否符合基础教育阶段的学生身心发展特点，是否有利于调动学生学习热情。

在对用户界面的交互功能进行测试时，首先需要对用户控制交互进行测试，比如，播放、暂停、撤销、重复、退出等操作是否有效，屏幕放大、缩小、移动等操作是否流畅。其次是看用户提交答案的评价反馈是否符合预期。

在对用户界面的链接结构进行测试时，不仅需要检查电子教材内部的内容链接关系是否清晰，各种构件间的链接结构是否正确，当涉及外部链接时，还需要测试链接是否有效、准确。

---

① 李政. 软件开发流程实训[M]. 北京：中国财政经济出版社，2005：104-105.

（2）教学构件。

电子教材的一个特点是包含各种支持各学科教学应用的软件构件（software component），也有专家将其称为学具。每一个教学构件的教育性与科学性，是首先应测试的部分。在测试中，需要检查教学构件在功能层面是否达到技术要求，其教学应用是否科学、准确、合理。在此原则下，测试如下内容：教学构件的标准化程度、灵活程度、可扩展程度；教学构件是否便于重新组合、重复利用；教学构件的内容能否持续升级更新；教学构件的界面是否符合统一的界面风格等。

（3）系统架构。

在测试过程中，需要对系统架构的稳定性、可靠性、安全性进行测试，以保证电子教材稳定、有效、安全地运行。稳定性指电子教材在一定测试周期（如一周）内，程序能保持持续正常运行状态，并确保应用及系统不崩溃。可靠性是指系统整体上在规定条件、规定时间内保持无故障工作状态，并对各种操作产生快速、正确的反馈。安全性主要指内容数据和生成数据的产生、传输、存储、使用等各环节上的安全程度，包括防止数据损坏、丢失等。

作为提供给广大师生进行教学应用的产品，电子教材的重要性不言而喻，因此测试审校的标准应远远高于一般的软件，而且要及时、常态化，以避免出现的问题或错误不能及时被发现，而被带入下一个开发环节。

六、应用试验（实验）

试验和实验两词词义比较接近，都有"尝试、检验、验证"的含义，《现代汉语词典(第 6 版)》对它们的解释是：试验是为了察看某事的结果或某物的性能而从事某种活动；实验是为了检验某种科学理论或假设而进行某种操作或从事某种活动。给人以"实验"更凸显理论指导，目的性和科学性更强之感。由于传统的表达存在一定混乱，笔者对此不严格区分，尽量与政策文件等材料的表述保持一致，但内涵上更倾向于后者。

（一）纸质教材

由于教材在教学系统中具有较高的权威性，对教学影响很大，因此教育部一直强调教材编写完成并出版后，需要在一定范围内，进行一段时期的应用试验。教育部 2001 年颁发的《中小学教材编写审定管理暂行办法》规定，"教材初审通过后，可在 400 个班或 2 万名学生的范围内进行试验"。

教材试验的目的有多方面，一是了解是否切合师生的教学应用需求，二是检验与课程标准的教学要求是否吻合，三是尽量及早发现存在的错误或问题。试验之前，应认真拟订试验方案，选定具有代表性的试验地区和学校，并对参与试验的教师进行培训，帮助其理解教材的编写思想和使用方式。试验过程中，围绕教材评价的主要维度收集相关信息，对教材做出定性与定量相结合的评价，在此基础上形成试验报告，概括教材的使用效果（包括暴露出的各种问题）。试验报告既是教材编写者修订教材的依据，也是教材送审时不可缺少的支撑材料。

（二）电子教材

在缺乏成熟模式情况下，电子教材的设计和开发过程加强应用实验显得尤为重要。实验可参照纸质教材相对成熟的模式，通过有效的用户沟通机制，及时获取用户的使用感受和反馈意见，在科学分析论证的基础上合理调整设计和开发进程。要知道，电子教材与纸质教材相比，能及时更新是一个突出优势，因此无论是在实验还是推广应用阶段，有效的用户沟通机制都是优化电子教材的重要保障。

实验过程中，要重视学生的反馈。教材开发者需要有这样的认识，除了一线教师以外，学生也是教材的建设者，而且是非常重要的贡献者，因为他们是教材的主要应用主体，教材是否符合他们的期望和要求，是否对他们的学习有真正的帮助，他们最有发言权。要避免像传统教材开发时把学生置之度外，让他们只能被动地接纳教材而不能发出应有的声音。

七、审定

公开发行的教材不同于一般的书籍和电子产品，由于广泛应用于教育教学，承担着人才培养的重要使命，因此只有通过教材审定委员会的严格评审，才能被列入中小学教学用书目录，具有被选择使用的资质。

（一）纸质教材

《中华人民共和国义务教育法》中规定："国家实行教科书审定制度。教科书的审定办法由国务院教育行政部门规定。未经审定的教科书，不得出版、选用。"教育部《中小学教材编写审定管理暂行办法》规定："国务院教育行政部门成立全国中小学教材审定委员会，负责国家课程教材的初审（说明：2015年教育部根据国务院关于取消和下放行政审批事项的有关决定对初审工作予以废止）、审定，及跨省（自治区、直辖市）使用的地方课程教材的审定；各省、自治区、直辖市教育行政部门成立省级中小学教材审定委员会，负责地方课程教材的初审和审定。"1988年8月，国家教委颁布了《九年制义务教育教材编写规划方案》，明确提出根据我国地域辽阔、人口众多、经济文化发展不平衡的国情，九年制义务教育教材必须在统一基本要求、统一审定的前提下，逐步实现教材的多样化，以适应各类地区、各类学校的需要。同时把竞争机制引入到教材建设，通过竞争促进教材事业的繁荣和教材质量的提高。① 从此，基础教育教材多样化、教材评审等教材改革真正拉开了序幕。

对于中小学国家课程纸质教材，教育部组织教材专家团队，按照评审程序和评审标准，对符合送审资质的教材进行严格的审查。审查包括是否符合印制装订标准等物理性审查，以及内容是否符合课程标准及教学要求。对于质量较差未能通过审查的不合格的教材，不能列入教材目录供全国中小学选用。质量达到标准或按照专家反馈意见进行修改通过审查的教材，才能被列入教材目录。

教材评审在保证教材质量的同时，也产生一些负面的影响。评审专家的评价难免会基于自己的经验、喜好而带有一定的主观性。而教材编写者为保证教材通过审查，会主动或被动地迎合评审专家的"胃口"，并为了降低风险而不太敢进行创新。最终的结果往往是虽然版本多样，但其中不少可称得上是"平庸的正确"——亮点少、特色不够鲜明，同质化程度比较高。

（二）电子教材

虽然目前还没有成形的电子教材的评审标准，但不难想象，电子教材的评审要远比纸质教材复杂，工作量也更大。评审可分为两个主要方面，一是针对内容的评审。这方面类似于纸质教材，评审内容是否规范、科学，切合学生培养目标及课程标准。但也有很大的不同，除了评审静态的图文信息，对所应用到的各种媒体素材都需要加以测评。二是针对技术的评审。具体包括终端硬件的运行状况是否流畅稳定，内容呈现及交互功能是否理想，媒体素材是否能流畅播放，应用是否安全，对学生健康有无不利影响，是否切合师生技术水平等方面，都需要设置相应的标准并纳入评审。

因此，参与评审的专家组成也将更加多元化。除了传统的教育、教学专家以外，还需要教育技术、信息技术、教育心理等领域的专家参与，从不同的角度、按照不同的标准进行评价，然后汇总成最终的评审意见。

① 胡军. 中小学教材选用机制之我见[J]. 教育理论与实践，2004(10).

八、选用和发行

(一)纸质教材

随着课程改革的进行，教材从"指定制"变为"选用制"，使用什么样的教材的权力下放给了教材使用单位。教育部 2005 年印发的《关于做好义务教育课程标准实验教材选用工作的通知》强调："教材的选用工作是课程改革实验工作的重要组成部分，是一项政策性很强的工作。各省级教育行政部门要完整转发《书目》，不得删减或增加。各地应严格在《书目》范围内选用教材，不得选用《书目》以外的教材，更不得选用境外教材。"为规范教科书市场，教育部每学年都定期向社会公布通过审定的合法教科书目录，供各地和学校按照规范流程选用。

2014 年教育印发的《中小学教科书选用管理暂行办法》中对教材选用机构提出如下要求："中小学教科书选用单位由省级教育行政部门根据当地实际情况确定；选用教科书应当组织成立教科书选用委员会，具体负责教科书的选用工作；教科书选用委员会应当由课程教材专家、教研员、中小学校长和教师等组成，其中一线教师不少于 1/2。教科书选用委员会分学科组负责教科书初选工作；教科书编写人员、出版发行人员不得担任教科书选用委员会成员。"选用的方法主要是：学科组研读、比较《全国中小学教学用书目录》中本学科所有版本教科书，提出初选意见；选用委员会对学科组提出的初选意见进行充分讨论，投票决定选用结果。近年来教材选用虽然总体走向规范，但隐藏的问题也屡屡被媒体曝光。一些地方的教育行政部门与出版社进行暗箱操作，为了追逐经济利益，实行地方保护主义或教材垄断。种种乱象需要引起有关管理部门的高度重视并及时加以干预，以保护学生的切身利益。

教材选用之后的工作是出版社对教材进行按需印刷和发行。发行具有非常强的时效性和针对性，因为关系到教学能否正常开展，"课前到书，人手一册"一直是硬性的要求。我国在计划经济时代，教材规定由各级新华书店发行，新华书店也建立了从中央、省、市、县等自上而下的系统性很强的各级发行渠道。

为了进行教材全方位改革，将竞争机制引入教材发行，2001 年 10 月，经国务院同意，由新闻出版总署等单位共同发布了《中小学教材发行招投标试点实施办法》，将招投标的办法引入中小学教材发行。尽管遭遇巨大挑战，新华书店的优势地位仍然难以撼动，因为它具有丰富的书业营销运作经验，并在长期发展中构筑了全国性的购销网络、仓储运输网络和资金结算网络，具备集约化、规模化经营条件。但垄断的局面已被打破，有许多取得发行资质，获得新闻出版部门批准的国有控股发行单位，都可以参加中小学教材的发行。这些单位也逐渐建立了自己的发行渠道，采用比较灵活的发行方式，形成了有益的补充。再有，也有出版社发行自己出版的教材，与学校对接获得订数后，安排货运公司直接送书到校，将"发行"改为"配送"极大地节省了发行成本。此外，一些个体书商也积极加入教材发行的竞争行列。总之，教材发行百花齐放的格局，带给广大师生的是直接的利益和实实在在的优惠。

由于教育是一项公益性事业，国家对中小学教材的价格一直坚持"保本微利"的原则，对其严格控制。2001 年，《国家计委、教育部、新闻出版总署关于印发中小学教材价格管理办法的通知》中要求，教材零售价格＝[印张单价×印张数量＋封面价格＋插页价格×插页数量]×（1＋增值税率）。从 2001 年起，国家对部分贫困地区农村中小学试行免费提供教材，2007 年秋季起扩展到所有农村中小学，2017 年将进一步覆盖所有城乡义务教育阶段学校。2015 年 6 月，国家发展改革委、教育部、司法部、新闻出版广电总局下发《关于下放教材及部分服务价格定价权限有关问题的通知》，决定下放教材和部分服务价格定价权限，但"微利"的原则仍然不变。

(二)电子教材

不难预测，当电子教材推广应用，各具特色的电子教材也会坚持纸质教材的选用制度，把选择权交还给使用者，让他们选择适合其教育实际情况和需求的理想教材。

电子教材没有纸质教材那样的印刷、装订、包装、储存、运送等实体商品物流的环节和过程，节省很多存储、运输成本。但目前电子教材还主要进行小范围实验，没有进行大规模发行，因此还没有构建起成熟的模式。参照电子书籍的发行方式，可灵活多样实施，比如，通过网络平台，让教育管理部门或个人用户进行登录，交纳相应的费用之后，自行下载安装。除此之外，还可以利用客户端软件进行教材的下载和更新。

电子教材的发行还需要重视的一个问题，就是教材的版权保护。由于数字复制和传播速度快、效率高，如果没有版权保护措施，设计者、开发者以及出版机构的利益将难以保障。版权保护的方式多样，其中采用电子教材发行平台进行身份认证，阻止非法注册和登录，合法用户被授权下载安装时平台会对数字内容加密与终端设备进行绑定，是比较常用的一种方法。还可以采用诸如设置电子教材使用时限、定期登录电子教材发行网络平台进行身份验证以及利用网络监控使用者是否有非法传播电子教材的行为等措施。

在保证电子教材版权的前提下，需要将电子教材与发行平台进行对接，做好网络服务器端的部署，保证电子教材应用的可靠性和可接入性。还有，电子教材在提供了师生使用之前，还应提供支持使用的相关帮助说明文档，如教师手册、学生手册、技术手册等。

九、服务

(一)纸质教材

目前纸质教材的售后服务相对简单，主要包括两个方面。

一是出版社或编委会对使用者(通常是教师)进行教材应用培训，帮助教师了解教材的编写意图、特点特色和教材的配套资源。同时调研教材使用的情况，通过各种渠道收集师生对教材的反馈意见，然后参考这些意见对教材进行修改、优化使之质量不断提升。

二是新华书店或其他教材发行商，当使用者反映教材出现印刷、装订等方面问题时，需要对存在印刷不清、缺页、倒页、脱页情况的教材及时进行调整更换，提供包退包换等服务。

(二)电子教材

相比而言，电子教材的服务更为复杂。主要包括以下方面。

一是对使用者进行应用培训。这与纸质教材相似，但除了说明教材的编写意图等内容之外，还要对设备的使用和保养，教材内容的操作方法进行示范和指导。最好还能提供一些可供借鉴的教学案例、应用方式。

二是针对师生在使用过程中出现的硬件设备和软件安装及运行方面问题，解答他们的咨询和求助，指导进行系统及软件安装、设置等，对出现质量问题的设备进行及时维修或更换。

三是内容更新。电子教材中的内容可能在使用过程中需要进行及时更新，通过网络平台进行分发或通过网络直接推送更新通知给用户。

四是指导学校进行电子教材应用环境的建设。以保证电子教材能够充分发挥其功能和价值，以及电子教材运行的网络及数据安全。

第四节 利益相关者对两种教材的态度

"利益相关者"一词来源于企业管理理论，包括企业的股东、债权人、雇员、消费者、供应商等交易伙伴，以及政府部门、本地社区、媒体、环保主义者，甚至包括自然环境等。管理学意义上的利益相关者是组织外部环境中受组织决策和行动影响的任何相关者。借鉴到教材，从教材的生产到应用，每一个环节都存在很多直接和间接利益相关者。对于纸质教材和电子教材，不同人群基于自身技术水平、对技术的认识程度，以及切身利益、目标追求、习惯传统等因素会持不同的态度。这些态度概括起来不外乎这样三种：一是非常欢迎，二是非常排斥，三是审慎欢迎。

一、传统出版社

传统出版社对电子教材多数持犹豫、观望、不情愿的态度，产生这种态度的原因主要有以下几个方面：一是由于电子教材的出版远远超出传统出版的工艺和技术，让出版社由一名"老手"变成了"新手"，而且很多环节需要借助多媒体技术商、软件开发商等外力的援助；二是要求其进行转型、重构，增设数字化部门并安排相应的人手，无疑会加大人力成本；三是在电子教材所需数字资源开发上的经济成本，投入是实实在在，且可能非常可观，而经济利益的回报却是个未知数。而且，纸质教材的一些素材资源如果应用到电子教材，存在出现版权纠纷的风险——拥有纸质版权不等于就拥有了数字版权；四是可能对其既有利益造成损害，包括其已经取得的教材市场掌控地位，将存在失守的可能。总之，太多的变数和风险，使出版社只能是被技术"绑架"或倒逼着，亦步亦趋地缓慢变革。但他们也清楚，如果完全死守传统"阵地"，很可能在教材的技术革命真正来临之时被淘汰。

当然，也有少数自信且具有实力的教材出版社主动迎接变革，把挑战视为机遇，迎难而上，开发了与纸质教材配套、增加了很多互动资源的各种形式电子教材，传统和现代的两种类型的教材同时获利。人民教育出版社、外语教学与研究出版社在这方面就取得了一定的成功经验。

二、技术开发商

由于掌握着最新的技术，对技术发展的嗅觉更为敏锐，并相信未来电子教材推广将带来极其可观的利益，电子教材开发商通常对教育技术在教学中的应用持一种狂热的态度，并希望能煽动用户的热情和响应。

辩证地看，一方面这些技术企业对教育技术的宣传、普及、指导示范起着重要的推动作用，在一定程度上弥补了学校以及教育主管部门对技术不了解、不重视的不足。就这个意义而言，他们是把技术推向教育的主力军，并且投入资金进行开发和实验，起到了难以替代的重要作用，加速了电子教材的发展进程。正因为如此，国家近年来也开始重视发挥他们的作用，鼓励学校及地域性教育科研单位与其合作，共同促进教育技术的健康、理性、良性发展。但另一方面，由于利益的驱使，加上企业对教育的认识不够全面和系统，缺乏深入实践和实质性的了解，如果不能联手教育科研部门，他们的产品对教学的作用可能表面化，宣传也难免有夸大之嫌，未必能解决教学中最核心、最需要解决的问题。

三、教育主管部门

因为考虑到政策导向、经费投入、应用效果、社会对其接受程度等诸多因素，各省市教育主管部门对电子教材这种新事物总体持审慎态度，很多都采取"科研先行、小范围试点"的做法，鼓励和支持教育科研单位进行小规模的开发和实验，为未来的变革做好准备。概括起来大体有三种行事风格，一是"先说后做"，二是"先做后说"，三是"边做边说"。

也有些地区的教育主管部门明确将其作为改革的重要目标，投入大量的人力、财力进行实验，以期尽快推广应用。相比而言比较高调、敢为人先，体现出一定胆识魄力的当数上海市教育主管部门。

我国各地经济状况很不均衡，从调研不难看出，真正"动起来"的主要是经济相对发达的地区，很多教育经费紧张的欠发达地区，电子教材的实验和应用基本上尚未提上计划日程。

四、学校

教育观念新、应用信息技术比较常态化的学校对电子教材容易持欢迎和期待的态度，相反则可能持消极和反对态度。值得一提的是，在当前"校长治校"的管理方式下，学校"一把手"及行政主管领导对电子教材的认识和态度，往往就代表了整个学校。很多电子教材实验开展得比较有声有色并取得不错成绩的学校，首先是由于校领导对其充分认可，进而动员教师积极跟进参与研究，同时提供各种硬件、软件、经费、环境、政策方面的支持，才在学校形成电子教材应用的浓厚氛围。然后采用骨干教师先行、其他教师跟进的"滚雪球"推进方式，常常能取得良好的效果。相反，如果校领导观念封闭保守，即使教师有积极性和热情，在得不到支持的情况下，也很难有所作为。当然，也不排除在教师取得一定成果后，校领导的态度和行为有所转变，局面得以改观的可能性。

五、教师

不同的教师对电子教材持不同态度。年岁稍长、经验较丰富的教师习惯于使用传统教材，对新技术掌握起来较困难甚至心存畏惧，相信自己积累多年的教学经验，也顾虑这些新技术、新手段会削弱自身已经形成的优势。另外，他们担心电子教材的使用会弱化一些传统的学科技能培养，如学生的书写、计算等。年轻教师使用数字产品更普遍，对新技术能够发挥的作用比较了解，接受新事物更容易也更快，他们更愿意尝试将新技术应用教学中去，并相信自己应用技术能提升教学效果，增加课堂的趣味性和对学生的吸引力，因此他们对电子教材多数持欢迎态度。

从学科区分，不同的学科在应用数字化资源的频度和效果上存在差异，也影响到教师对电子教材的看法和态度。如英语、音乐、美术等"有声有色"的学科应用数字化资源比较丰富有效，这些学科的教师无疑是更坚定的支持者，并对电子教材的应用效果有很高的期望。而像语文等人文学科的老师，对电子教材的应用效果期望则相对弱一些，数字化资源及教学方式解决其教学难点也更具挑战性。

有调查发现，对电子教材持反对意见的教师主要认为它不利于培养学习专注力，不利于培养阅读习惯，阅读体验有很大欠缺，不利于培养书写习惯，内容差别化导致有些学科很难全部实现电子化。[①]

教师的态度对电子教材作用能否充分发挥至关重要。如果教师对电子教材比较排斥，漠然置之，即使师生都配备了电子教材，各种应用环境都建设齐全，没有教师的主动应用和对学生的带动、影响，学生不可能真正重视它。

---

① 徐晓丹. 中小学电子书包应用情况调研报告[J]. 现代出版，2016(1).

六、学生

作为"数字土著"，青少年学生无疑对数字产品比较狂热，他们对电子教材总体持欢迎态度，认为相比传统纸质教材电子教材更有吸引力，更符合他们的认知喜好。不过这种态度也随着年龄增长、年级变化而发生变化：从小学到初中、高中，由于学习的知识内容越多，课业负担也越重，加上认知特点的发展变化，学生的思维方式也从以形象思维为主逐渐转向以抽象思维为主，因此对电子教材也应该更加审慎。

还要注意的是，很多学生对电子教材表现出来的喜爱，很可能是出于从小就自然形成的对电子产品的热爱之情，他们还没有真正认识到它最重要的价值是学习，因此这种喜爱存在"叶公好龙"之嫌，需要教师加以引导。

学生对电子教材也并非全无顾虑，比如，害怕受到太多的约束和限制，设备的安全、担心设备受挤压或摔跌而损坏等。

七、家长

家长对电子教材的态度大体三种都有：一部分家长由于存在很多担心和顾虑，而持反对态度；一部分家长由于对信息技术不很了解，态度不够明确；一部分家长有较丰富的电子设备使用经验，并对新技术很"感冒"，在日常还可能鼓励孩子利用数字资源辅助学习，因此会持欢迎态度。

对电子教材持反对态度的家长，主要有以下担心顾虑：电子教材是否会对孩子视力及身体健康有害；是否会让孩子学习注意力转移；是否会导致孩子对电子产品形成依赖，甚至沉迷于网络和电子游戏；是否会弱化孩子与老师、同学及家长面对面的沟通交流；是否会降低学生的书写能力、抽象思维能力；是否有利于提高学生成绩（分数）以满足当前可量化的评价要求等。

家长虽然不是电子教材的直接使用者，但他们对学生和学校都有直接的影响。他们对电子教材的认识是否准确到位，对电子教材应用是否理解支持，将在很大程度上决定电子教材是否能顺利投入使用，以及应用效果。只有家校密切配合，形成合力，学生才可能在学校和在家里都能顺利、有效地发挥电子教材应用价值。

案例：相关用户群体对电子教材需求和期望

北京师范大学龚朝花等研究人员于 2010—2011 年通过问卷和访谈的形式，调查了不同用户群体对电子教材的态度。[①]

表 3-3 不同用户群体对电子教材的态度

用户群	需求与期望
教师	普遍认为电子教材是一种发展趋势，未来很长一段时间将出现纸质教材与电子教材共生的局面；影响电子教材使用的最关键因素不是设备，而是教学方式和学习活动设计，需要教育专家、教学设计专家一起共同研究构建适合电子教材教学的使用环境；电子教材在推广前需要选择一批有代表性的实验学校开展科学的实验研究；电子教材的使用需要联合研究机构、硬件厂商和学校一起对推行电子教材的途径和机制、电子阅读设备的监控和安全、教师培训等问题构建一套可行的解决方案；电子教材的设计应该把课本、练习册、词典、家校沟通等集中在一起考虑；确定电子教材实验教学前需要对师生信息素养和学科性质进行充分调研；电子教材的使用需要遵循现有纸质教材的教学习惯
学生	对课堂中使用电子教材普遍持肯定态度；期望电子教材能够减轻课业负担；期望电子教材的功能包含随文笔记、书签等；期望电子教材阅读终端价格在 1000 元左右，并且坚固耐用；期望电子教材导致的视觉疲劳和上课注意力不集中方面等影响能够得到改善
教育主管部门	期望可先在一些使用循环教材的学科率先尝试使用电子教材；要使电子教材能够在课堂内外发挥作用，仅仅关注硬件设备和教材内容是不够的，需要构建支撑电子教材在学校和家里使用的公共服务体系；手持式学习终端设备是电子教材的最佳载体，但是影响电子教材应用效果的关键因素取决于教材内容设计和组织；电子教材要想真正变革学与教的方式，有效使用技术设备非常重要；使用电子教材的根本还是促进学与教方式的变革；良好的学习支持服务才能保证电子教材的使用得到持续的支持，推动电子教材应用的不断深入
家长	愿意孩子尝试使用电子教材，但希望电子教材阅读设备的价格能够便宜；家长对使用电子教材的担心体现在：视力影响，课堂注意力，设备依赖，网络成瘾，硬件质量等方面

---

① 龚朝花，陈桄，黄荣怀. 电子教材在中小学应用的可行性调查研究[J]. 电化教育研究，2012(01).

用户群	需求与期望
出版社	电子教材是教材出版的一种趋势，需要积极推进教材数字化出版工作；期望相关部门能够尽快研制出电子教材的出版标准；建议教材主管部门建设电子教材出版的市场准入机制；关注电子教材的利益分配和使用成本；关注电子教材的版权保护；关注电子教材的审核与认定方式

态度决定行动，电子教材能否得以推广应用虽然不取决于任何一方的态度，但能否高质量开发、能否高效应用则与相关利益群体的态度密不可分。因此，提升各方对电子教材的认识和理解，用更长远的眼光看待新事物，去分析其教育效益和育人价值，克服对它的恐惧心理都非常有必要。另一方面，也不应盲目膜拜新技术，需要认识到它必然存在不完善的地方，设计开发经验也有待积累，要真正获得理想的应用效果还有很长的路要走。总之，考虑到技术都具有利弊两面性，加上电子教材是尚未发展成熟的新事物，因此相比较而言，积极投入、着眼长远、稳步前进是最具可行性，也最为可取的态度。

第五节　电子教材取代纸质教材之争

在了解到"电子教材"这个新生事物之后，很多人头脑中自然而然会冒出的这样一些问题：电子教材是要"革"纸质教材的"命"吗？如果是的话，这种更新换代的变化大概会在什么时候发生？出版机构、学校等相关单位需要为此做何准备，以迎接这种变革？

一、电子教材是否将取代纸质教材

电子教材是否将取代纸质教材，对这个前瞻性问题答案的预测，除了少数持审慎态度的"中间派"以外，研究人员、教育者、社会人士自然分成"激进派"和"保守派"两大阵营，双方各自列举了很多理由，并试图用自己的声音盖过对方，将自己的观点强加给对方。

(一)学者思考

崔斌箴在《国外电子书包进校园走势强劲》一文中，对电子书包的起源及一些国家对此研究进行了概括，他认为"电子书包"实际上是一种便携式电子阅读器，它在技术上与现在普通的电子阅读器并无太大区别。并得出"电子书包进校园已成为不可逆转的趋势"的结论。①

南北认为电子书包的使用将带来教育的革命，将使教材出版格局发生根本性的改变，影响电子书包推广的重要因素是其价格。②

余人在《电子书包的梯度开发》一文中谈到，对电子书包从内容、形式、时间、层次上分别进行梯度开发比一哄而上、全面开发、无序开发要更富有可操作性，也可避免走弯路、出差错，造成不可挽回的损失。③

杨德军、乐进军等人认为电子教材存在很多优势，但强调要关注 6 个方面的问题：电子教材开发、出版管理、使用等方面的权利问题；电子教材编写的研发模式问题；电子教材的成本控制问题；电子教材的维护、回收问题；师生对电子化阅读的适应问题；学生视力健康问题。④

从事出版业的高志丽认为电子书包将由于具有特殊的功能，将引起学习革命，必将颠覆纸质教材，成为学习的主要工具。⑤ 另一位出版界人士林畅茂认为电子教材的推广必将对传统印刷业造成很大冲击，教科书印刷企业要早做准备，适时转型，平稳过渡。另外推广电子教材可以先易后难，先城市后农村，先内地后边远，采用两条腿走路，两种教科书同时使用，条件具备再全面铺开。⑥

李林等人认为电子教材替代纸质教材是一种必然的趋势，因为可满足节能环保，学生自主、创新性学习，以人为本的教师教学，高效教育教学管理，家校深度沟通等方面的需要。⑦

很多业内人士对电子书包进课堂持怀疑态度，认为至少从目前来看，硬件技术仍不够成熟，新旧出版业的博弈还需要一个过程，内容标准的制

---

① 崔斌箴. 国外电子书包进校园走势强劲[J]. 出版参考，2010(11 下旬刊).
② 南北. 电子书包与教材出版变局[J]. 江苏教育通讯，2005(3).
③ 余人. 电子书包的梯度开发[J]. 出版参考，2011(30).
④ 杨德军，乐进军，王凯，暴生君. 电子教材推广的价值与问题[J]. 中小学管理，2011(3).
⑤ 高志丽. 电子书包将成为学习的主要工具[J]. 出版参考，2010(3).
⑥ 林畅茂. 电子教材离我们有多远[J]. 印刷世界，2010(7).
⑦ 李林等. 论电子教材取代纸质教材发展趋势的必然性[J]. 中国信息界，2011(5).

定及内容开发还需要较长时间。①

也有学者从电子出版的角度提出，从大的背景来看，我国数字出版缺乏行业标准和国家标准，还局限在企业标准的较低级阶段，图书的数字存储格式达到 20 多种，这种存储格式的混乱导致重复生产现象严重。面对手持阅读的兴起，很多电子图书格式不能适应其应用需求。② 这样的现状可能导致电子教材还有很长的路要走。

总体而言，教育人士和出版界人士对电子教材的推广应用前景持审慎的乐观态度，比较一致地认为需要在推广之前解决好一些关键问题。

(二)"激进派"观点

"激进派"阵营中主要是技术热衷者，他们大多在应用富含新技术的电子产品方面的经验丰富，已非常适应数字化的工作和生活方式，并对传统的教育存在很多不满，认为要改变这样的状况，解决教育教学中存在的很多问题，需要数字技术注入新的活力，甚至是借此重塑教育。

1. 电子教材功能丰富

纸质教材所具备的功能电子教材可轻易实现，而且还带来很多"增值"。从这个意义上说，纸质教材存在的价值并不大，被电子教材取代不会造成什么损失，唯一要做的就是适应这种变化。

2. 数字化教学趋势

数字化应用的浪潮已席卷到当今科技、工作、生活的各个层面，且势头愈发迅猛，这种变化将不以任何人的意愿而逆转。学校教学的数字化应用范围、应用品质也在不断提升，为电子教材的应用构建了良好的环境、奠定了坚实的基础，电子教材的应用将把数字化教学从"外围"推向"内核"。

3. 满足学生的喜好

数字时代的学生对新技术趋之若鹜，相比起来，对传统的纸质书籍兴趣低了很多，这是一个无法改变的事实。利用电子教材可以满足学生的阅读和认知喜好，调动其学习的兴趣，让其学习与生活不至于在技术应用上被人为割裂。

4. 深化课程改革的要求

利用传统教学方式提升教学效果的潜力已经极其有限，各种"招数"已

---

① 徐楠，张晓东. "电子书包"进课堂进退维谷[N]. 北京商报，2010-08-23.
② 包鹏程等. 电子出版物[M]. 武汉：华中科技大学出版社，2010：133.

经在国内外专家和实践者近百年的探索中发挥殆尽。电子教材作为数字化教学的核心载体，对纸质教材与传统教学模式产生了颠覆式的影响，提供了很多潜在的可能，将有望促进课程改革的深化，给教学带来巨大的提升空间。

5. 人才培养的要求

教育着眼于培养满足未来社会所需求的人才，用基于传统教材的教育教学方式培养的人才已经与当今社会存在一定的脱节，更不用说与未来信息化社会的要求相适应，而电子教材的应用是解决这个问题最直接最有效的途径。

6. 技术快速发展

信息技术发展不断加速，电子教材当前存在的技术不足可能逐渐得到解决，从硬件角度来说，更快、更轻，视觉效果更好，待机时间更长；从软件角度来说，功能将更加完善，使用更加方便，对教学支持更丰富；从成本来说，价格将会不断下降；从应用经验上，也在不断积累和丰富，并逐渐形成具有可行性和有效性的特色和模式。而且，没有任何技术能够完美无瑕，都是在应用中不断发展和完善的。

(三)"保守派"观点

"保守派"阵营中主要是"技术怀疑者"。他们多数对电子产品并不热衷，应用经验自然也不够丰富，对技术存在的不足和问题更加敏感在意。同时，他们认为教育是一个非常复杂的系统，绝非一些不懂教育的技术商能够带来质的提升。他们通常会提出以下问题：

1. 技术问题

信息技术的确给电子教材带来一些优势，但由于技术尚不完善，存在很多的不足和问题。比如，设备存在质量轻、体积小与功能全面、续航时间长的矛盾，以及利用屏幕阅读会让学生精神疲惫，还可能对学生视力健康造成损伤等。

2. 效果问题

从已经进行的较有限的实验来看，按照较传统的评价方式，电子教材并没有体现出比纸质教材明显的优势。而且由于它功能过于丰富，在资源获取方面开放性强，很多问题的答案唾手可得，可能使学生学习专注度降低并养成网络依赖，而理想的学习状况要求学生排除各种干扰，聚精会神地进行深度思考。

3. 成本问题

电子教材除本身具有比纸质教材更高的成本之外，其应用还要求学校整体从网络硬件上进行投资，部署相应的基础设施，而这些成本的分摊是一个不能回避的现实性问题。另外，我国不同地域经济状况差异很大，贫困地区要使用电子教材是难以想象的事情。这些问题如不能妥善解决，电子教材可能带来新的教育不均衡。

4. 管理问题

利用新技术、新设备将大大增加课堂管理的难度，甚至形成师生直接沟通的障碍。如果管理不到位，学生在比较混乱的环境中学习注意力会被分散，教学质量无从保证。另外，使用电子教材给学生提供了做与学习无关的事情的便利条件，极可能对正常的学习造成干扰。

5. 适应问题

当前很多人用屏幕阅读只是碎片化的、针对一些诸如新闻、小说内容的阅读，而对于教育内容的学习，这样的阅读方式不能达到理想的效果。而人们长期形成的线性阅读方式很难在一朝一夕发生改变，甚至有人戏称如果闻不到油墨香味就体会不到读书的感觉，就无法进入读书的状态。

6. 机制问题

电子教材的开发及发行机制远未明晰，电子教材的标准如何制订，如何进行评审，传统出版社如何转型，相关利益如何分配等实际问题，都会成为电子教材推广应用的一道道关卡。

(四)笔者看法

笔者以为，花费精力进行口舌之辩，并试图争论出一个"非此即彼、非黑即白"的结果其实没有太大意义，时间终会给出最后的结论。尽管如此，双方对利弊的科学分析仍是有价值的，值得重视和引发思考。在技术的更新换代上，既有新的技术较彻底地淘汰旧的技术的例子，也不乏旧技术虽然应用空间被不断压缩但顽强存在的例子。比如，2006 年 2 月 6 日，美国西部联盟公司宣布停止运行了百余年的电报业务，这个消息是在互联网上公布的，而互联网这一高科技通信手段恰恰就是导致电报"退场"的重要原因之一。再比如，在电视走进人们的生活之后，就有人预言传统收音机会被淘汰。在网络音视频得到传播的时候，又有人作出类似的预言。但时至今日，尽管收音机的听众数量不断下降，但仍然有一定的听众群体，仍然在一些特殊场合(如汽车上)有其难以替代的优势，甚至还能"转型"到网络传播。

电子教材是否一定完全取代，是否在较短时间取代纸质教材，这将受到很多因素的影响，包括技术发展、教育观念、师生技术水平、经济发展、政策支持、社会认可等，充满很多变数。即便答案是肯定的，这个变化和调整也很难在短时间发生，需要一个不短的准备期、过渡期，因为电子教材带来的变化不是只把"对着纸张阅读"变为"对着屏幕阅读"那么简单，带来的变化是方方面面的，加上教材在教育教学中所处的地位和影响，不宜"轻举妄动"。在这段时期要太多的事情要做，包括通过理论和实践研究让电子教材的形态、组成、功能、性质和应用价值更清晰起来，开发不同特色、不同学科的电子教材进行实验，制定电子教材开发标准、发行标准、评审标准，形成电子教材相关的开发、评审、发行等机制等。在此期间两者可以并存，互为依托、互相补充。当然，也不排除电子教材充当纸质教材的数字化辅助资源的可能性。不管怎样，电子教材将越来越受重视，应用面将越来越广，这是必然的趋势。

二、电子教材取代纸质教材面临的直接障碍

任何事物都存在正、反两个方面，电子教材相对于纸质教材而言，毋庸置疑存在很多优势，但无论是加大电子教材的推广力度，还是取代纸质教材，必然带来一些新的问题，这些问题对教育管理者、教师和学生等将形成了直接的障碍。具体可概括为以下几个方面：

1. 移动终端的经济成本

电子教材需要移动终端为载体，其一次性投入的经济成本显然远高于纸质教材。这对于我国经济状况不发达的地区及家庭，将形成推广应用的障碍，甚至带来新的教育不公平。

不过，考虑到移动终端可容纳的电子教材数量及其使用寿命，以及电子产品价位的不断下降，在所有教材的总体投入上，电子教材反而要低一些。

2. 技术有待提升

要真正满足教学应用需要，电子教材在硬件技术方面还有很大的提升空间。比如，作为电子产品，电子教材的使用需要电源作支持，这对电子教材的待机时间提出了要求，一旦电源耗尽，电子教材将无法使用而影响到教学。当前一些移动终端的电能还不足以维持一天的使用，而且每天都

需要进行充电，这些都无疑增加了电子教材的管理维护成本。再如，其防摔性能较差，青少年在使用中稍不留心，受到挤压或掉落到地上，屏幕容易碎裂，这会让学生在使用时不能保持非常自然、放松的心态。

另一方面，能有效支持电子教材开发的工具软件数量有限，功能也比较单薄。尽管当前软件市场有很多出色的可支持教育的应用程序，但要"取其精华"把它们集成到电子教材之中，将涉及知识版权、商业合作、软件对接等诸多复杂问题。

3. 数字阅读需要有适应的过程

电子阅读从形式到内容都与纸质教材有很大的不同，媒体格式多样，在同一页面的内容并不一定像传统书籍那样从上到下、从左到右地"规则排列"，需要使用者适应多种媒体信息的获取，调动多种感官同时进行"多通道"加工，否则难以形成深度阅读，达到深度思考。这种阅读能力并非与生俱来，而需要后天的学习和训练形成。对于教师这些成人来说，很多人比较"迷恋"书籍的油墨清香味，习惯于用笔在纸上圈圈点点的阅读方式。比起青少年这些"数字原住民"，需要给他们更长的适应时间。

另外，电子教材资源及功能丰富，可满足学生各种学习需求，然而这种长处对学习自控力不强的学生而言，他们可能受其中一些娱乐功能的诱惑，分散学习的注意力，导致"捡了芝麻丢了西瓜"的情况。因此，需要运用有效的管理方法和技术手段进行合理的限制和引导。

4. 教师教学组织问题

电子教材由于其内容丰富，具有开放性，对于基础教育的起始性知识可谓是"无所不知"，这对教师传统的"知识权威"形成巨大的挑战，要求教师转变教育观，重新定位自身的价值、地位，重新规划工作的职责和任务。另外，在课堂教学中，电子教材由于其功能丰富，对教师组织课堂使教学按计划有序地进行也形成了挑战。教师应尽快适应基于电子教材的数字化交互课堂，利用数字化教学管理平台，形成新型、有效的课堂组织策略，提升学生的参与广度和深度。否则电子教材反而可能成为妨碍师生之间沟通的"第三者"，降低教学效率和教学质量。

5. 学生健康和安全问题

青少年视力发育尚不完全，大量使用电子产品，可能对其视力健康造成不利影响，这也是电子教材在推广过程中最易遇到的障碍，甚至因此受到家长的强烈反对。健康之外，还有信息安全问题。由于学习变得更加开放，网络信息好坏掺杂、良莠不齐，对尚不善分辨是非的青少年来说可能带来负面的诱导，需要设置有效的安全机制加以防范。

需要说明的是，以上概括的一些问题可能是有"时限"的，也就是并非绝对或永远存在。随着时间推移和技术持续发展改善，学生对数字化阅读和学习越来越适应，电子产品的待机时间越来越长、无线充电技术不断发展、对学生的健康也越来越重视，这些问题可能会不断弱化或者逐渐消失。当然，按照哲学上事物在矛盾中前进的观点，未来还会再"冒出"目前我们还想象不到的问题和挑战。

这些问题和挑战也蕴含着许多危机，需要引起足够重视，否则可能引起家长的担忧和反对。这样的例子在前些年曾经出现，2013 年 1 月，深圳一些学生家长联名上书深圳市委书记、市长，呼吁"保卫童年责无旁贷，电子书包不可再行"，他们提出，不能将孩子作为技术产品的试验品！① 不过之后几年，在全国各地进行电子教材的实验越来越多的情况下，出现类似状况却很少见，但不能因此就闭目塞听、掩耳盗铃，认为问题已不复存在，不需要重视和解决。

---

① 深圳家长：保卫孩子电子书包不可再行[EB/OL]. http://www.caigou.com.cn/news/2013070286.shtml，2013-07-02.

第四章　电子教材的设计和开发

 【本章导读】

　　开发电子教材，首先要进行综合分析，把握设计依据进行系统设计。然后按照科学的开发机制，遵循科学的设计原则，采用有效的开发策略，按照规范的流程实施。电子教材内容是电子教材的核心，其开发水平直接影响到电子教材的最终质量和使用效果，建立评价标准有助于确立正确的方向和目标。开发完成后，需要对教材内容的科学性、准确性、交互性等进行审校和测试，利用教学实验的实践检验，为教材的修订完善提供依据。总之，电子教材开发仍面临许多挑战。

 【主要内容】

　　(1)电子教材开发的综合分析；

　　(2)电子教材内容的设计依据；

　　(3)电子教材的设计原则和开发策略；

　　(4)电子教材开发机制；

　　(5)京版电子教材特色概述；

　　(6)电子教材内容的评价；

　　(7)电子教材开发需解决的问题。

第一节　电子教材开发的综合分析

电子教材的开发是一项复杂的系统工程。概括而言，大致分为四个环节：策划开发、审校测试、应用实验和修订完善。其中，策划开发包括综合分析、系统设计、制作开发三个步骤。在前期策划过程中，需要对教育目标、学生主体、教材内容、教育技术等方面进行全面、系统、有深度的综合分析，然后在此基础上遵循开发原则进行系统设计。

一、目标分析

(一)教育目标分析

教育目标指学生培养目标，既包括总体、长远的培养目标，又包括局部、阶段的培养目标。作为教材，既要承载超越学科的整体、长远培养目标，又要承载具体学科的局部、该学年度或学期的阶段培养目标。目标要定得恰如其分，科学可行，具有适切性、可行性、有效性。

(二)教学目标分析

电子教材的应用是为了满足学科教学目标的达成，培养具备21世纪技能的人才。因此，其内容开发首先要在教学内容分析的基础上，构建课程标准要求下的整合学生素养发展技能要求的框架结构，确定学习目标，为后期的用户界面设计、媒体素材的选择、交互设计等提供基础。

教学目标侧重于学科教学需要达成的相对具体的目标。教学目标主要参考学科课程标准的教学要求，结合电子教材对相关内容的规划和分配，对目标进行有系统性、条理性、衔接性地切分和安排。在进行教学目标分析时，要注意三个方面：一是目标的全面性。除了传统的基本知识和基本技能("双基")目标，还要重视过程与方法、情感态度价值观其他"二维"目标；二是目标的时效性。既要注意当前打基础的阶段性目标，也要考虑关系未来发展的长远性目标；三是目标的可操作性。课程标准很多目标项表述得相对笼统和宏观，需要将其合理转化成操作性强、易于评价的目标项，同时又不偏离原目标要求。

在电子教材尚未推广，学科课程标准依然是针对纸质教材制定的情况下，电子教材的教学目标不必也不应完全拘泥于现有的课程标准，因为电子教材带来教学效率、效益的变化，使得教学目标在制定上能有更大的提升空间。这如同更换了速度更快的交通工具，行驶距离应当更远是一样的道理。

二、应用主体分析

教师和学生是电子教材最主要的应用主体。电子教材开发在开拓和创新的同时，也要适当照顾师生的传统阅读习惯和技术操作习惯，平稳过渡和推进。对教师来说，电子教材的应用对其课堂组织和管理能力提出了更高要求。对学生来说，他们也必然要经历一个适应过程。因此，需要在创新与传统之间寻找结合点，既不能过于超出教师和学生实际应用水平，也不宜过于向现状妥协而阻碍了技术前进的步伐。

(一)教师分析

如前文所述，教材承担着一定的"导教"功能，因此电子教材在设计时要对教师这一应用主体加以分析。一方面是分析教师的水平状况，包括教师通常的教学能力水平、教学习惯、教学方式、教学风格等，根据他们的需要设计和选择教材内容，提供教学素材供其加工，渗透具有启发性、引导性的教学设计思路；另一方面是分析教师的教学应用需求，包括利用电子教材课前备课、课堂上课以及课后对学生的指导和帮助。

当然，教师情况各异、特点不一，无论教材设计者如何努力，要完全适合每一名教师都不现实，但需要把握教师共性的特点、共同的需求，既引导教学又与教学保持适度的距离，给教师留出创造发挥的空间；既渗透教学设计思路又不限制教师的主动性，允许并鼓励他们加工和丰富教材内容，形成符合个性化教学需要的教学设计。

(二)学生分析

对学生进行分析，主要包括一般特征、初始水平和学习风格。

学生的一般特征是指在学习过程中影响学生的心理、生理、社会角色的特点，包括年龄、性别、认知成熟度、学习动机、个人对学习的期望、生活经验、经济、文化、社会背景等因素。学生的一般特征既有共性，如相同年龄的学生有大致相同的感知能力、智力和语言发展过程等；也存在个体差异，如智商的差异、认知经验的差异、认知成熟度的差异等。

学生的初始水平是指学生在学习某一特定的内容时，所具有的相关的知识与技能基础，以及他们对这些内容的认识与态度。主要包括三方面：一是预备技能，即学生是否具有进行新的学习所需掌握的知识与技能基础；二是目标技能，即学生是否已经掌握了所要学习的部分内容；三是学习态度。

学习风格是学习者持续一贯的带有个性特征的学习方式，是学习策略和学习倾向的综合，包括学习者在信息接收加工方面的不同，对学习环境和条件的不同需求，在认知方式方面的差异等。[①]

电子教材相比纸质教材更注重和突出学生的自学功能，因此在设计时还要充分分析学生学习的应用需求，包括学生不同的应用环境、应用方式，既考虑学生在课前自学，还满足其课堂应用和课后复习需要；既考虑个人学习，还考虑与同学进行协作学习。

在学生的认知风格方面，要注意学生的阅读喜好和理解水平，据此确定电子教材每页承载的信息类型、信息容量，以及信息采用的编排方式，要避免与学生阅读喜好和理解水平不相称。

再如，学生通常喜欢主动发现而不爱被教材灌输知识，电子教材设计时要引导学生用探索法、发现法去建构知识的意义，引导学生主动去收集并分析有关的信息和资料，对所学习的问题要提出各种假设并努力加以验证，把当前学习内容所反映的事物尽量与自己熟悉的事物建立联系，并对这种联系加以认真的思考。总之，要保证设计出来的电子教材便于学生应用，能调动其学习的兴趣，针对其学习可能出现的困难和障碍提供有效的反馈和支持，努力使学生成为教材的真正主人。

三、内容分析

在目标已经基本确定，同时也考虑了教师和学生之后，接下来，设计什么样的教学内容来承载这些目标，满足师生教学需要，这是一个将目标具体化的重要环节。正如"条条大路通罗马"一样，教学内容的选择多样，设计的思路也可灵活多变，没有也不可能有固定的套路和模式。设计者一方面需要参考借鉴纸质教材中经过实践检验行之有效的内容，不能抛弃传统优势而从头摸索；另一方面要积极创新，综合考量人和技术的因素，设计出更能优化教学、更充分运用信息技术、更符合数字时代教育规律的内容。要实现这样的高要求并非易事，需要设计者思路和视野开阔，充分把

[①] 何文茜，高振环. 现代教育技术[M]. 北京：北京大学出版社，2009：277-278.

握教育、教学目标，同时又深谙教育技术的优势，深入了解教师学生的教学及认知规律，对相关的数字资源进行分析、比较和论证，"择优改造"和"原创设计"相结合。

除了主干内容之外，素材资源也在分析之列。数字化素材资源是教学内容的重要组成部分，也是电子教材相比纸质教材主要的突出之处。在教学内容确定之后，侧重于素材资源开发的人员，需要对这些资源进行分析，包括其呈现方式、应用价值、开发途径、开发成本、应用方式等方面。还有，它们能否与其他内容有机结合，能否突破传统教学的重难点而发挥技术优势，等等。

教学评价是传统教材和电子教材都非常注重的内容。相比纸质教材，电子教材突出学生的自我学习、自我评价，因此教学评价内容显得更为重要。在能很好支持人际交互的情况下，电子教材中的评价包括学生自我评价、学生相互评价，以及教师对学生的评价等。这些评价都需要进一步细化，设计成既有普适性的评价又有针对具体教学内容的评价。

四、技术分析

在教学内容大体确定之后，应进一步从技术应用的角度对其进行冷静分析和思考：内容都用到了哪些技术？技术是否能够支持？技术的成本和效率如何？是否充分发挥了技术的优势？如果不使用技术能否达到同样甚至更好的效果？利用诸如此类的问题，从正、反两方面加以论证，以避免出现"为技术而技术"的"炫技"做法，同时也尽量在条件允许的情况下将技术的优势发挥到极致。

技术分析包括以下方面：

(一)硬件及软件分析

可用作电子教材移动终端的硬件设备类型多样，即使是同一类型也存在不同的款式，究竟选择哪一种要从多方面——成本、性能、重量、屏幕尺寸和分辨率、存储容量、电池容量等综合衡量。

从系统的角度，单独的要素并不能发挥整体作用，因此单纯硬件或软件没有任何价值，两者如果不能协调运转也会使其性能打折扣，需要从整体上加以优化，使两者协调运转，相得益彰。在开发时，充分分析硬件性能，优化程序代码使电脑运行更快速稳定，显示更加流畅、逼真。除了硬件与软件的兼容性外，软件与软件之间的协调也不应忽视，软件在开发和完善过程中要注意迭代优化。

(二)操作系统分析

不同的操作系统具有各自的优点和不足，究竟采用哪一种，除了考虑硬件是否支持，两者之间能否协调运转之外，还需要考虑使用者的习惯，以及教学管理平台、教材内容等运行其上的软件的需要和要求。

(三)实现功能分析

电子教材实现的功能包括一些各学科通用的功能，比如，媒体资源的播放、笔记记录等。也包括在一些特定学科才用到的功能，比如，数学学科中的几何图形绘制功能，音乐学科中的曲谱播放及编曲功能，化学学科中的绘装置图功能等。一些学科常用的功能可开发成该学科的学具，提高其使用效果和使用效率。确定功能之后，再分析通过怎样的方式实现这些功能，利用什么样的开发软件、素材处理工具等。

五、成本分析

除了以上一些方面以外，开发需要进行成本分析，包括人力成本、经济成本、时间成本等，都需要应纳入分析之列，并力求精确。如果在开发过程中出现人员配备不充分，费用不足等情况，导致"搁浅"或开发周期延长，都将影响到按期送审和投入使用。同时还要考虑节约成本，把人员、经费、时间进行合理分配，尽量用在最需要投入、最体现价值、最能见到实效的地方。

第二节　电子教材内容的设计依据

有句话很有见地：做正确的事比正确地做事更重要。如果用在电子教材的开发上，这句话道出了设计的重要性和不可替代性。在进行宏观、系统的综合分析基础上，电子教材内容的设计还需要有比较具体、科学的指导依据，保障在开发之初能确定好正确的目标，开发过程中能沿着正确的方向和路径，开发之后能进行检验和评判。

一、设计依据

从电子教材的应用主体、应用目的等角度分析，指导依据可包含学生培养目标、学科教学目标、教育技术理论、学生认知心理、技术标准规范等方面。

（一）学生培养目标

在不同的学段，教育对学生有不同的培养目标，培养目标也随着时代的发展，国家和社会对人才需求的变化而变化。

2001年教育部印发的《义务教育课程设置实验方案》中对义务教育阶段学生培养目标描述为：全面贯彻党的教育方针，体现时代要求，使学生具有爱国主义、集体主义精神，热爱社会主义，继承和发扬中华民族的优秀传统和革命传统；具有社会主义民主法制意识，遵守国家法律和社会公德；逐步形成正确的世界观、人生观、价值观；具有社会责任感，努力为人民服务；具有初步的创新精神、实践能力、科学和人文素养以及环境意识；具有适应终身学习的基础知识、基本技能和方法；具有健壮的体魄和良好的心理素质，养成健康的审美情趣和生活方式，成为有理想、有道德、有文化、有纪律的一代新人。

2003年教育部印发的《普通高中课程方案（实验）》中对高中生培养目标描述为：初步形成正确的世界观、人生观、价值观；热爱社会主义祖国，热爱中国共产党，自觉维护国家尊严和利益，继承中华民族的优秀传统，弘扬民族精神，有为民族振兴和社会进步作贡献的志向与愿望；具有民主与法制意识，遵守国家法律和社会公德，维护社会正义，自觉行使公民的权利，履行公民的义务，对自己的行为负责，具有社会责任感；具有终身学习的愿望和能力，掌握适应时代发展需要的基础知识和基本技能，学会收集、判断和处理信息，具有初步的科学与人文素养、环境意识、创新精神与实践能力；具有强健的体魄、顽强的意志，形成积极健康的生活方式和审美情趣，初步具有独立生活的能力、职业意识、创业精神和人生规划能力；正确认识自己，尊重他人，学会交流与合作，具有团队精神，理解文化的多样性，初步具有面向世界的开放意识。

近年来教育部又陆续印发了《教育部关于全面深化课程改革落实立德树人根本任务的意见》等文件，强调要培养学生社会主义核心价值观，发展核心素养，进行全方位育人。对教材编写也提出要求：将社会主义核心价值观的基本内容写入德育等相关学科教材中，渗透到其他学科教材中。进一步提炼和精选学生全面发展和终身发展必备的、最基本的知识内容，做到容量适当，难易适度，避免内容偏多、偏深。要创新呈现形式，根据学生年龄特点，密切联系学生生活经验，设计教材内容的呈现和编排方式，使之更加生动、新颖、活泼，增强对学生的吸引力。

不管是传统教材还是电子教材，其设计首先要考虑教育的总目标，也就是培养什么样的人。然后再进一步细化到不同阶段的培养目标、不同课程的目标、不同学科的目标等。在此基础上，思考如何在教材上体现和引导这些目标的落实，转化成具体的教材内容和教学活动设计，并注意突出目标达成的可行性、层次性、递进性。

需要强调的是，切忌漠视、忽视这些具有上位指导意义的导向性内容而"一头扎进"学科教学中，否则将导致只注重学科教学，而忽略了人才培养。这种因小失大，偏离教育根本的做法，是有害而危险的。

(二)学科教学目标

作为一种重要的课程资源，学科课程标准是电子教材最根本的设计依据。深入地把握课程标准要求，才能避免因载体、存储容量及技术手段发生变化，盲目给学生"加码加量"等。各学科课程标准基本包含以下内容：课程性质、课程基本理念、课程设计思路、课程总目标、学段目标、课程内容教学标准、教学建议、评价建议、教材编写建议、课程资源开发与利用建议等。

案例：数学课程标准中"数的认识"教学目标及对数学教材编写要求

《义务教育数学课程标准(2011 年版)》中对第一学段的"数的认识"教学目标描述如下：

第一学段(1~3 年级)

一、数与代数

(一)数的认识

1. 在现实情境中理解万以内数的意义，能认、读、写万以内的数，能用数表示物体的个数或事物的顺序和位置。

2. 能说出各数位的名称，理解各数位上的数字表示的意义；知道用算盘可以表示多位数。

3. 理解符号<，=，>的含义，能用符号和词语描述万以内数的大小。

4. 在具体情境中感受大数的意义，并能进行估计。

5. 能结合具体情境初步认识小数和分数，能读、写小数和分数。

6. 能结合具体情境比较两个一位小数的大小，能比较两个同分母分数的大小。

7. 能运用数表示日常生活中的一些事物，并进行交流。

该标准对教材编写提出了如下建议：教材编写应体现科学性；教材编写应体现整体性；教材内容的呈现应体现过程性；呈现内容的素材应贴近学生现实；教材内容设计要有一定的弹性；教材编写要体现可读性①。当然，这些标准和建议都是针对纸质教材，电子教材的开发既要充分尊重但又不能完全拘泥于它，技术能促进学生新的发展，产生新的效益，可合理调整教学目标以适应技术带来的变化。

(三)教育技术理论

理论指导实践，实践离不开理论的指导。教育理论(包括教育技术理论等)从大量实践中提炼出来，融会了教育智慧，并得到实践的充分检验，从不同角度深刻地揭示了教育的内在本质和规律。

作为还处于探索阶段的电子教材，教育理论的指导作用更是不容忽视，否则其设计和开发可能流于感性和随意，实施过程中会走弯路或出现这样那样的错误。近几个世纪世界教育研究者建构了数不胜数的教育理论，笔者认为行为主义理论、认知主义理论、行为——认知主义理论、建构主义理论等对电子教材都具有针对性的指导作用。

(四)学生认知心理

学生是教材首要应用主体，满足学生认知喜好，切合其认知心理至关重要。学生在不同年龄阶段，认知喜好会有所不同。比如，低年龄段对直观的媒体刺激感兴趣，而后逐渐转向更抽象更富于内涵的内容；小学生喜欢动手，在教材中设计一些互动，或者闯关性的游戏式教学，将有利于满足他们的挑战欲望，实现游戏式学习。而中学高年级学生，如果仍停留在浅层的视觉、听觉刺激，将难以真正调动其学习积极性和思维的深度参与。

再有，电子教材改变了传统纸质教材的线性阅读方式，一页内容中可能包含文字、图片、声音、视频、动画等多种类型媒体资源，容量设置和编排组织不合理时，极易超出学生大脑信息加工能力而导致"浅阅读"。美国教育心理学家理查德·梅耶(Richard E. Mayer)的多媒体学习认知理论中有限容量假设(Limited capacity)对此有相关论述。

---

① 中华人民共和国教育部. 义务教育数学课程标准(2011)[S]. 北京：北京师范大学出版社，2011：16-67.

除了心理因素以外，学生的身体发育、生理水平也必须在考虑之列。比如，我们知道让幼儿园的小朋友学习书写是错误的做法，因为他们的手腕缺乏对笔精细控制的能力，力度也难以达到要求。同样，电子教材的尺寸、重量和触控等，也不能超出学生身体发育所达到的水平。

(五)技术标准规范

电子教材作为一种应用面广、影响巨大的数字出版物，相关出版标准和技术规范是保证其统一性和流通性的重要依据。近年来我国出版总署成立了电子书标准研究机构，着手从内容和出版层面开展电子书和电子课本标准的研究工作。令人鼓舞的是，"全国电子课本与电子书包标准专题组"已取得了部分标准成果。相信标准规范的出台，将结束当前电子教材开发相对无序的局面，步入良性的发展轨道。

二、指导电子教材内容设计的教育技术理论

前面提到，电子教材在开发过程中，需要用教育理论、技术理论、教育心理学理论、教学理论等方面的相关理论为指导。

(一)建构主义理论

皮亚杰(Jean Piaget)等人提出的建构主义的基本观点是，儿童是在与周围环境相互作用的过程中，逐步建构起关于外部世界的知识，从而使自身认知结构得到发展的。儿童与环境的相互作用涉及同化与顺应两个基本过程。同化是指个体把外界刺激所提供的信息整合到自己原有认知结构内的过程；顺应是指个体的认知结构因外部刺激的影响而发生改变的过程。同化是认知结构数量的扩充，而顺应则是认知结构性质的改变。认知个体通过同化与顺应这两种形式来达到与周围环境的平衡：当儿童能用现有图式去同化新信息时，他处于一种平衡的认知状态；而当现有图式不能同化新信息时，平衡即被破坏，而修改或创造新图式(顺应)的过程就是寻找新的平衡的过程。儿童的认知结构就是通过同化与顺应过程逐步建构起来，并在"平衡——不平衡——新的平衡"的循环中不断丰富、提高和发展。个体的主动性在建构认知结构过程中有关键作用，学习要贴近儿童的"最近发展区"。建构主义理论的核心可概括为：以学生为中心，强调学生对知识的主动探索、主动发现和对所学知识意义的主动建构。

按照建构主义理论观点，学生的学习是在一定的教学情境中，学生自主加工知识，发展自己的知识和能力。教师的作用是提供教学的情境，在

学生遇到困难和学习障碍时给予一定的帮助和支持，做学生主动建构意义的帮助者、促进者。建构主义突出学生的自主学习，反对灌输式的教学方式。因此，电子教材在开发时要充分以学生为本，考虑学生的实际能力水平和认知喜好、学习特点，将知识内容合理分散和重组，创设能引发学生学习欲望的情境。并提供较丰富的学习素材，在学生学习时可以选择应用。另外，利用人机交互功能，在学生需要得到支持时"施以援手"。①

(二)联结理论(刺激—反应学习理论)

该理论的代表人物有桑代克(E. L. Thorndike)和斯金纳(B. F. Skinner)等。

所谓联结，是指某种情境（即刺激）仅能引起某种反应，而不能引起其他反应。该理论认为刺激与反应之间的联结是直接的，并不需要中介作用，这种联结看作行为的基本单元。反应的联结有先天的和习得的两种，前者主要是本能，后者主要是习惯。

桑代克把学习定律分为主律和副律。主律有三条：准备律、练习律和效果律；副律也叫学习原则，共有五条：多重反应原则、心向制约原则、选择反应原则、类化原则和联想交替原则。准备律是指联结的加强或减弱取决于学习者的心理准备状态。在有准备的状态下，会产生两种情况：一种是当任何传导单位准备传导时，得到传导就会引起满意；另一种是准备好传导而得不到传导，就会引起烦恼。在没有准备的状态下，勉强进行传导也会引起烦恼。练习律是指刺激与反应之间的联结会由于重复或练习而加强；反之，不重复不练习，联结的力量会减弱。他又把练习律分为两个次律：一个叫反应律，即一个已形成的可改变的联结，若加以应用，就会使这个联结得到加强；另一个是失用律，即一个已经形成的可变的联结，如不加以应用，就会使这个联结减弱。

斯金纳根据他的操作性条件反射学说和强化学习理论，提出了程序教学思想，并设计了程序教学。其基本要点是：把教材分为具有逻辑联系的"小步子"；对学生所做出的反应要给予及时的强化；学生在学习的过程中可根据自己的情况确定进度；力求使学生每次都做出正确的反应，把错误率降到最低限度。斯金纳认为程序教学有许多优点。例如，学生的正确答案能得到及时强化，能消除学生在学习中不应有的恐惧状态，学生可以自定步调，有利于教师及时准确地发现学生在学习中的错误数量等。斯金纳

① 陈琦，刘儒德. 当代教育心理学[M]. 北京：北京师范大学出版社，2007：180-207.

的学习理论肯定强化在学习中的重要作用，通过大量的实验揭示了学习中的一些具体的规律，但该理论和程序教学带有明显的操作主义和生物学化的倾向，忽视了人在教学过程中的积极性、主动性和智力活动的重要性，同时在一定程度上否定了教师在教学中的主导作用。①

(三)信息加工理论

美国心理学家加涅(Robert Mills Gagne)认为，学习的模式是用来说明学习的结构与过程的，它对于理解教学和教学过程，以及如何安排教学事件具有极大的应用意义。他提出了影响深远的信息加工的学习模式。

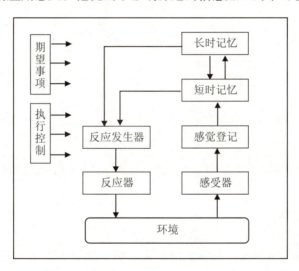

图 4-1　学习的信息加工模式

从学习的信息加工模式中可以看到，学习是学生与环境之间相互作用的结果。学习过程是由一系列事件构成的。加涅认为，每个学习动作可以分解成八个阶段(见图 4-2)。这样，内部的学习过程一环接一环，与此相应的学习阶段把这些内部过程与构成教学的外部事件联系起来了。

1. 动机阶段

有效的学习必须要有强烈的学习动机，这是整个学习的开始阶段。动机的形式多种多样，在教育教学情境中，首先要考虑的是激发学生进行学

---

① 刺激—反应学习理论[EB/OL]. http://www. xinli110. com/xueke/yy/jiaoyux-inli/201205/293164. html.

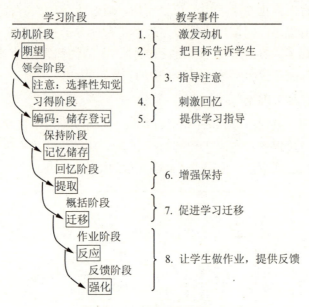

图 4-2　学习阶段与教学事件

习活动的动机，即学生力图达到某种目的的动机。它是借助于学生内部产生的心理期望过程而建立起来的。

2. 领会阶段

有了学习动机的学生，首先必须接受刺激，即必须注意与学习有关的刺激，而无视其他刺激。当学生把所注意的刺激特征从其他刺激中分化出来时，这些刺激特征就被进行知觉编码，储存在短时记忆中。这个过程就是选择性知觉。为了使学生能够有效地进行选择性知觉，教师应采用各种手段来引起学生的注意，如改变讲话的声调、手势动作等；同时，外部刺激的各种特征本身必须是可以被分化和辨别的。学生只有对外部刺激的特征作出选择性知觉后，才能进入其他学习阶段。

3. 习得阶段

当学生注意或知觉外部情境之后，就可获得知识。而习得阶段涉及的是对新获得的刺激进行知觉编码后储存在短时记忆中，然后再把它们进一步编码加工后转入长时记忆。在短时记忆中暂时保存的信息，与被直接知觉的信息是不同的。在这里，知觉信息已被转化成一种最容易储存的形式，这种转化过程被称为编码过程。当信息进入长时记忆时，信息又要经历一次转换，这一编码的目的是为了保持信息。如用某种方式把刺激组织起来，或根据已经习得的概念对刺激进行分类，或把刺激简化成一些基本原理，这些都会有助于信息的保持。

4. 保持阶段

学生习得的信息经过复述、强化后，以语义编码的形式进入长时记忆储存阶段。长时记忆具有几个特点：一是储存在长时记忆中的信息，其强度并不随时间进程而减弱；二是有些信息因长期不用会逐渐消退；三是记忆储存可能会受干扰的影响，新旧信息的混淆往往会使信息难以提取。因此，避免同时呈现十分相似的刺激，可以减少干扰的可能性，从而提高信息保持的程度。

5. 回忆阶段

学生习得的信息要通过作业表现出来，信息的提取是其中必需的一环。相对其他阶段而言，回忆或信息提取阶段最容易受外部刺激的影响。教师可以利用各种方式使学生得到提取线索，这些线索可以增强学生的信息回忆量。但作为教师，最重要的是指导学生，使他们为自己提供线索，从而成为独立的学习者。

6. 概括阶段

学生提取信息的过程并不始终是在与最初学习信息时相同的情境中进行的。同时，教师也总是希望学生能把学到的知识运用于各种类似的情境中去，以达到举一反三的目的。因此，学习过程必然有一个概括的阶段，也就是学习迁移的问题。为了促进学习的迁移，教师必须让学生在不同情境中学习，并给学生提供在不同情境中提取信息的机会；同时，更为重要的是，要引导学生概括和掌握其中的原理和原则。

7. 作业阶段

一个完整的学习过程需要有作业阶段似乎是不言而喻的，因为只有通过作业才能反映学生是否已习得了所学的内容。作业的一个重要功能是获得反馈；同时，学生通过作业看到自己学习的结果，可以获得一种满足。

8. 反馈阶段

当学生完成作业后，会意识到自己已经达到了预期的目标。这时，教师应给予反馈，让学生及时知道自己的作业是否正确，从而强化其学习动机。当然，强化在学习过程中之所以起作用，是因为学生在动机阶段形成的期望在反馈阶段得到了肯定。[①]

(四)基于多媒体学习的认知理论

认知主义学习理论认为,人的认识不是由外部刺激直接给予,而是建立在外部刺激和认知主体内部心理过程相互作用的产物。加涅吸收行为主义和认知主义两大学习理论的优点,提出相对折中的"联结—认知"学习理论,主张学习既要注重外部的刺激和外在的反应,也要通过外部影响促进学习者内部心理过程。

梅耶等人提出的多媒体学习的认知理论模型(如图 4-3 所示)。在多媒体学习中,多媒体呈现包括语言和图片两种,图片通过眼睛进入感觉记忆,而语言可通过眼睛(以屏幕文本的形式)或耳朵(以听觉叙述的形式)进入感觉记忆,学习者从感觉记忆中选择相关的语言和图像进行加工。这些加工在工作记忆中进行时,认知积极的学习者会建立心理联系,把语言和图像分别组织进"言语心理模型"和"视觉心理模型"。听觉语言和视觉语言、图像的加工分别在听觉通道和视觉通道中进行,所占用的工作记忆也各不相同。最后,学习者会将言语和视觉心理模型与他们从长时记忆中提取的相关先前知识进行整合,把新知识整合到已有的相关认知结构中去,从而达到对知识的有意义学习。

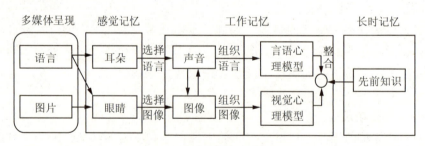

图 4-3　多媒体学习的认知理论

基于多媒体学习的认知理论,梅耶等人提出了多媒体教学设计的几个原则:多样化的呈现原则认为,用文字和图画来呈现解释信息比单纯用文字呈现好;接近原则认为在呈现多媒体解释信息时,应当同时呈现文字及与之对应的图画;相关原则认为呈现多媒体解释时,应当包含较少的无关的词和声音,这样更有利于理解;通道原则认为呈现听觉的叙述比呈现可

---

① 施良方. 学习论[M]. 北京:人民教育出版社,2001:319-323.

视化的课文好；冗余原则认为图文并茂比单独用动画，叙述或屏幕显示课文好。[1]

（五）系统理论

系统科学理论强调系统中各要素存在相互影响和作用，既对立又统一，构成一个有机整体，需要从系统高度进行考虑。系统具有以下基本属性：（1）整体性。系统每个要素以一定方式有机组织起来构成整体时，系统的功能大于系统中各要素功能的加和。（2）相关性。系统的各要素之间相互独立，又相互联系、相互制约。（3）层次性。对于某一个系统来说，它既是由某些要素组成，同时它自身又是组成更大系统的一个要素。（4）动态性。系统随时间的变化而变化。（5）目的性。每个系统均有明确的目的，系统结构建立是根据系统的目的和功能需要。

传统教材本身就是一个包含教学内容等诸多要素、有其独特价值功能的系统，当教育技术应用其中，载体、内容、呈现方式及应用手段等多方面发生相应变化，因此，不能满足于教材相对简单的传统功能，而应努力适应现代化教学的需求，追求其应用价值最大化。基于这样的认识，要开发出理想的电子教材，实现技术与教材的深度融合，需要在理性分析电子教材组成要素的基础上，遵循系统科学理论的指导原则，进行科学的设计和开发。

第三节　电子教材的设计原则和开发策略

理想的电子教材不是对纸质教材简单数字化，而是依据教育目标和学生培养目的，发掘信息技术的优势和价值，致力于技术与教育的深度融合。电子教材既用于师生课堂教学，构建数字交互课堂，还支持学生的课外应用，实现个性化自主学习。不难看出，电子教材的研发是一项极具复杂性和挑战性的任务，容不得半分随意和盲目，因此在设计和开发时注重科学的原则和策略，才可能达到理想的效果。需要说明的是，考虑到电子教材是对纸质教材的继承、发展和突破创新，纸质教材在编写时的一些基本原则通常对电子教材的设计也适用，值得重视和借鉴。

---

① 龚德英. 多媒体学习中认知负荷的优化控制[D]，重庆：西南大学，2009：8-9.

一、电子教材的设计原则

相比传统纸质教材，电子教材在内容、形式、功能价值等诸多方面发生了变化。电子教材是包含各要素的系统，是重要的教育资源，将随着课程改革的进程和技术的进步而发展，它致力于突破纸质教材的封闭性。笔者认为，在借鉴纸质教材编写原则的基础上，设计时应重视电子教材的系统性、教育性、规范性、易用性、开放性、发展性，并遵循相应的指导原则。

(一)系统性

系统性原则。系统考量、论证和设计各相关要素，保证技术在教育中的价值与优势，充分体现教育与技术的融合。运用教育技术相关理论指导实践，使信息技术的应用突破传统教学的障碍，解决传统教学的难点，提升教学效率和效果。

(二)教育性

教育性原则。紧密把握教育目标，紧扣课程标准，结构、内容、栏目、交互设计符合逻辑，采用的素材(包括图、文、声、像等媒体素材)符合学科目标要求，避免步入"为技术而技术"的误区。传授知识与培养能力并重，突出素质教育和学生的全面发展。

(三)规范性

科学性原则。突破传统纸质教材的局限和不足，内容准确，表达规范。文本、图像、动画、音频、视频、交互软件等切合学生认知规律，对学科内容有深度理解与挖掘，准确客观。

适宜性原则。把握教材容量和难度的合理性，精选对学生当前和未来发展最有价值的内容，避免提供过量、过难的学习内容和资源，使学生无法分辨学习主次，增加学习负担。

(四)易用性

简便性原则。设计人性化，操作简便，能流畅、稳定、安全地运行于较通用的系统平台及设备，不给师生设置过高的技术门槛。

趣味性原则。充分考虑不同年龄段学生的兴趣、爱好和学习风格，紧密联系实际生活，创设丰富、活泼的学习情景，努力实现游戏化、探究式学习。

和谐性原则。文本、图形、动画、音像、视频、交互软件等呈现内容布局合理、风格一致、色彩协调、美观大方、交互简洁流畅。

(五)开放性

定制性原则。有利于学生记录和保存学习过程中的生成资源，根据教学需要和学习喜好，合理调整教材的内容和呈现效果。

交互性原则。实现智能化的人机交互，提供必要的操作提示和学习指导，促进学生自主、探究、移动学习。在此基础上利用平台和网络实现人机交互，对学习成果进行展示和分享。

(六)发展性

前瞻性原则。充分借鉴和吸纳国内外成功经验，反映电子教材最新研究水平，具有前瞻性，努力适应未来教育信息化发展要求。在内容选择和表达上具有战略发展意识，兼顾不同地域、不同学校、不同学生的发展起点和发展差异。

智慧性原则。技术条件具备的情况下，开发学习数据采集存储分析功能，对学习者的学习行为提供持续性的诱导、评价和改进支持。

二、电子教材的开发策略

电子教材作为一个较为复杂的系统，其设计和开发尤其需要以系统科学理论为指导。系统科学理论提供了整体原理、层次性原理、开放性原理、最优化原理等基本思想方法。电子教材开发时应注意整体策略、有序策略、开放策略和最优化策略。

(一)整体策略

整体原理强调，只有通过相互联系形成整体结构才能发挥整体功能。按照整体原理，各个要素相互作用、互相关联，结合其他要素才能真正发挥其作用。

1. 整体把握电子教材的应用价值

电子教材具有丰富的应用价值，不是静态的"电子化＋教材"。教材本身作为一个系统，由于技术要素的融入，其作为课程资源、教学工具的特点更加突出，而且随着硬软件、通信技术的进步，其价值也将不断发生变化。例如，因为显示屏幕有了多点触控功能，学生能够进行文字书写、操作练习、虚拟探究等操作。然而不管如何变化，都需要把其整体价值放在首要的考虑位置，避免顾此失彼，为了突出某些方面的优势而使其他方面受损。

以图片为例，在教材中的作用通常包括以下一些方面：美观、渲染气氛、活跃版面；用作栏目的标志；以图代文，利用直观信息说明问题，形象生动地说明或解释内容；呈现实际生活中难以见到的物质或景象；增加内容的趣味性；显现实验仪器、装置、现象、操作过程和方法；启发思维、丰富想象等。因此，即使是增加一个图片，也要考虑和论证它是否能为内容和效果服务。如果价值不大，可有可无，甚至反而可能造成干扰，就一定弃而不用。

2. 在创新与传统之间寻找结合点和平衡点

电子教材开发在开拓和创新的同时，要发扬传统阅读、教学的经验和优势，适当照顾师生的传统阅读和技术操作习惯，平稳过渡和推进。对教师来说，电子教材的应用对其课堂组织和管理能力提出了更高要求。对学生来说，他们也必然需要一个适应过程。另外，对近年来纸质教材发展过程中在形式和内容方面累积的经验，不能漠然置之，完全从零起步，而应选择吸收并结合信息技术进行优化使之发扬光大。

总之，改革的着力点应确定在理想与现实的平衡点、创新与传统之间的结合点，既不能过于超出教师和学生的传统习惯和实际应用水平，也不宜过于迁就现状而限制技术优势的发挥。摆在设计者面前的难题是两者的平衡点不易把握，需要根据实际情况加以分析，结合实验应用的反馈进行调整使之趋于合理。

(二)有序策略

有序原理强调，系统可以按不同角度划分层次，高层次系统由低层次系统构成，低层次系统从属于高层次系统。高层次制约着低层次，低层次受制于高层次，同时保持一定的独立性。按照有序原理的要求，电子教材包含的要素应该有层次地进行安排。以下略举几个方面：

1. 有层次地实现电子教材价值

理想电子教材的研发不可能一步到位、一蹴而就，而是伴随着教育理念、教学方式、硬软件技术不断进步而不断完善、不断发展的过程。作为一个多功能、多价值的复合体，在开发时需要对其价值进行合理排序，将关键核心价值(作为教材)置于首位，然后是拓展价值，最后才是衍生价值，不能本末倒置，舍本逐末。从资源角度，电子教材系统的核心价值是学习资源，衍生功能是人与技术、人与人的互动，不能苛求它承担所有教学功能，将其泛化或异化。

2. 有条理地设置电子教材内容

在内容的选取上，要有精品意识。《庄子·内篇》就提到"吾生也有涯，而知也无涯。以有涯随无涯，殆已!"意思是人生是有限的，但知识是无限的，用有限的人生追求无限的知识，是必然失败的。对当今信息以几何级数增长的时代更是有警示意义。同样，近两个世纪前教育家斯宾塞有个振聋发聩的提问：什么知识最有价值? 设计者在组织内容时应时刻用这个问题提醒自己，力求挑选对学生当前和未来发展有利的知识，以此为载体培养学生的学习能力、学科素养。避免随意增加主观认为有用或有趣的内容，否则极可能使学生在知识的海洋中迷航。

在内容的编排上，应遵循知识逻辑、教学逻辑、学科逻辑和学生的认知发展规律，由浅入深、由易到难、由简到繁，从具体到抽象、从生活到科学、从科学到社会，并重点突出、难点分散、循序渐进，这些方面的要求与传统纸质教材并无二致。另外，电子教材的内容不是线性排列，而是按照树状分支结构，采用超链接的非线性呈现方式，对相关内容进行有机关联、系统组织。需要强调的是，灵活跳转既是优势，但也可能带来问题，如果层次过多，易使学生不知"身在何处"。总之，不能对各种媒体素材"大杂烩"地堆积，否则对学生来说不亚于一场灾难。

3. 有机制地组织电子教材开发

相对于纸质教材，参与电子教材开发的人员组成更丰富——学科专家、教材专家、教育专家、技术人员等，开发环节也复杂很多。因此，要保证开发的质量和效率，应制定科学的开发机制，以保证目标准确有效，开发过程中充分调动各方的积极性，发挥各自优势并形成合力，在每个环节都有条不紊地推进，最终达到理想效果。

(三)开放策略

1. 教材的"用户自定义"

传统的纸质教材是一种封闭性模式，使用者无法进行任何调整和改动，电子教材在设计时应充分考虑教师和学生的需求，允许其进行"用户自定义"，即在内容和形式上进行合理的调整，形成具有个性化特点，满足其个性化教学和学习的电子教材。

2. 突出人机、人际交互

理想的人机互动应充分切合教学和学生认知的科学规律，智能程度高，能自主评判和指导学生的学习。通过人机互动，电子教材对学生的解答及时做出评判，对学生出现的错误进行提示和引导——如同教师的"贴身"辅导。比如，学生学唱歌曲时，音乐电子教材能通过音频比对分析，准确指出存在的不足，是音调高低还是节奏快慢方面的问题。而且还有一个好处是：相比起把错误暴露在教师面前，学生在电子教材面前没有任何顾虑和心理压力。另外，利用电子教材作为重要的信息传输工具，需要突出人际交互功能，实现师生、生生之间的学习指导和同伴互助。

3. 使用者参与

要超越传统，拓展创新，必然会面临很多不可知、难以预测的风险。电子教材在设计过程中，如果只有各类专家从自身的专长和经验进行设计，却忽视使用者的感受和建议，无异于闭门造车。应适当吸纳一线教师代表和教研员参与，听取他们的意见并加以分析，采纳合理之处。这样能保证设计更"接地气"，相对平稳和"安全"。

(四)最优化策略

系统中单独的要素并不能发挥整体作用，因此单纯硬件或软件没有任何价值，两者如果不能协调运转也会使其性能打折扣，需要从整体上加以优化，使两者协调运转，相得益彰。因此，在设计时就应充分考虑到开发和使用，分析硬件性能，优化脚本和程序代码使电脑运行更快速稳定，显示更加流畅、逼真。除了硬件与软件的兼容性外，软件与软件之间的协调不应忽视，软件在开发和完善过程中要注意迭代优化。

当然，"最优化"是一个需要不断追逐却难以企及的理想，因为就像世界上没有十全十美的事物一样，电子教材一经问世，就会暴露出这样那样的问题和不足，需要加以修改使之更优。所幸，相比纸质教材，电子教材具有易于修改和更新的优势。但即便如此，考虑到教材的权威性和影响力，在质量上也容不得丝毫松懈。

第四节　电子教材开发机制

机制是以一定的运作方式把事物的各个部分联系起来，使它们协调运行而发挥作用的一种模式。科学的机制有利于保证工作沿着正确的方向，又能提高效率。电子教材的开发是一个系统工程，事关教育教学质量和学生的发展成长，因此构建和健全科学合理的动力机制、合作机制、决策机制、标准机制、设计机制、评价机制及监控机制不仅必不可少，而且尤为重要。

一、动力机制

动力是指推动工作、事业前进和发展的力量，机制则是指系统的组织或部分之间相互作用的内在协调方式及其调节原理。动力机制这一概念正是源于物理学的系统动力原理，系统是其研究的出发点。对我国数字化课程资源的开发动力来源，祝智庭教授进行了概括，认为主要有政策驱动、市场利益、社会文化和价值实现四类。从这四类来源上又产生了三种动力作用模式，即单轮驱动、双轮并进和三轮协调。单轮驱动模式是指社会发展趋势下主体以单一驱动力为主进行资源建设，如完全依靠国家政策经费支持，或完全以市场利益为目的等。双轮并进模式指社会发展趋势下两两组合形成合力以促进发展，如政企合作模式，高校间的合作等。三轮协调模式则指集合所有动力，协调利益主体间的关系以实现互动互补，促进效益最大化形成多赢局面。从课程资源的实现机制来看，可以分为：国家项目引动机制、产业发展驱动机制、公众媒体推动机制、多方合作联动机制、网众互动生成机制。①

电子教材作为一种特殊的具有权威性、居于核心地位的课程资源，需要体现国家在教育方面的意志，因此不能脱离国家各级教育行政部门的引领和管控，特别是在经验欠缺的探索阶段。相比而言，国家项目引动机制和多方合作联动机制更具有可行性。

---

① 祝智庭，许哲，刘明卓. 数字化教育资源建设新动向与动力机制分析[J]. 中国电化教育，2012(2).

经济合作与发展组织(Organization for Economic Co-operation and Development，OECD)在 2009 年的研究报告对政府提出了开展数字资源创新项目的一些建议，认为政府在执行改革的过程中能扮演多种角色——从有利条件的创造者到促进改革的领导者。为了有效消除角色更替可能带来的负面作用，政府可以在以下方面有所作为：(1)建立一个关于数字竞争的清晰明确的规划；(2)政府方面获得的信息可以用于商业和其他用途；(3)鼓励研究人员和企业家提出创新措施；(4)为改革者和利益相关者建立对话渠道；(5)建立为数字学习资源发展的正式知识基础。

二、合作机制

电子教材的开发需具有不同身份、具备不同专长、拥有不同经验的团队，优势互补、齐心协力共同完成。如前文所介绍，北京电子教材的开发由领导、专家、技术、学科、实验五个团队组成。其中行政部门的参与能保障团队有明确的向心力、坚定的执行力，避免无序、混乱和效率低下；专家团队利用自身的理论站位、丰富的经验、前瞻的视野和敏锐的洞察力保障开发方向的科学性、正确性；技术团队利用自身丰富的技术经验，以及对技术发展的灵敏嗅觉支持技术开发、提供技术培训和服务；学科专家利用自身对学科教学有深入理解的优势，保障电子教材切合教学的需求，不偏离课程目标；实验团队支持电子教材能及时付诸应用，检验其可行性和有效性，提供反馈促进电子教材的优化和完善。除此之外，出版机构人员不可缺少，根据合作的需要和它能发挥的实际作用，可将其纳入领导团队或学科团队。

具体到参与开发的人员，由于发展经历、教育背景及经验水平各异，对教育及电子教材的理解难免参差不齐，甚至大相径庭，科学有效的合作机制就显得至关重要。

合作机制的建构可采用以下五种途径：

(1)树立共同愿景。电子教材的建设，首先需要参与者、利益相关群体不断交流、协调，形成共同愿景，使每一个参与者自觉成为行动主体，领会行动主旨，明确自己的职责与任务，这种开创性的事业才可能得以顺利推进。

(2)加强培训和学习。加强培训，使参与者对电子教材的认识和理解趋于一致。学习对每位参与者都非常重要，每个人都有自己的业务专长，但仍需要使自己对电子教材的认识更全面，对技术在教育中的作用认识更到位，视野更宽阔、更长远，唯有如此，才有望形成合力，众志成城。

(3)合理分工。根据开发工作的总体需要和参与开发者各自所长，进行合理分工，明确各自的职责、任务和权限。并注意激发参与者的主人翁意识，调动各自的主动性、积极性和创造性。在分工的同时，也强调合作，避免相互配合中出现"真空地带"，或成果不能顺利进行对接和整合。

(4)行政支持。行政支持一般表现为资金支持、人力资源支持、时间支持与评价支持。电子教材的设计和开发需要充足的经费支撑，需要各具特长的人员，而且参与的人员应保证能投入相对充足的时间和精力。

(5)利益共享。在电子教材及配套资源、客户端、资源平台及运营方面，需要相应的资金、人力资源等的保障，更需要符合市场规则的利益共享机制。只有所有参与机构和人员的权益得到充分的保障，才能各司其职、各尽其责地有序推进，这就需要一系列利益分配与共享的制度、标准、规范流程保障其实施，其中利益的合理分配是核心，包括物质利益和精神利益。当然，还应辅以其他的激励方式。

三、决策机制

在企业管理中，决策机制指企业在享有充分的法人财产权的情况下，对生产、经营等经济活动作出抉择的机制。电子教材开发的决策机制是管理部门或机构对电子教材开发的价值追求、目标取向、实施方案及执行过程中的决断。其具有以下功能：(1)提供合理的依据。如进行文献研究、调研、分析论证、实验，进而梳理各种制约因素，提出多种备选方案，再对政治、经济、技术、社会接受度、国家课程教材政策等进行综合考量，制订电子教材开发方案。(2)确定运行方向。通过理性分析与论证，制定一个整体性框架和实施纲要。(3)设计电子教材开发的运作蓝图，进行系统的规划。

电子教材开发决策机制的主体包括决断主体和参与主体。电子教材的使用体现出国家意志，用以促进教育的改革和转型，其决断主体以教育行政部门为主。参与主体则包括教育科研机构、出版社、技术开发单位等。

电子教材开发决策机制程序主要包括：

第一，收集信息。进行文献调研，了解国内外研究状况、最新进展；调研出版机构、软硬件开发商，了解教材出版状况，以及相关软硬件技术发展状况及方向；调研教师、学生、家长，了解用户期望和需求。进行统计分析，形成调研报告。

第二，设定目标。目标的设定需遵循以下原则：其一是系统性，电子教材开发的目标具有多样性、层次性特征，受各种因素的制约，因此要明确目标各要素的关系与结构；其二是有效性，电子教材开发要着眼于解决传统教育的问题，发挥技术的优势，推进课程改革走向深化；其三是可行性，电子教材开发目标要符合当前所具备的客观条件(如经济实力、技术条件)与主观条件(如教师、学生能力水平、教学行为习惯)。

第三，设计方案。依据制定的目标，将开发任务进行细化分解，形成工作方案。在专家评估论证基础上，逐步加工完善成为最终方案。

四、规范机制

(一)制度规范

制订科学有效的管理制度，通过制度约束所有参与开发的成员，有助于保障电子教材开发能平稳、有序、高效、可持续地进行。

(二)技术规范

技术规范主要包括开发、审查、出版、发行、管理、应用、评价的整体技术架构，以及电子教材加工质量规范、数据规范、格式规范、版权管理技术规范、内容管理技术规范、客户端软件技术规范、网络标准、网络安全标准及软件工程标准等。其中数据规范主要包括分类编码标准、元数据标准、目录服务规范、数据交换格式规范等。

(三)业务规范

业务规范主要包括电子教材开发、审查、出版、发行、管理、应用、评价各环节的工作规程，以及各环节的职责分工。主要内容包括：电子教材顶层设计、开发工作规程、审查工作规程、管理发行工作规程、应用工作规程、评价工作规程、运维规范等。

案例：京版电子教材内容制作规范

电子教材的研发是一个系统工程，现阶段尚无成熟的经验可供借鉴，一旦方向出现偏差将会耗费大量时间及人力、物力，因此，在起步阶段需要慎重地"一步一个脚印"地推进，依据开发目标、开发原则和教材开发内容制作样章(一节或一单元内容)，在经过评审之后和修订之后，再以此为模板进行批量制作。

京版电子教材开发环节主要包括：综合分析、系统设计、制作集成、测试审校、形成产品。

表 4-1　电子教材开发环节

序号	环节	内容
1	综合分析	· 目标分析 · 内容分析 · 应用主体分析 · 技术分析 · 成本分析
2	系统设计	· 教学设计 · 结构设计 · 界面设计 · 脚本编写
3	制作集成	· 样章制作 · 批量制作
4	测试审校	· 测试 · 审校
5	形成产品	· 配套支持文档 · 上传发行平台

开发时，首先进行全面、系统的综合分析，把握好开发方向和目标。然后，进行系统设计，形成制作脚本。再然后，选择合适的开发工具，依照设计开发教材样章，并根据审定意见及用户反馈对其进行修改完善。样章通过审定之后，再进行批量的媒体素材制作、交互开发、内容封装。其中，内容封装需根据跨平台、适应多终端的目标要求，选择合适的封装方式。最终形成产品，上传发行平台进行发布。

以"制作集成"环节为例，需要经过样章制作和批量制作两个流程。具体如图 4-4、图 4-5 所示。

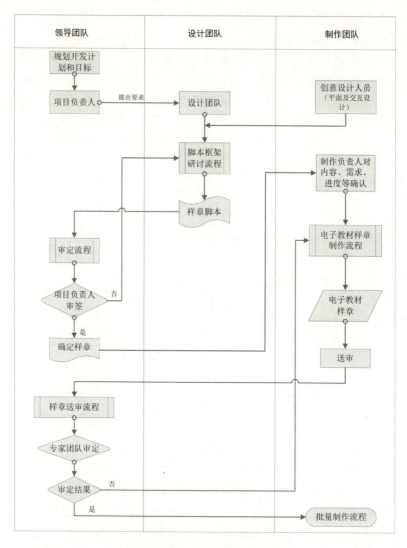

图 4-4　电子教材样章研发流程

五、评估机制

　　需要注意的是，对电子教材开发进行评估不同于对电子教材本身的评价、评审。评估是为了发现电子教材开发各个环节存在的问题，为新的决策、设计、实施提供改进信息。也有利于推进整个教学应用实验，是为实验找到新的支撑点。

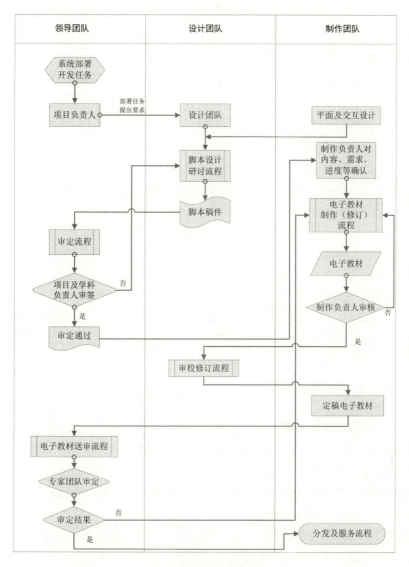

图 4-5　电子教材批量制作流程

(一)建立科学、合理、操作性强的评估体系

电子教材的评估，可以采取多主体、立体化展开，并建立相应的评估体系。主要包括：教师、学生评估体系，专家评估体系，教育行政评估体系，技术评估体系。除此之外，还可以引进专门的社会评估机构。

评估要着眼于监控和反馈。关注整体的各个运行环节，为整个运作过程提供信息，以便改正存在的问题；关注过程，不断改进实施方案；关注发展，使整个电子教材开发应用过程是一个开放的、循环的、螺旋式上升的运行系统，具有可持续发展性。

(二)评估机制的应用范畴

整个电子教材开发与应用运作过程的每一个环节都应有清晰的价值判断，具有科学性、合理性及可操作性。

1. 对决策进行评估

评估理论假设是否合理；目标是否明晰可行；内容资源选配是否科学；执行方式是否明晰；是否关注了不同类型机构与个人的利益诉求。

2. 对设计进行评估

主要包括设计理念是否与育人、教学目标相一致；是否符合时代的需要；内容的选择与组织是否符合学生心理发展特点，以及知识内在的逻辑结构；表现形式、应用方式是否能促进信息技术与学科教学的融合。

3. 对实施进行评估

要评估目标落实情况、实施的条件、学校教师和学生及家长的认同程度；教师的信息素养是否胜任新的信息化教学环境；能否促进学生的全面发展和健康成长等。

六、监控机制

(一)监控机制的功能

监控机制的功能主要包括监督功能、调控功能、指导功能。

监督功能。电子教材及其资源开发与应用，是一个复杂的系统和动态发展的过程。在实施过程中，难免遇到这样那样的问题，稍有不慎就可能出现偏差，需要及时发现和纠正。

调控功能。预定的方案在执行过程可能出现与预期不一致甚至相差甚远的状况，需要结合既定目标和实际情况进行分析、合理调整、克服障碍、化解矛盾，保证实施的大方向和执行的效率。

指导功能。监督人员具有权威与专业优势，为执行人员提供理论与技术指导，他们一方面要准确传达实施方案，另一方面及时反馈开发与应用中的问题，以便调整方案与实施策略，推进项目有条不紊地实施。

(二)监控机制的内容

方案研制的监控。方案的监控，能保证方案的科学性、规范性、合理性、可操作性，从源头上避免方案执行过程中出现根本性错误。

执行效果的监控。对电子教材开发进行监控，既要把握阶段性效果，反馈调整后的效果，更要关注每个环节实现的效果。对编写、设计、制作、教学应用等过程进行全面效果监控，加强反馈，保证开发质量，提高开发效率。

(三)监控机制的运作思路

监控机制的运作可采取三种方式：一是绩效思路。加强绩效管理，提高生产效率与教学效率，在项目实施过程中奖优罚劣；二是服务思路。指督导机构、评估机构、教研机构与技术机构发挥自身优势从专业的角度进行专业指导；三是协商思路。监控机构要认识到实施的过程中不同利益体之间存在思想的差异，需要不断地进行讨论、对话和交流，达成共识。通过协商，保障沟通的民主性与客观性，保证不同利益群体达成一致、默契配合。

第五节　京版电子教材特色概述

京版电子教材的开发是基于北京基础教育的现状、需求和目标，理性分析和论证了技术在教育中能够发挥的作用，以及学校软硬件状况和教师、学生的应用水平，同时也综合考虑了开发的时间、经费成本，设定合理的电子教材定位及开发目标。在当前的教材成果中凸显出以下一些特色。

一、拓展教学内容，延伸知识深广度

京版电子教材结合教学目标和教学实际需要，在审慎分析、反复论证的基础上，提供了比纸质教材适度丰富的资源，包括知识的形成背景、前沿进展，以及相关度很高的内容，以提升学生学习的自主性、选择性，让学有余力、善于钻研的学生获得差异性发展的机会，加深对所学内容的认识和理解，激发和促进他们自主学习的兴趣。这些内容除了文本之外，还有图片、音频、视频等多种媒体形式，以增强学习的直观性、趣味性，使所学内容网络化、立体化、系统化。另外，也给教师的教学提供了参考，丰富了他们在教学资源方面的选择。

在呈现时，这些内容通过栏目、链接等方式与主干内容有明显的区分，避免学生主次不分，都当作需要掌握的知识来对待。否则，在加重其学习

负担的同时，还会冲淡学习的重点和主题。

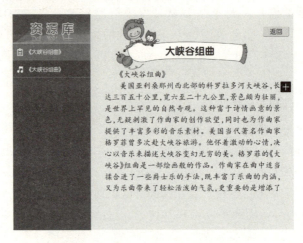

图 4-6   小学音乐电子教材中的拓展资源

除了集成在电子教材中的本地资源，学生还可以点击教材中的链接或进行检索，访问云端服务器相关资源(包括其他学生的学习成果)和网络相关内容，学习的开放性得以进一步提升。

二、创设知识情境，推进情境教学

建构主义认为，学习总是与一定的社会文化背景相联系，在实际情境下进行学习，可以使学习者利用自己原有认知结构中的有关经验去同化当前的新知识，赋予新知识以意义，实现同化和顺应。然而传统教学常常"去情境化"，表面上提高了学习效率，但学生获得的知识却成了无源之水、无本之木，难以理解、记忆和掌握，学生也感受不到知识的应用价值，导致学习者对知识的意义建构出现困难，反而"欲速却不达"。基于这样的认识，京版电子教材中非常重视学习情境的创设，以支持教师的情境化教学，以及引导学生进行情境化学习。这些情境内容，包括知识背景、联系生活实际的场景、具有驱动性的问题等。

案例：英语电子教材的活动场景

京版英语电子教材注重知识情境的创设，利用图片等多媒体资源弥补纸质教材的不足，让学生在学习时更加联系生活、社会实际、科学科技前沿。

比如，为了让学生运用学习的语言表达方式，创设了各种贴近日常生活的场景。增加趣味性的同时，更有利于让学生身临其境，在灵活运用过程中巩固和强化学科知识、学习收获。如图 4-7 所示。

图 4-7　小学英语电子教材的情境学习

三、集成媒体资源，突破教学难点

学生在学习过程中，常常有某些难以理解的难点内容，阻碍其后续学习的顺利开展。难的原因大多在于学生无法感知、难以想象，而这样的"拦路虎"在传统教学中光凭着教师的板书、讲解未必能够突破，而一个一个的障碍可能使学生沦为"掉队者""学困生"。京版电子教材在系统梳理之后，着力运用技术优势，通过多媒体资源调动学生多感官参与学习之中，突破学习难关。自然也有助于教师突破教学难点。

案例：利用动画帮助学生理解地球公转与四季的划分

动画中，地球一方面自转，一方面围绕太阳进行公转。在春分日和秋分日时，可观察到地球的倾斜角度使太阳直射赤道；在夏至日和冬至日时，太阳则分别直射北回归线和南回归线。

动画循环播放，便于学生重复进行观察和理解。当地球转到相应位置时，呈现"春分日""夏至日"等文字提示。使用者还可以控制暂停及单步播放，以便更清楚地观察细节。

这些媒体资源中包括大量组织优秀教师制作的微课视频，它们短小精悍，或是针对宏、微观结构等重难点知识，结合动画进行讲解和剖析；或是针对纸质教材不能呈现，课堂上不便重复观察的操作进行示范。这些微课视频能有效地帮助学生抓住知识的关键，调动他们学习的主动性，让课堂教学的起点更高、效率更高，达到翻转课堂的教学效果。在使用时，这

些视频学生可根据自己的实际情况重复观看、选择部分重点看。另外，很
多视频中包含了与教学内容紧密关联的问题，要求学生在观看过程中停下
来归纳、思考和回答，避免学生只是被动观看而缺乏积极思考，更有利于
提升学习效果。

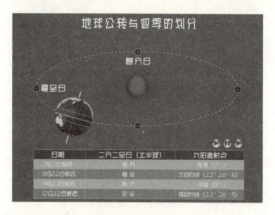

图 4-8　地球公转与四季的划分动画

图 4-9　初中地理电子教材的微课视频

四、设计探究资源，支持探究学习

京版电子教材中设计了很多探究资源，支持学生进行探究学习，促进
学生自主发现知识，在了解知识的来龙去脉时，培养学生学习的主动性和
知识获取能力，加深对知识的理解。探究学习有助于培养学生自学能力、

质疑精神、创新意识。京版电子教材中设计了许多探究学习的内容，包括发现总结规律、寻找答案、尝试问题的解决方法等。

案例：美术电子教材中的 3D 头像

人像素描教学中，头部既是重点、关键，也是教学的难点。由于缺少细致地观察，学生在绘画头部时常常出现"比例失调""五官挪位"等情况。尽管教师在教学中反复强调一些要领，但学生不易记忆，也难以深刻领悟，或者是死记这些"条条框框"，在实践时却不能灵活运用。

美术电子教材中提供了 3D 头像，供学生随心所欲地"摆弄"，缩放、旋转到不同角度。学生可以冷静、仔细地观察在正面、侧面、水平、后仰、前俯等不同姿态时，五官所呈现的形态特征变化，然后自己总结和理解"三庭五眼"等要点和规律。学生还可利用电子教材的截屏功能，让不同角度的头像形成静态图片后，再进行临摹。

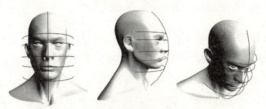

图 4-10　美术电子教材中的 3D 头像

虚拟技术在教学中的应用具有非常美好的前景，可以让学生的课堂上获得丰富的身临其境的学习体验，虚中有实、实中有虚，虚实结合。因此，利用虚拟技术让学生进行探究性学习，能给学生提供更多的动脑思考、动手实践的机会，弥补常规教学在这方面存在的局限和不足。在京版电子教材的一些学科中进行了这方面的尝试，例如小学科学中，提供了很多可 360 度控制旋转的 3D 动植物体让学生观察，还能由表及里深入生物体中了解器官、组织等细节（如图 4-11 所示）；初中化学、生物学科中，学生可以进行虚拟实验；在美术学科中，学生可以利用实物"元素"，拼组成美观的艺术图案。

值得稍作介绍的是，国内外很多网站已经提供的很多虚拟学习资源。比如，英国物理学网站（www. physics. org）在网络上建立各种虚拟实验室或模拟环境。当进入"Physics Life（物理生活）"栏目，所见的是一幅幅熟悉的生活画面：操场、办公大楼、学校和工厂等，每个场景都有超级链接。进入操场，可以看到跷跷板、滑梯、天空中的热气球等常见物体。点击物体，就会呈现相关的物理知识、原理和进一步的链接，每一个链接都是对某一知识的具体展开。① 这些都值得学习和借鉴。

图 4-11　小学科学电子教材中的虚拟探究

五、设置自我检验，增强学习反馈

练习和评价是教材必备的内容，京版电子教材提供了很多具有人机交互功能的练习。学生输入结果后，教材做出相应反馈，评价对错，让学生纠正错误后再次尝试。有些练习还适当给出提示和建议，引导学生的思维。这样的交互方式，能满足学生急于了解答案的迫切愿望，提高学生练习兴趣，并能"趁热打铁"地引导学生深入思考问题，在一定程度上起到家庭教师的个性化辅导作用。在应用中我们惊喜地发现，很多原本不爱做题的学生，却变得热衷于做电子教材中的练习，而且乐此不疲。由此可以看出，利用技术实现实时反馈切合学生的学习心理，这方面值得进行更深入地研究和探索。

六、增强开放程度，整合学习资源

京版电子教材提供了留存学习记录的功能，学生可以在教材内容相应位置记录笔记、进行标注、设置书签、嵌入媒体资源。除了文本以外，可以通过拍照、录制视频、录音等灵活的方式将自己在学习过程中的生成资源保存下来。这些记录的数据与教材内容分开存储，但建立了对应关系，因此，既能与教材内容整合，也能单独提取出来，按需进行分类和归档；既可以全部或选择部分呈现出来，也允许暂时隐藏或屏蔽，以保持电子教

---

① 　宋亦芳. 社区数字化学习概论[M]. 上海：上海科学技术出版社，2011：8.

图 4-12　学习自测

材的原貌和整洁。

如果创新利用电子教材的开放性，学生可以把所有教材内容对应、关联的资源整合其中，形成为自己"量身定做"、具有个性化特点的版本。当然，学生如果愿意将自己精心打造的高品质版本进行分享，对其他同学也会有借鉴作用。

七、应用学科工具，强化学科技能

学科技能是学科素养的重要组成部分，京版电子教材在开发时注重帮助学生进行学科技能训练。在发挥技术优势的同时，也减轻教师个别指导的工作强度，而且比教师更加精力充沛，不厌其烦。例如，在英语学科，学生可以仿写字母，跟读单词和句子，直到写会、读准，令电子教材"满意"为止；在美术学科，学生可以参照规范的步骤和示范，完成一些绘画的练习。这样的应用正是联结理论对实践指导的典型体现，让学生在强化刺激中达到对知识的应用和巩固。未来需要着重开发电子教材的智能化反馈功能，以对学生的技能性练习进行科学评价、启发和指导，对学生的帮助也必然更加有效。

案例：音乐电子教材的学唱技能训练

歌曲演唱是音乐学科的重要学习内容。电子教材中，学生可以听整首歌的原唱进行学唱，也可以针对自己尚未掌握的个别乐句，在对应位置即点即播，直到学会为止。

基本学会之后，学生可以播放音乐伴奏，把自己的歌唱进行录音。播放自己的录音与原唱进行比对，找出自己的优点和不足。

未来将开发音频比对功能，让电脑智能化地对学生的歌唱进行评价，实时反馈优点和存在的问题（音调高低、音的长短等）。

图4-13　小学音乐电子教材的学唱训练

京版电子教材在一些学科中开发了能很好利用数字技术，同时又是非常重要的学习工具，作为学生学习、教师教学的辅助和支持。例如，音乐教材中的数字钢琴、节拍器、编创乐曲工具，美术电子教材中的画图工具，英语电子教材中的录音、调整声音速度工具等。

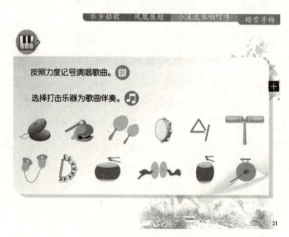

图4-14　小学音乐电子教材的学科工具

八、开发编创学具，促进创新学习

在一些学科的电子教材中，开发了基于该学科特点的编创学具，让学生利用它展示自己的创造水平，形成具有个性化特色的学习成果。例如，美术电子教材含有画板学具，可以让学生在屏幕上选择需要的画笔、选取中意的色彩，把自己头脑中的灵感呈现出来。不同于一般的画图软件，该画板学具集成了中小学阶段学习所需的常用功能。并在后台提供了教学匹配度很高的素材资源，可谓是为学生学习"量身定做"。

学科创作功能有助于学生巩固学科基本技能，培养他们的创新思维。

案例：音乐电子教材中的编曲工具

音乐电子教材含有编曲学具，支持学生实现创作属于自己的乐曲。

操作时，学生可以把不同时长的音符拖拽到五线谱的合适位置，加以调整组合后，选择电子教材提供的钢琴等乐器，用不同的音色播放出来。乐曲允许不断进行编辑修改，试听，直到满意为止。

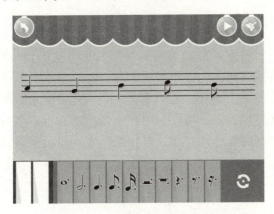

图 4-15 小学音乐中的编创工具

九、丰富游戏资源，提升学习兴趣

让学习像玩游戏一样充满乐趣，一直是教育技术重要的努力方向。各科电子教材都或多或少安排了游戏式的学习及练习环节，力求寓教于乐，激发学生的学习兴趣，让他们沉浸其中、乐此不疲。比如小学英语电子教材包含 25 种类型游戏模式，包括闯关游戏、拼图游戏、连连看游戏、射击游戏、砸蛋游戏、翻牌游戏、钓鱼游戏、涂色游戏等，既避免学习的单调，又可以根据需要选择合适的游戏方式。

游戏除了允许学生单人玩（学），还可以让同学相互比较，达到你追我赶、彼此激励、互相促进的目的。

图 4-16　小学英语电子教材中的游戏

十、支持信息交互，实现协作学习

协作学习是一种为了实现共同的学习目标，共同建构有意义的知识，而进行的以小组或团队为合作形式的学习。协作学习有利于提升学生的合作意识，培养合作交往能力，在与同学的共同学习中克服学习的畏难情绪，从同伴身上获得好的思路和方法，增强学习的趣味性、积极性。京版电子教材除了有很多"留白"性的任务，可让学生在课堂内外共同完成外，电子教材客户端提供了分享学习资源、分享学习成果、分享包括笔记在内的学习记录等功能，让学生利用网络环境便捷地与同伴进行沟通和交流。

第六节　电子教材内容的评价

由于教育的复杂性，教育评价一直是一项极其具有挑战性的任务，然而其重要性和必要性不言而喻。同样，对电子教材来说，建立一套质量评价标准，除了用于检验电子教材是否合乎教育教学应用需求，保障师生的权益，更重要的是可以引导科学的开发方向和目标，避免投入大量的人力、物力，却在低水平、低质量上徘徊不前。

对电子教材的评价，首先考虑到它与纸质教材在支持课程实施、服从于课程标准、应用于教学等方面的共同之处，应吸纳纸质教材评价的研究成果，然后再丰富它超出纸质教材之外的评价内容。纸质教材的评价标准研究方面，国内高凌飚、丁朝蓬、方红峰等学者的评价指标具有一定的代表性。高凌飚将教材评价指标划分为六个维度：知识、思想文化内涵、心理发展规律、编写制作水平、可行性、特色与导向性，并指出"应根据学科的具体情况将上述维度和问题学科化、具体化，形成评价的相关指标项，并进一步制定学科的具体评价标准"。① 丁朝蓬将教科书的评价指标划分为教科书目标、教科书的内容特性和教科书的教学特性三个维度。② 方红峰从教科书选用评价的角度，结合浙江省在这方面的操作经验，将教科书的评价指标划分为五个维度，即内容维度、语言文字维度、教学设计维度、编印设计维度和课堂使用维度。③ 这些评价维度各有侧重也各有见地，把握了教材的内在本质、重要功能和基本要求，具有重要的参考价值。

一、电子教材评价相关成果调研

国内外近年来在进行电子教材开发和实验研究的同时，也着手研制电子教材的评价标准，取得一些初步成果，虽然还缺乏充分的实践检验，尚有待完善，但可以提供参考和借鉴。

(一)马瑞斯·马尔恰克的评价标准

马瑞斯·马尔恰克(Mariusz Marczak)提出了用以评价电子教材的一套评价标准，以帮助那些希望将电子教材引入自己教学实践的老师。该评价标准包括电子教材指南、电子教材的设计和电子书内部的类型和特点所组成。在电子教材的设计部分包括三个方面的评价标准：布局和设计；设备和格式；内容和功能。

1. 布局和设计

在评价电子教材的布局和设计时，马尔恰克认为要考虑的问题有：电子教材的布局要模仿纸质书还是做成一个网络版的图书；电子教材是否需要包含封面信息、作者名字、头衔、出版日期和出版商等细节；是否有明确的定义或用户友好的布局(一节、一章)；是否需要提供内容目录；内容是放在多个页面翻页呈现还是在一个有滚动轴的阅读区里；文本中特别的部分是否需要通过页面编号或者其他符号标记出来；是否提供接口功能或

① 高凌飚. 教材评价维度与标准[J]. 教育发展研究，2007(6).
② 丁朝蓬. 教材评价指标体系的建立[J]. 课程·教材·教法，1998(7).
③ 方红峰. 论教材选用视野中的教科书评价[J]. 课程·教材·教法，2003(7).

者其他超链接，以访问特定元素的内容；是否会用色彩方案以便于搜索；字体是否明显可见；是否会有内容索引，可以使必要的细节（如名称或术语）很容易地被访问等。

2. 设备和格式

在电子材料阅读设备，文件格式和分布方面上的评价需要考虑：电子教材是否需要依托于一个相对便宜实用的电子设备；电子书格式的开放程度，即能否同时支持不同品牌的阅读设备或者电脑；是否会有阅读限制；是否采用零售分布的格式形式等。

3. 内容和功能

在电子教材的内容和功能的判断标准上，需要考虑：是否应考虑电子教材的格式和电子设备的功能的兼容性；文本中相关的内容是否会有超链接；在电子教材中是否会有多媒体和超媒体的部分；多媒体和超媒体的部分对文章的内容是否会有加分；是否有先进搜索工具，是否允许读者采取多种搜索方式；读者可否根据自己的喜好来制造满足需要的元素；是否给读者提供书签；是否会提供其他的网站资源，比如，一些多媒体网站或者一些类似的网站；能否使用数据挖掘功能；电子教材是否可以作为一个数据库、一个故事、一组学习的对象、一个数据包或图像的可视资源？①

(二)马蒂贾·洛卡尔的评价标准

马蒂贾·洛卡尔(Matija Lokar)等人提出，电子教材应该有简洁而统一的用户界面。必须意识到用户体验至关重要，也必须注意当前技术的局限性。工具和服务可以基于 Web 2.0 的概念，从而将终端用户从单一的独立的学习者，变成一个学习中心。而且，不同的学习频道应该使用相同的"外观和感觉"，这里所指的不同的学习频道就是电子教材分为几个部分，比如在家里学习和在学校学习，学习的内容是差不多的，所以外观和感觉都应相似，避免学习者在学习的时候认为这两个部分的学习内容有所不同。同时，好的数字课程资源应该是基于标准开放的。资源创建尽可能使用开放标准、内容、场景，包括互动功能的内容，其本身应该基于文本的格式，可随意转换、轻松修改和补充。②

---

① Mariusz Marczak (2013). Selecting an E-textbook：Evaluation Criteria［EB/OL］. Teaching English with Technology. http://www.tewtjournal.org.

② M Lokar, B Horvat, P LukSiC, D Omerza. Baselines for the Preparation of E-lectronic Textbooks［J］. Organizacija. 2011(44).

二、电子教材内容的评价维度

参照电子教材的教育价值和开发原则，电子教材内容可以从教育目标、知识设置、呈现效果、支持教学、素材资源、交互效果、整体效果 7 个维度进行评价。

(一)教育目标维度

教育具有极强的指向性、目的性。具体到电子教材，评价其质量首先要考虑的是是否符合教育目标的导向和要求。教育目标评价维度可包括以下方面：

(1)符合中小学总体培养目标要求，注重学生全面发展；

(2)注重学生核心价值观、核心素养的培养，注重学生综合素质发展；

(3)符合课程标准的教育理念和教学要求；

(4)设置的知识难度与课程标准的目标要求具有对应性，不出现严重偏离。知识内容覆盖课程标准要求。

(二)知识设置维度

知识是促进学生全面发展的基础载体。在当今"知识爆炸"的时代，选取什么样对学生最有价值的知识，是电子教材设计和开发的关键。知识设置评价维度可包括以下方面：

(1)知识内容规范准确，无科学性错误；

(2)内容的设计具有系统性、逻辑性、统一性；

(3)具有精品意识，设置的知识具有典型性、示范性，贴近学科本质，没有与教学联系不紧密的内容，且容量合理；

(4)选取的知识具有鲜明的时代特征，与生活、社会、科技相联系；

(5)栏目设计合理，形式活泼，有利于教学应用；

(6)知识内容具有层次性和选择性，可满足学生个性化学习的需求。

(三)呈现效果维度

形式为内容服务，内容依托形式达到期望的效果，因此电子教材内容的呈现效果也非常重要，直接影响到对师生的吸引力，阅读的质量等方面。呈现效果评价维度可包括以下方面：

(1)界面色彩协调，布局美观，风格相对统一；

(2)文字内容和媒体素材、交互性资源混排得当；

（3）正文内容的字体、字号、行间距、字间距符合该年龄段学生阅读标准要求，注意学生视力健康；

（4）背景和装饰和谐，与教学内容主题吻合，有利于激发学生学习兴趣，不分散学生学习注意力；

（5）一页内容容量合理，不过多或过少；

（6）内容以非线性链接方式呈现，有合理、适度的层次；

（7）页面之间逻辑层次清楚，通过目录能迅速定位到对应页面；

（8）便于学生把握所阅读页面在整册、章节内容中的定位。

（四）支持教学维度

和纸质教材一样，电子教材既"助教"又"导学"，教学应用效果是检验和衡量电子教材质量的依据。支持教育评价维度可包括以下方面：

（1）与所应用的地域的教育经济状况、人文环境相匹配，切合教师和学生的能力水平；

（2）引导和支持教师根据教学目标和教学对象合理选择教学策略和教学方式；

（3）具有吸引力，能激发学生学习愿望、兴趣和求知欲；

（4）能引导学生的学习和思维，为学生提供个性化指导和反馈，有利于学生自学；

（5）为学生提供较多动手动脑的自主探究的机会；

（6）便于学生进行标注，保存学习记录和成果，积累学习生成资源；

（7）提供引导师生使用的知识学习地图、知识结构图、先行组织者等，便于学生把握学习的路径。

（五）素材资源维度

数字化的素材资源是电子教材内容的重要组成要素，其质量、效果直接对电子教材内容产生影响。素材资源评价维度可包括以下方面：

（1）合理提供了有助于教师教学和学生学习的支撑资源，通过直观化、具有趣味性的媒体效果突破学习的重、难点；

（2）设置的素材与主题内容相关性强，符合学生认知需求；

（3）图片、视频、动画、音频的清晰度及音质符合要求，音视频播放流畅度较高；

（4）素材资源采用较通用的格式，便于跨系统、终端使用；

（5）素材资源有正规来源，不存在版权问题。

(六)交互效果维度

人机交互是电子教材内容区别于纸质教材、有助于学生自主学习的关键。交互效果评价维度可包括以下方面：

(1)设计了较丰富的人机交互，且设计的选点合理；

(2)交互方式灵活多样，且有利于调动学生自我学习；

(3)配备必需的学科学具(如美术学科的画图工具)；

(4)触控操作简便，反应灵敏，易于完成；

(5)提供了必要的操作提示和引导帮助。

(七)整体效果维度

除了以上几个单方面的评价维度，还需要从整体上分析电子教材的应用效果。整体效果评价维度可包括以下方面：

(1)有利于突破纸教材的不足和局限；

(2)有利于学生在课前和课后使用；

(3)有利于师生在课堂教学中使用；

(4)能从技术层面减轻学生的学习负担，并能提升学习效果；

(5)能从技术层面减轻教师的教学负担，并能提升教学效果；

(6)运行的流畅性和稳定性好；

(7)还有其他具有特色的亮点。

三、电子教材评价方法

在进行评价时，可参照以上的评价维度，结合学生状况、教学实际情况，并考虑到电子教材的类型、功能特色及评价目的，对评价指标进行合理地增删调整，并对每项指标赋以不同的得分权重。比如，按"非常符合""符合""基本符合""不太符合""非常不符合"分别对应得分100％、75％、50％、25％、0％。再根据各项评价指标的重要程度设置相应的权重，将获得的数据通过一定的算法(如加权平均)得出最终的量化结果。再然后，对总的分值结果划分档次，对应不同的评判结论，如优秀、良好、合格、不合格等。当然，形成一套可量化的评价指标体系之后，还需要通过试测检验其信度和效度，对尚不准确、不合理之处进行修正，力求科学准确。

对电子教材的整体评价，除了内容以外，还有很多技术方面的因素，比如，硬件配置、运行流畅度、多媒体显示效果、电池待机时间等方面，这些可以借鉴对电子产品硬件方面的评价方法进行设置。

第七节　电子教材开发需解决的问题

电子教材作为一种融合了教育技术的新型教材，在开发、修订、审定、分发、管理、维护等环节与传统教材相比发生了非常大的变化，这些变化既能给教育带来巨大的收益，同时也给开发人员出了很多新的难题。梳理一下，要开发出理想的电子教材，需要重视并着力解决好以下一些相对关键的问题。

一、相关标准的制定

电子教材涉及很多相关技术、教材等方面的标准，而标准的形成不是一朝一夕的事，需要在实践检验中不断丰富、完善、积累而成。同时，电子教材与教育技术的发展紧密相关，技术的发展速度不断提升，使得一些标准内容可能出台不久即告落伍。这些因素综合起来，使电子教材相关标准的制订周期大大延长。鉴于标准的高利害性和"两面性"（促进规范但限制个性特色），标准的出台陷入两难境地，一方面不能为"抢时间"就仓促抛出不成熟的标准系统，否则将阻碍或限制理想电子教材的发展；另一方面标准的缺乏，使电子教材的开发处于无序状态，这种状态又可能导致很多低水平的重复开发，不利于电子教材的稳步推进。

电子教材开发作为一个系统工程，其编写标准、出版标准、审查标准、软件平台标准、移动终端标准等都有待研制，新的管理、实验机制也需重新确立。目前电子教材尚处在探索阶段，教育部及相关主管部门何时能出台有关电子教材的编写、审查、管理标准还难以预期。在电子教材与原有纸质教材的关系也尚未明确的情况下，将面临两种选择：一是开发全新的符合电子书标准的电子教材或交互型电子教材，能充分发挥技术的优势，渗透现代化的育人理念。但是依据什么样的标准，如何进行审查却一时难有答案；二是依据已有纸质教材开发媒体型电子教材，相对而言有利于解决版权、合法性问题，开发难度也相对较低，相关标准制定也更容易，审查的复杂程度也更小。这种做法相对稳妥，但不利于形成全新的电子教材模式，教材变革的步子迈得不够大。

标准的问题近年来也得到了国家层面的重视。为尽早结束这种"无标准"的时代，2010 年 10 月，由华东师范大学牵头向全国信标委申报成立电子课本与电子书包标准专题组，由工信部全国信息技术标准化技术委员会和教育部教育信息化技术委员会联合组建。该标准从电子课本、虚拟学具、学习服务、学习终端和总体架构五个方面进行研究。其中学习内容方面涉及电子课本内容的互操作问题，包括电子课本的元数据和信息模型、电子课本的 XML 绑定、电子课本的内容包装规范等；学习工具方面涉及虚拟学具的互操作问题，包括虚拟学具的分类与配置、虚拟学具本体描述规范、任务代理描述及在电子书包中的登记机制，虚拟学具关联服务机制模型等；学习平台方面涉及学习服务的互操作问题，主要包括服务本体描述规范、角色描述与用户绑定规范、电子课本数字出版及交易技术服务规范、资源与信息权限管理规范、服务质量管理规范等；学习终端方面涉及人机交互，包括学习终端的硬接口规范、学习终端的软接口规范、学习终端的兼容性规范与环境适用性规范等。[①] 该专题组已经取得了很多成果，相信相关标准的出台，将对电子教材的开发起到重要的指导作用。当然，标准制定出来之后，开发者需要一个与标准"磨合"、适应标准和完善标准的过程，这将是不小的考验。

二、开发机制的完善

传统纸质教材的开发机制已经非常清晰且行之有效，但在电子教材开发时不能生搬硬套，更不能照搬照抄，因为两者存在巨大的差异，电子教材复杂程度高出许多，包括参与人员类型更多样、开发流程更复杂、开发环节更繁多，而且每个环节中包含的细节相对复杂。因此，尽快通过实践检验，完善电子教材开发机制，是提高开发效率，提升电子教材品质的重要保障。

三、设计团队的建设

无论技术如何发展和进步，都是为人所用，人总是把握和应用技术的关键。电子教材作为一个"复合体"，其设计需要"复合型"的指导专家，既懂教育、又懂技术、还需要懂教材，并对学科有一定的了解。很显然，寻找这样理想的专家谈何容易，因此要求设计团队成员在立足自身业务专长

---

① 吴永和. 研制电子书包（课本）国家标准[J]. 中国教育网络，2011(7).

的同时，通过学习和钻研改善知识结构、拓宽知识领域、提升业务水平，尽可能做到既"专"又"全"。这样才能在设计中不偏离科学的方向和目标，并能通力合作，形成团队合力。

在实践中不难发现，很多高校、科研院所的教育技术专家拥有很高的学术造诣、理论素养，也有很前瞻的思路和追求，然而他们对一线教学缺乏深入的了解，对学科教学的目标理解不到位，因此他们指导开发的电子教材虽然在形式上有不错的效果，但实际应用中难以触及教学的"痛点"，不能解决教学中真正的问题，因此难免给人"表面文章"之感，不能赢得一线师生的真正青睐。

四、教材观念的转变

理念指导行动，教材开发人员观念的转变必须走在行动之前。面对技术带来的变化，"教材观"也需要适应新形势，有所调整，有所进步。

如果专家观念转变困难，过于审慎或保守，对教材的认识还局限在传统教材，不敢"越雷池半步"，甚至"穿新鞋走老路"，只是在传统教材基础上做"加法"——增加一些媒体资源，这样的做法不利于充分发掘、体现电子教材的优势，而且这种"拼盘""捏合"而成的新型教材可能会显得不伦不类，导致的结果是纸质教材的传统优势丧失掉了，不足却保留下来，电子教材的优势也没有得到。可谓"芝麻丢了，西瓜也没捡到"。

也必然存在教材开发人员走另一个极端的情况，他们对教材的理解过分"泛化"或"虚无化"，将大量未经认真审核论证的资源内容凭着主观喜好堆积其中，使电子教材作为教学应有的重要参考作用大大削弱，混同于普通的教学资源。教师和学生(尤其是学生)面对这样的教材，可能不知所从，无法分辨教学内容的主次，无法把握教学的轻重缓急，毫无疑问也是极其有害的做法。

五、素材资源的开发

电子教材开发过程中，一方面，与教材、教学相关的优质数字化素材资源需求量很大；另一方面，目前与教材匹配度高、突破教与学难点、成体系的优质资源无疑还非常欠缺。这种供需矛盾直接制约着电子教材的发展，因此需要采取灵活有效的办法突破此难关，包括系统开发、定向征集、按需购买等方式，多管齐下，从机制上根本性地解决此问题。

另外，数字素材资源类型多样、格式标准不一，在保证素材质量的同时，如何保证其通用性、易于跨平台也是一个不可忽视的问题，这有赖于相关标准的出台。

六、电子教材的审定

电子教材的审定对其开发有明确的指向作用，影响直接而具体。然而，电子教材审定的复杂度高于传统纸质教材。纸质教材的内容一目了然、一览无余，信息静态无声，评审专家依据学生培养目标、学科课程标准等依据，充分运用眼睛和大脑，结合自身的学术及学科素养，即可以完成教材的审定工作。电子教材则不然，其内容分层呈现、链接跳转、媒体类型多样、信息容量大，评审专家需要结合的评审标准、依据更加多样，相关的评审理念也有待提升、评审经验又有待积累，这样的情况下很难保证评审全面、细致、准确，能切合新型教材的要求。再有，评审专家通常不是"复合型"的专家，可能懂教育却不懂技术、懂技术却不懂教育，再或者不能深入学科，极可能导致评审专家在评审时顾此失彼，提出的评审意见侧重自身专业而有失偏颇，对电子教材形成误判和误导。

七、教学实验的开展

作为一个新生事物，在电子教材的推广之前需要加强研究，通过研究论证其优势是否存在，是否在教学中能充分发挥出来，以及在教学中如果改进教学方式使其优势能得以充分发挥。再有，其存在哪些劣势，如何在应用中趋利避害，这些都应提前找到答案。

由于研究同样具有一定的前瞻性，寻找符合实验条件、能较理想支撑实验环节的实验校来开展教学应用实验，以检验电子教材开发方向和目标是否正确至关重要。然而，实验校教师的观念和教学应用方式需要提升，学校需要努力创造条件使电子教材实验常态化，持续、有层次、有深度地开展。实验过程中，应及时获得充分、翔实的实验数据，反馈给开发团队，以修正开发目标和规划。通过这样一次次的螺旋式提升，才有望使开发出的电子教材更切合教学一线的应用需求。

第五章　电子教材与教学方式变革

 【本章导读】

教学应用对检验电子教材开发质量、促进其发展进步有重要作用。很多数字化教学方式为其推广应用奠定了重要基础，然而要充分发挥电子教材的作用，需要建设其应用环境，开发满足教学需求的管理平台，并要求师生适应新的变化，提升教育观念、更新能力结构、创新教学方式，从各方面超越自我。电子教材带来的不只是教材本身的变化，而是促进教的方式和学的方式的变革，以及课程改革的深化。

 【主要内容】

(1)数字化教学应用现状；

(2)电子教材应用环境建设；

(3)电子教材管理平台的应用；

(4)电子教材应用对师生的要求；

(5)电子教材促进教的方式变革；

(6)电子教材促进学的方式变革；

(7)京版电子教材应用调研。

第一节　数字化教学应用现状

随着信息技术的普遍应用，教学方式也发生了很大的变化，"数字化"渗透其中，逐渐成为最具前景的主旋律。这些方式一些形成于电子教材之前，一些与电子教材共同发展，它们为电子教材的推广应用奠定了重要的基础。换言之，电子教材与传统纸质教材相比，虽然在效果和方式等方面有跨越式的变化，但支撑其应用的外围环境已经使之呼之欲出、水到渠成。

一、教学课件的应用

教学课件(Course Ware)通常是以多媒体方式呈现，因此也常被称为多媒体课件。究其定义，可认为是指通过辅助教师的"教"或促进学生自主地"学"来突破课堂教学中的重点、难点，从而提高课堂教学质量与效率的多媒体教学软件，即通常所说的计算机辅助教学(CAI)或计算机辅助学习(CAL)软件。[①]

(一)教学课件

教学课件随着电脑、投影等设施走进课堂，被教师们普遍应用起来，成为课堂教学资源不可或缺的组成部分。它为教学提供丰富的情境，激发学生的学习兴趣，把抽象的内容具体化，进而降低学生对新知识认识和理解的难度。它的应用经历了从行政推动到自觉使用的"三步走"过程：在公开课、研究课、达标验收课中，教师被要求必须使用→教师学习、尝试开发和使用→老师自觉开发、使用，课堂教学应用常态化。这种变化也看出它对课堂教学的确有不可替代的价值。

对教师而言，在开发和应用教学课件的过程中，他们的信息素养不断增长，不断加深对信息技术在教学中的应用价值的理解；对学生而言，他们更熟悉、适应、喜爱具有信息氛围的课堂。教学课件不仅是教师的重要帮手和教学"利器"，学生在进行学习成果汇报时，也会效仿教师，把内容进行加工成为课件，结合它绘声绘色、生动高效地向同学进行展示。

教育软件市场提供的课件制作工具为数不少，但教师们使用最普遍的

---

① 何克抗. 多媒体课件及网络课程在教学中的运用[J]. 中国大学教学，2007(5).

教学课件当数 PowerPoint。尽管 PowerPoint 是微软公司的演示文稿软件，主要用于制作会议的演讲稿，且生成的文档内容以线性组织为主，并不非常适合用于充满变数和生成性的课堂教学，但由于其简单易用、便于修改、动画功能丰富，以及作为 OFFICE 办公软件的组成部分具有通用性强、兼容性好等优点，得到教师们的青睐。然而，教师们仍然期待既结合其优点，又真正满足教学应用需求的更理想的课件制作工具。

(二)电子教材与教学课件的关系

笔者在组织设计开发电子教材的过程中，有一种强烈的印象，就是参与的一线教师常常不经意地会把电子教材看作、说成教学课件，一方面可看出教学课件对他们影响之深；另一方面也说明两者之间或多或少有"近亲"关系。的确，教学课件组合了各种多媒体素材，与纸质教材内容紧密相关，因此跟电子教材在形式、功能上具有一定的相似性，容易混为一谈。如果不能清晰地加以区分，会直接影响到电子教材的开发质量、应用品质，影响到教学的成效。

电子教材与教学课件存在以下一些相似之处：

(1)都是数字化资源，依靠电脑等数字设备运行。

(2)都围绕课程标准、教学目标进行设计和开发，对教和学起到有力的支撑作用。

(3)都包含有文本、图像等多媒体资源，使教学内容更直观、生动、充满趣味，突破教学重难点。

(4)都以当前使用的纸质教材为基础，与其有直接相关性。

然而，从本质上比较两者差别很大：教学课件是对教材的丰富和补充，为充分发挥教师的经验智慧，突出个性化课堂，加强教学针对性为目的，其规范性、科学性、普适性等方面都无法与电子教材相提并论。两者区别主要在于：

(1)应用对象。教学课件是在教师的主导下使用，促进学生认识的发展和课堂活动的开展。电子教材则既被学生也被教师使用，且偏重于调动学生的自主学习。

(2)应用环境。教学课件主要是在课堂使用(也可提供给学生进行课后温习)，支持教师对教学内容的分析和讲解。电子教材则在课前、课中和课后都能得到充分应用。

(3)普适程度。教学课件是为个性化教学服务，由教师设计开发，结合教师自身教学特点，以及所教授班级学生的学习风格和喜好，普适性和通用性不强。换一名教师，或同一名教师教授另一个班级，完全使用原来的课件教学效果可能就大打折扣；电子教材具有教材的普适性特点，开发时会考虑教师和学生普遍性需求及应用水平，对个性化需求则不易满足。

在开发和应用过程中，需要注意两者之间还存在以下联系，只有将它们协调配合起来，才能使之各显其能，相得益彰。

(1)教学课件是对电子教材的不可或缺的补充，以体现教师对教材内容的解读和重组，更贴合学生课堂学习的需求。如果没有教学课件，只依赖电子教材，教学将失去针对性，将导致人们常说的"教教材"，而不是"用教材教"。

(2)电子教材在设计开发时，越来越注意"导教"和"助学"，会借鉴和吸纳一些教学课件中创新度高、教学效果好，且具有典型性、代表性的设计。另外，通过人机交互将学习内容和学习过程进行分解，因此电子教材和教学课件的距离逐渐缩小。通过实践发现，交互型电子教材注重引导学习过程，在课堂教学中有良好的应用效果。而传统的纸质教材由于将知识结论"和盘托出"，无法像讲述故事一样有来龙去脉地展开，因此在课堂应用时并不令学生喜欢。

(3)电子教材未来可能利用数字资源易于重组的优势，开发出更丰富、针对性更强的版本，"教师版"电子教材可具有开放性、灵活性，允许教师将自己的教学课件结合其中用于课堂教学。

但在目前电子教材发展的初级阶段，教师仍要注意避免将两者混淆而走极端：利用电子教材代替教学课件，难以满足差异化的需求，导致的结果是失去了"自我"；用教学课件代替电子教材，将不能把握统一性、规范性的要求。

二、其他数字教学资源的应用

(一)网络教学资源

照本宣科、教授知识结论等做法，已经被证明是不利于人才培养的错误教学方式，要让学生成为学习的主人，需要给学生提供足够的学习资源，引导他们自主发现知识，通过探究、分析、讨论形成结论。在缺乏系统性强，可直接应用的资源库的情况下，网络教学资源成了师生们的首选。其中一些优质的资源具有以下特点：紧扣教学的重难点并通过各种手段、方法加以突破，充分结合学生的心理特征和认知规律，使学生的思维更活跃，思维品质更高，对知识的理解更全面且有深度。这些教学资源既包括文字、动画、音视频等素材，也包括一些功能很强、集成度高的教学应用软件（APP）。它们的应用常常能解决传统教学的难点，极大地改善教学的状况和效果。

网络教学资源的应用，除了改善课堂教学让学生受益之外，也使教师的学科视野更加开阔，有利于教师业务水平的提高，教学相比传统变得更加开放，不再是闭门造车式的教学。然而，网络教学资源的科学性、权威性、可信性和有效性难以保证，具有数量大、同质化程度高、质量参差不齐等特点，教师要在较短时间找到理想的资源殊非易事，比较、甄别、筛选、改造都会花费教师很多宝贵的时间，稍有不慎还可能被"问题"资源误导。因此教师迫切希望能获得比较系统、品质较高的资源，而把其中普适性强的部分集成在电子教材之中，显然是一个不错的选择。

（二）积件

作为教学资源的一种，课件在实际运用中常常是"教案式"的，体现了教师的教学个性，但缺乏通用性和灵活性，很多格式类型都不能被加工和修改，因此并不适合其他教师使用。为从源头上解决这个问题，积件（Integrable ware）应运而生。积件可视作继传统课件之后的第二代教学软件，它通常由"积件库"和"积件组合平台"两部分组成，但不是一般的教学资源库和通常的多媒体著作工具的简单叠加，而是每个教师（或学生）都可根据自己的教学（或学习）需要，利用专用资源库中的教学信息和操作简便的专用平台，编制成适合于自己的教学软件。① 如果把课件比作"成品"，那积件就是"原材料"或"半成品"。积件的应用，使网络资源库中的教学资源转化成课堂中应用的教学资源更加便捷，减轻教师工作量的同时，也提高的资源的利用率和使用价值。

（三）电子教材与教学资源的关系

从现代教材观来看，教材是一种资源，是教学的重要依据和参考。同理，电子教材可看作一种数字资源，其与资源之间有很多的联系和共同特点，包括：都为教学服务；都为达成教学目标，被师生灵活应用；都包含

---

① 戴锋，杜爱明. 也谈课件与积件[J]. 电化教育研究，2001(7).

各种数字化媒体素材等。

但更需要注意的是，厘清电子教材与一般数字教学资源的区别，把握两者的内涵和功能边界，这样才有利于真正发挥电子教材的作用，实现电子教材的价值。其特殊之处在于它具有以下几个方面的特点：

(1)电子教材是在教学中居于核心地位的数字教学资源。

虽然从现代化的教学观来看，不能"教教材"，而应"用教材教"，即教学中应合理加工和应用教材，但绝不意味着可以走另一个极端，轻视或漠视教材对教学的指导作用，将其地位下降到混同于普通教学资源。电子教材与普通数字教学资源的地位不言而喻——前者在教学中居于核心地位。

(2)电子教材集成了优质的教学资源。

近年来教育技术不断发展，数字教学资源在教育技术公司、教育行政部门、学校、教师等多方共同努力下，不断开发和积累，已具备相当的数量规模。不过这些资源要么良莠不齐，要么因低水平重复开发而同质化程度高，优质资源所占的比重并不高。

电子教材不同于其他一般的数字教学资源，它由权威出版机构组织教育技术专家、学科专家共同开发，精选了数量适宜、类型切合需要，并经过专家评审的优质的数字资源集成在教材之中，以减轻教师寻找和开发资源的压力，引导教师的教和学生的学，从整体上提升教学水平。

(3)电子教材资源紧扣学科核心知识。

由于电子教材的教材属性，其特殊地位和示范作用不能因为具有数字化特点而被弱化。尽管存储容量可观，但它集成的内容和素材也必须精挑细选，紧扣课程标准要求，紧扣学科核心知识，围绕教学目标"做文章"，而不容丝毫随意，否则其教学指导作用会被削弱，甚至对教学造成误导。

三、数字化教学管理

2012年9月，国务委员刘延东在全国教育信息化工作电视电话会议上提出："十二五"期间，要以建设好"三通两平台"为抓手，也就是"宽带网络校校通、优质资源班班通、网络学习空间人人通"，建设教育资源公共服务平台和教育管理公共服务平台。"三通两平台"工程有力地推进了数字化校园的建设，教师利用网络平台，提供教学拓展资源供学生选择学习，给学生布置形式更多样的课外练习和实践，学生可以将自己的学习成果通过平台提交，供教师评判反馈和与同学进行共享。总之，数学化教学管理方式极大地提高了人际沟通、资源传输、协作学习的效率，让学习无处不在。

然而在传统教学中，要实现数字化教学管理比较困难，因为学生手中的教材、学习用品，以及学生对教师的反馈等都是非数字化的，因此能够纳入管理系统的内容非常有限。而当学生最常用的教学用品——教材具有数字化的特点之后，才有望实现管理的系统和全面，达到更理想的效果。

四、在线教育、慕课、微课、翻转课堂

近年来，在线教育、在线课程等教学方式随着网络的发展而不断壮大，很多学校和校外机构开设网校，将包括教学录像在内的教学资源通过网络进行分享，发挥社会效益的同时也获得经济收益。很多学生的学习采用"线上＋线下"的组合方式，在课堂上完成与教师面对面进行的教学，在家里通过网络选择自己需要强化的学科与千里之外的教师进行教学互动。基于这种成熟的模式和发展趋势，一些教育行政部门或教研单位也组织开设"数字学校"，旨在满足老百姓(尤其是郊区农村)对优质教育资源的渴求，达到均衡教育资源，从整体上提升教育质量的目的。"北京数字学校"就是一个典型的例子，其建设初衷是转变教育供给方式，立足北京、面向全国，打造世界城市基本公共教育服务新模式。该"校"不只是面向北京，目前还辐射到国内一些薄弱地区。

慕课(MOOCs)指"大规模开放的在线课程"，是新涌现出来的一种在线课程开发模式及教育。它充分结合在线教育理念，遵循在线教育规律，既是对传统课堂的重要补充，也是对传统教学方式的挑战。

除了慕课以外，微课、翻转课堂等基于网络、数字化技术的新型教学方式对我国教育影响巨大，很多中小学纷纷进行相关的尝试和研究，并积累了一定的经验，取得了较丰硕的成果。仍以北京为例，北京教育科学研究院相关部门通过"北京数字学校""北京课程教材资源网"向一线教师征集了许多优秀的微课，提供给广大师生共享应用。

这些新型教学方式的有效实施，给教育者带来很大的冲击，促使他们重新反思，教学可以超越传统，更加灵活，更加贴近学生的认知。在运用传统教学方式提升教学质量的空间已经非常有限的今天，教育技术将成为课程改革的重要抓手，有望对课程改革的深化起到强劲的推动作用。

五、移动终端的教学应用

很多学校看到数字化教学方式给课堂带来缤纷的色彩，受到师生的欢

迎，并产生了良好的教学效益，将利用移动终端辅助教学作为学校的研究课题。例如使用苹果平板电脑（iPad）或安卓（Android）平板电脑教学的实验学校近年来数量不断增长，教师充分利用设备本身的记录、信息沟通等功能，再借助优质的教学 APP 应用软件，以及一些开发商支持的教学管理云平台，进行了很多较具创新价值的教学实践，积累了一些基于新技术的教学及管理方式。这些，都为电子教材的实验和推广奠定了基础。

六、校本电子教材开发和应用

校本教材是学校特色课程体系建设的重要支撑。校本教材的建设近年来愈发得到学校的重视，然而纸质教材能够承载的资源相对单一，应用效果有限，也不利于发挥教师的特长，不利于教学资源的传承。因此，很多学校或采取自主开发方式，或委托技术开发商协助开发电子教材，这些电子教材虽然可能欠科学规范，但对国家课程电子教材的开发有一定的借鉴和参考作用。这样自下而上的探索和创新，值得肯定、鼓励、扶持和引导。

第二节 电子教材应用环境建设

随着经济不断改善和对基础教育的持续投入，我国中小学信息技术状况近年来获得了明显提升。据教育部《2016 年全国教育信息化工作专项督导报告》中的统计数据，截至 2016 年 6 月，全国中小学互联网接入比例为 87.5%，较 2014 年提高了 5.3 个百分点。其中，带宽在 10M 以上的学校比例为 64.3%，较 2014 年提高了 23.3 个百分点。北京、江苏、上海、浙江、广东和新疆生产建设兵团等省市和部门已全面实现学校"宽带网络"全覆盖。全国普通教室全部配备多媒体教学设备的中小学比例为 56.6%，较 2014 年提高了 17.4 个百分点。浙江、新疆等地已将"校校通"列入学校基本办学标准，有力推动了信息化基础设施的配备。广东等多地通过与企业合作，采用 PPP、BOT 等多种模式解决中小学"校校通"问题。[①] 信息条件的改善，为电子教材的应用创造了先决条件，奠定了重要基础。

---

① 2016 年全国教育信息化工作专项督导报告[EB/OL]. http://moe.edu.cn/jyb_xwfb/gzdt_gzdt/s5987/201610/t20161031_287128.html，2016-10-31.

在单机、离线条件下，电子教材虽然也能实现其最基础、核心的一些功能(如供学生阅读学习)，但应用价值不免有所折扣。如果要使其效能更充分发挥，追求价值最大化，需要为其构建理想的应用环境，尽可能满足各种应用条件，让其"天高任鸟飞，海阔凭鱼跃"。在技术的应用上，硬件、软件、人是三要素，相应地，电子教材的应用环境可划分为硬件环境、软件环境、人文环境三部分。

一、硬件环境建设

(一)无线网络

网络是信息传输、接收、共享的虚拟平台，通过它把各个点、面、体的信息联结到一起，从而实现这些资源的共享。网络也是实现人机交互、人与资源交互的技术支撑，尤其是要建设交互式数字课堂，无线网络环境更是不可缺少。相比有线网络，无线网络可以让电子教材移动起来。在建设时，应根据需要提前对网络的带宽、网速，以及需要配置的路由器数量进行科学测算，在安装时根据教室的空间和结构合理布局，做到没有盲区、死角，以保证所有设备同时使用时信息传输通畅。一些条件较好的学校已经建成数字化校园环境，实现无线网络在校园中全覆盖，学生的数字化学习能够延伸到教室之外。

(二)云服务器

云服务器是构建网络环境的重要组成部分，利用它能达到以下目的：(1)存储供师生下载使用的数字资源(包括电子教材)；(2)安装和运行课堂教学管理的平台软件，以保证课堂管理；(3)存储教学过程中以及课堂之外学生利用电子教材生成的学习成果资源、记录等数据；(4)在师生、生生之间分享学生的学习成果；(5)支持作业系统的数据传输。

(三)电子白板

课堂教学中，利用电子白板、触摸电视、投影等显示设备，可实时展示电子教材或其他电脑设备的显示内容，呈现教学内容及各种媒体资源。相比起来，电子白板触控交互性强，能方便灵活地引入多种类型的媒体资源进行编辑组织和展示，还能实现将板书内容实时存储，有利于课堂动态生成，因此总体应用效果比其他只支持显示输出的设备更好。

(四)其他设备

经济条件许可的话，对以下一些虽然不是必需的设备，如果创造条件予以配置，将更有利于电子教材的教学应用。

1. 输入输出设备

包括照相机、扫描仪、实物投影仪、打印机、音响设备等，这些设备便于师生将一些实物进行数字化处理，将数字文档打印输出，将音频以更好的音响质量播放出来。

2. 数字课桌

数字课桌应根据电子教材的外形及应用需要"量身定做"。它便于电子教材使用时能调整成合适的角度，稳定地放置在桌面上，这样对学生的颈椎、视力健康都起到保护作用。电子教材不使用时，可安全收纳在桌内。设备电力不足时，可安全方便地进行充电。同时，它能很好地兼顾传统的阅读和书写。

3. 设备管理车

设备管理车是一个可以盛装电子教材设备，并易于移动的设施。利用它可以在课后将所有电子教材收纳其中，并集中进行充电备用，既安全又便于存放。当课堂教学需要应用时，又可以一次性地将所有电子教材设备推进课堂。总之，它有利于对设备进行统一管理，可减轻教师的工作量。

二、软件环境建设

(一)管理平台

在数字化教学中管理平台的重要性前文已略有说明，它是课堂有效管理和调控，以及数字信息交流的支持和保障。利用管理平台，教师可以在课前进行电子备课，准备教学资源；在课中，进行电子点名、数字签到、分组学习、数字设备管理、数字举手、数字交互、播放教师及学生移动终端内容等，还可以对学生的设备及学习状态进行监控，以及对学生练习提交的答案数据进行统计分析，将处理结果反馈给师生，帮教师实时把握学生的学习状况，并据此灵活调整教学计划和安排；在课后，将教学互动延伸到课堂和学校之外，对学生答疑解惑，进行个体学习指导。总之，管理平台可看作为电子教材表演的舞台。缺少管理平台，电子教材的功能不但不能全面发挥，还会增加教师在教学中的管理难度，甚至可能使教学处于失控、无序的状态。

(二)资源库

资源库是教学的后备资源支持，丰富、优质的资源集中在里面，作为师生在课堂教学的资源"后盾"，随时与电子教材进行信息交换。同时，还可将教学生成资源存储其中，供以后随时调取使用，提供给其他同学分享。除了教学素材资源，资源库还需要准备一些常用的教学工具、学习工具软件，供师生在需要时下载安装和运行。

资源库的建设可采取多种方式。一种是学校出资向社会定向购买，根据学校财力和教学需求，通过招投标等方式购买优质的资源。这种方式的优点是建设周期短，能快速见效，同时还能得到资源提供商的售后服务。另一种是自建。学校采取一定的激励机制，调动师生将自己的教学资源在应用过程中及时上传，在积累中建成具有学校特色、满足学校教学需要的资源库。这种方式的不足是建设周期较长，不同学科、知识板块的资源数量可能多少不一，质量也可能参差不齐。通常，学校将两种方式结合起来，购买和自建并举，使两种方式的优势都能发挥出来。

(三)网络安全系统

网络给数字化教学提供了开放的学习环境，但网络提供有价值信息的同时，也充斥着各种不良信息，对防范能力不强的青少年造成威胁。要提供给学生安全、稳定的网络环境，网络安全系统(或防火墙系统)至关重要，它能够阻止学生有意或无意访问不安全、不健康的网络资源，同时还能防止黑客入侵或人为破坏服务器的资源，造成信息的泄露和教学数据的损坏。

三、自然环境建设

自然环境对教学效果也会产生一定的影响，它起到"课程场"的作用，一方面能够对师生的情绪、心理形成暗示和诱导，让人与自然产生无声的交流和互动；另一方面布局等因素会对教学活动的开展在空间上产生影响。

通常自然环境主要包括教学场所的空间大小、气候条件、光线亮度、内部颜色、装饰物品、桌椅摆放、学生位置等方面。由于要使用电子教材，自然环境还需充分考虑各种数字设备的应用需求，保证它们安全、稳定地运行，比如课桌的布局、桌椅的性能等，便于师生之间直接互动，以及利用网络进行数字化的互动等。像传统的"秧田式"布局，由于缺少公共活动空间，学生难以进行小组合作，教师也不易照看到每名学生。总之，合理的教学场所布局有利于学生加强协作，优良的自然环境有利于学生保持愉悦的心情投入学习，与教师和同学进行有效的互动。图 5-1 提供了几种教室布局示例。

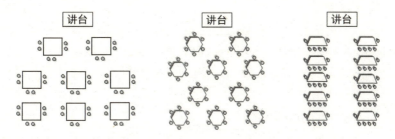

图 5-1　有利于教学互动的教室布局示例

综合以上一些因素，可构建如图 5-2 所示数字化交互课堂。

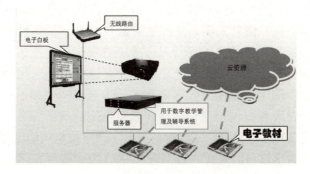

图 5-2　数字化交互课堂示意图

四、人文环境建设

(一)对教师的动员和培训

教师是整个数字化变革的最终执行者，因此也是最重要的参与者之一。如果不能得到教师的支持、理解和积极主动的参与，那么整个实验研究将举步维艰。

在使用之前，先对全体教师进行动员，形成积极应用电子教材、应用现代技术教学的良性氛围，引导教师认识到新的教育技术将带来的巨大价值，形成新的教材观、教学观。并对教师提供体验式培训，让教师对电子教材教学有了初步感知之后，再组织教师们自愿报名，让主动性强、有兴趣、精力的教师先参与到研究中来。在此过程中，充分尊重教师的意愿，从而有效解决了教师内驱力不足的问题，给真正想参与的教师提供深入研究的机会。在取得一定的成功经验后，再逐渐扩大参与面，"滚雪球"似的平稳、有序推进。

对教师的培训包括教育理念培训、应用技术培训、教学方式培训。除了培训，还可以组织教学研讨，发挥教师的主动性和创造性。在培训过程中最好理论与实践相结合，通过一些应用案例的展示，让教师在研训中同时提升实践和理论素养。

(二)对学生的动员和培训

学生是整个数字化学习的最终实践者，是电子教材应用主体中的关键成员。他们对电子教材的态度、认识和使用水平，直接影响到最终的应用效果。

对学生的动员内容应包括引导他们科学使用电子教材，让它在学习上发挥正当作用；提升信息素养，发挥学习的自主性、创造性；适应课堂上的正式学习和课堂之外的非正式学习；适应数字化阅读方式；适应利用电子教材进行人机沟通交互等。除此之外，针对课堂教学应用和课外应用的各个细节，培养学生逐步养成数字课堂的行为规范。例如，在使用电子教材时的坐姿，对眼和脊柱的保护，对音量和亮度的调节等细节要求，以及对电子教材设备的安全防护，对学生进行数字课堂技能的训练等。

学生对于数字课堂的适应，以及相关技能的掌握并非轻而易举，需要对学生进行长期的培养和训练，才能使学生逐步适应数字化的学习。

(三)对家长的动员

有学者认为，技术素养的鸿沟始于家庭，尽管父母为孩子提供了看电视、用电脑、使用即时通信工具、打手机的条件，但是许多家长承认，对于孩子如何使用新技术，他们并不真正理解，视频游戏就是代际技术鸿沟最明显的例子。[①]

家长是教学取得成功不可忽略的重要群体，尤其是电子教材这一新事物的应用，如果得不到家长的理解、认同、支持和配合，不仅不能发挥电子教材跨越时空支持教学的功效，而且还可能因为家长的担心、顾虑，甚至反对使这一课程改革举措走向失败。因此，学校需要努力创设各种条件，

---

① 阿兰·柯林斯，理查德·哈尔弗森著. 陈家刚，程佳铭译. 技术时代重新思考教育[M]. 上海：华东师范大学出版社，2013：120-121.

积极地和家长沟通，进行充分的动员和培训，帮助家长了解电子教材的功能和价值，解答家长的困惑，解除家长存在的顾虑，并引导他们配合在家庭建构电子教材应用所需的软、硬件环境，对学生在家庭使用电子教材予以适当的监督和帮助，努力为学生营造全方位的数字化学习环境。

(四)保障措施的制定

经历过课程改革之前的教师都清楚：在传统的大班教学环境，利用沿袭千年的讲授教学方式，教师在讲台上教教材，学生在讲台下学教材，课堂中不引入其他的"干扰因素"，教学的秩序最为"良好"，一切尽在教师的掌控之中。教师可以挥洒自如，对课堂中出现任何"混乱"的苗头都能及时发现并予以制止。

按照传统的观点，电子教材无疑是师生之间的"第三者"，它带来很多教学效益的同时，管理是首先要考虑的问题。电子教材在应用过程可能出现的各种状况甚至问题，要求提前制定相应的管理措施，加强及时有效的日常监管，保障电子教材的应用安全，保证正常的教学秩序。要注意的是，这些措施不是一味地限制学生让他们"这不许""那不行"，而应是在取得他们理解的基础上因势利导，让这些措施落实在他们的行动上，养成为常态化的、自然的习惯。要认识到，这同样是一种对学生的教育——面向未来技术素养的重要教育，丝毫不应被忽视或弱化。

这些保障措施包括电子教材使用要求、设备安全要求、维护管理制度、电子教材教学的课堂教学管理办法等。

(五)课堂情感环境的营造

技术虽然有这样那样不胜枚举的优势，但存在一个非常关键的缺陷——不具备人的情感，而在缺乏情感的氛围中，一切都容易变得机械和程式化。教学需要师生、生生之间情感的交流、心灵的碰撞，在情感浓郁的良好教学环境中，学生求知欲望浓厚，心态会更开放，敢于表现自己，甚至达到忘我的学习境界。相反，学生可能学习动机不强，专注度降低，注意力易分散或转移。

如何营造课堂情感环境？一些环境是长期积累形成的，如教学设施、师生关系、同学关系等，需要通过模式控制方法来加以改善；一些环境具有随机性，如空间布局、课堂纪律、课堂气氛等，要求教师根据实际教学需要和实际情况采取随机控制。在教学中，教师要发扬民主，对学生充满信任和关爱，态度亲切，情绪饱满，语言表达讲究艺术性，并配合适当的肢体语言，让学生感受到知识的价值和魅力，以调动学生的求知欲望和学习动机，激励学生主动学习和积极表现，使课堂气氛既活跃同时又有纪律保障。[①]

第三节　电子教材管理平台的应用

管理通常被认为是由计划、组织、指挥、协调及控制等职能为要素组成的活动过程，是一切较复杂的过程得以有序、高效运行的保障。电子教材应用于多种场景，在其应用过程中，教师、学生、教材内容、移动终端、其他资源、教学活动、实时信息等很多因素交织在一起，需要理顺和优化它们的关系，使之能顺畅地按预期的方向发展。这一切都离不开管理，而在信息技术的环境中，无疑数字化的管理平台才能胜任这样的要求，尤其是在教学应用过程中协调人际交互、人与信息交互，使相关功能得以有效实现。

然而，管理平台需要具备哪些功能，如何进行开发和应用，需要进行科学的规划和精心地实施。

一、管理平台的功能

电子教材管理平台通常包括用户管理、教材管理、课堂管理、课外管理、资源管理几部分。

表 5-1　管理平台功能

序号	分类	功能
1	用户管理	用户登录 用户设置 注销退出
2	教材管理	教材安装 教材整理 教材阅读 教材编辑

---

① 乐进军. 运用控制论指导优化课堂教学[J]. 教学与管理，2015(7).

续表

序号	分类	功能
3	课堂管理	学生签到 远程控制（教师） 广播教学（教师） 讨论交流 课堂检测 学习观察（教师）
4	课外管理	作业布置（教师） 作业提交 作业批阅（教师） 成果展示（教师） 小组学习 学习社区 学习答疑 知识预习
5	资源管理	资源推送（教师） 资源分享 资源整理 资源检索 电子备课（教师）

说明："教师"是指该功能仅提供给教师使用。

(一)用户管理

用户管理是对用户进行身份验证，以及允许用户进行个性化设置。

(1)用户登录。验证用户名和密码，保证拥有合法身份的用户方可进入系统，使用电子教材及相关教学资源。

(2)用户设置。用户修改个人信息、密码等内容，设置显示方式等应用习惯。

(3)注销退出。使用结束后，用户注销安全退出系统。

(二)教材管理

教材管理是管理平台最核心的功能，实现教材安装、阅读等功能。

(1)教材安装。合法用户通过网络下载或接收推送等方式，安装和更新特定年级、学科的电子教材。

(2)教材整理。用户对教材进行分类、删除等操作。

(3)教材阅读。运行、阅读教材,检索特定的内容,在教材内容上进行标注、记录等。

(4)教材编辑。对教材内容进行编辑和调整(允许编辑的条件下)。

(三)课堂管理

教学管理平台是电子教材内容运行的重要基础,同时保障在教学中实现以下一些人机交互、信息交互的功能。

(1)学生签到。课堂教学时,学生登录管理系统进行签到,这是进行其他课堂管理功能的基础。

(2)远程控制。教师对学生电子教材进行统一控制或部分控制,包括锁定、关闭、黑屏等,使学生暂停使用设备,在需要使用时再进行解锁。还可以让学生进行电子举手,老师遥控指导等。

(3)广播教学。实时广播老师电子教材(或其他设备)的屏幕内容、声音等,给学生提供示范,也可以选择学生电子教材进行展示。

(4)讨论交流。教师与学生、学生与学生之间进行文本、语音等信息传递(单独对讲或讨论发言)。以及模仿电子邮件功能,教师向部分或全体学生发送消息,也可以接收学生的消息。在教师允许的前提下,同学之间也可以发送和接收消息。师生之间或生生之间进行文档的发送和接收。

(5)课堂检测。教师向学生发送练习试题,学生完成后向教师提交答卷,平台进行汇总,对选择类型的题进行分析统计。

(6)学习观察。教师利用自己的设备观看、浏览学生电子教材屏幕内容,了解学生使用情况。

(四)课外管理

除了课堂管理应用,课外管理功能同样重要,是实现移动学习、课外协作学习等新型学习方式的保障。

(1)作业布置。教师向学生布置作业和学习任务,推送与作业相关的问题资源。学生接收、下载作业任务。

(2)作业提交。学生按照要求完成作业,按时提交到管理平台。

(3)作业批阅。教师对作业进行批阅,向学生反馈批阅结果及指导建议。

(4)成果展示。教师选择学生的优秀作业或其他学习成果进行展示,供其他学生学习和参考。

(5)小组学习。根据学习任务和教学需要,对学生进行科学分组,小组进行合作学习。

(6)学习社区。教师、学生在课外围绕一定的主题或项目,进行探究学习、交流研讨,上传学习成果,共享学习资源。

(7)学习答疑。学生将学习中遇到的个性化问题向教师提出,教师进行针对性的解答并加以指导。

(8)知识预习。教师向学生推送用于预习的学习资源或任务,学生预习之后完成学习任务并提交,便于教师把握学生预习状况及教学中需要加以解决的问题。

(五)资源管理

电子教材除了教材内容之外,还需要对与教材配套的各种资源进行管理。

(1)资源推送。教师根据教学任务,向学生推送供学生自主学习的资源。

(2)资源分享。学生向同学推荐分享有价值学习资源。

(3)资源整理。学生对本地或在线的学习资源进行整理分类。

(4)资源检索。检索本地或局域网服务器学习资源。

(5)电子备课。教师进行教学设计,开发和整理资源形成与电子教材相配套的教学课件。

二、管理平台的设计要求

管理平台的设计应注意遵循适用性、易用性、稳定性原则。人们常说最高明的管理是不着痕迹的管理,管理平台是为师生服务,绝不能最终把教师和学生沦为被"管理"的对象,反而要为平台提供"服务"。这就要求平台的开发有高明的设计,充分考虑到各种应用需求,尽量简化操作,优化使用效果。具体而言,一方面不要贪大求全,奢望囊括所有的数字化教育教学管理功能,这既不现实,也必然导致平台臃肿而效率低下;另一方面应尽可能使操作简便快捷,易于被教师和学生掌握,尤其是课堂教学应用时,不容许把宝贵的时间浪费在单纯的技术操作上。这就要求操作界面应尽量直观清晰,切合实际需求。比如,通过简单设置,教师屏幕上显示的学生位置与实际座位一致,学生有信息互动,就可通过屏幕提示一目了然地知晓;学生提交的答案,系统进行了多维度的统计,教师不仅能够查看直观的整体统计图示,如果需要知道个别出错的同学情况,只需点击屏幕即可切换出来。

平台在设计之初，开发人员应尽量多与使用者——教师和学生——进行沟通，听取他们的建议，避免脱离他们的应用习惯和技术水平。

平台应追求高智能化，除了传输数据和信息，要强化数据分析水平，对各项数据进行处理，形成直观化的结果提供给教师和学生。对学生日常学习的状况进行分析，针对其学习中存在的不足推送补救性的练习等。

平台还需要有一定的灵活性和开放性，允许教师和学生对平台的界面、风格进行个性化的设计，以及录入必要的参数，如课程表、学生人数、姓名、成绩等。同时，预留一定的接口，需要时补充、丰富一些引进的新功能。平台最好能支持不同的系统、电脑设备，尤其是将台式电脑和移动终端能结合起来，因为毕竟从办公的角度，台式电脑的录入效率和信息处理速度更胜一筹。

三、管理平台的应用和维护

平台在使用之前，首先要对教师和学生进行培训，让他们认识到平台管理的优势，尽快熟悉平台的功能和操作方式，通过教学实践加以掌握。

平台在使用过程中，需要跟进观察师生使用的状况，并针对师生在使用时发现的问题及时进行改进和优化，同时听取他们的建议，对平台进行合理地丰富和完善。作为一款软件产品，平台"没有最好，只有更好"，需要应用中不断发现问题、寻找不足，不断地迭代优化，以满足动态发展的课程改革的需要，满足师生的应用需求。再有，在技术发展日新月异的今天，要让平台跟随技术前进的步伐，及时把最先进的技术应用其中。

鉴于其重要性，需要从技术上加强对平台的管理和维护，定期对与平台相关的数据进行备份，保证其安全、稳定、快速地运行，避免因平台出现故障而影响到正常教学的开展。

第四节 电子教材应用对师生的要求

教师和学生是电子教材的主要使用者，电子教材的优势和价值能否如预期的那样充分发挥出来，取决于他们是否具有科学的教育理念，是否提升了教学和学习的观念，是否掌握了必需的应用技能。总之，相比纸质教材，要做好电子教材称职的主人，教师和学生被提出了更新、更高的要求。

一、对教师的要求

教育部《2016年全国教育信息化工作专项督导报告》中指出："绝大多数教师信息技术教学应用能力不高，仍处于浅层次应用阶段。由于缺少教研的专业引领，教师普遍难于找到深化应用的有效路径和方法。尽管信息技术设备较先进，但教学方法依然传统，突出表现为'灌输多交互少'、'展示多探究少'，应用过程中并未改变以知识传授为中心的教育理念和教学组织模式。信息技术应用对提高教育教学质量的效益尚未充分发挥。"①从中不难看出，面对教育新技术，教师需要尽快了解其功能，理解其价值，在应用过程中熟悉并把握其中的关键，提升教育理念和调整教学方式以适应技术带来的变革，并引导学生尽快适应它。

(一)转变教育观念

课程改革以来，教师在教育观念方面发生了可喜的变化，包括对教育的本质也都有较正确的认识。然而实际情况参差不齐，一些教师仍然缺乏科学的育人观，教学注重知识的传授，注重学生成绩的提升，不能从关注自己的教转向突出学生的学。因此，转变教育观念的工作仍需要持续地落实和巩固下去。教师的态度和行为对学生能产生直接的影响，只有教师认识到教育是为了促进人的长远发展、全面发展，课堂才可能得到解放，电子教材才可能大显身手。否则，即使应用了新技术、新手段，但教学的着眼点和追求依然如故，将难以取得真正的效益，新事物反而可能沦为教学的累赘。

(二)学习相关理论

电子教材相比传统纸质教材，融会了更多获得广泛认可的教育及教育技术理论，比如建构主义理论、认知理论等，这些理论指导了电子教材的设计和开发。因此，追根溯源，教师从了解和理解这些理论入手，才可能真正"读懂"电子教材，才能真正领会电子教材的优势所在，进而在应用中扬长避短、趋利避害。

作为一线的实践者，很多教师对理论不感兴趣，往往捧起教育理论书籍就头大，也不大能够理解其中的内涵，因此不少人的工作常常是在实践

---

① 2016年全国教育信息化工作专项督导报告[EB/OL]. http://moe.edu.cn/jyb_xwfb/gzdt_gzdt/s5987/201610/t20161031_287128.html，2016-10-31.

层面不断地机械重复，难以将自身的宝贵经验进行提升并加以推广，自身的发展也往往有限。当然，不能为此过于责怪教师们，这与他们的知识结构和超负荷的工作量都有关系。然而在电子教材面前，理论知识的补充和丰富，将不再是可有可无，会直接影响到应用的效果，甚至是改革的成败。

(三)更新能力结构

很多教师在尝试使用电子教材教学的过程中，因为对技术掌握不熟练，课堂常常出现滞涩、卡顿等意外状况，使应用效果大打折扣。电子教材的应用对教师的信息技术能力提出了更高要求，需要教师们接受和适应这种变化及挑战，有学习的愿望和决心，通过努力学习和用心实践，达到技术与自身融为一体，应用得心应手的程度。教育部于2014年印发《中小学教师信息技术应用能力标准(试行)》的通知，强调信息技术应用能力是信息化社会教师必备专业能力，对教师在教育教学和专业发展中应用信息技术提出了基本要求和发展性要求。一是应用信息技术优化课堂教学的能力为基本要求，主要包括教师利用信息技术进行讲解、启发、示范、指导、评价等教学活动应具备的能力；二是应用信息技术转变学习方式的能力为发展性要求，主要针对教师在学生具备网络学习环境或相应设备的条件下，利用信息技术支持学生开展自主、合作、探究等学习活动所应具有的能力。该标准还根据教师教育教学工作与专业发展主线，将信息技术应用能力区分为技术素养、计划与准备、组织与管理、评估与诊断、学习与发展五个维度。教育部《2016年全国教育信息化工作专项督导报告》中提及，已有18个省明确提出逐步将教师信息技术应用能力作为教师资格认定、资格定期注册、职务(职称)评聘和考核奖励等的必备条件，列入中小学办学水平评估和校长考评的指标体系。①

除了运用新技术的能力，教师还要提升在信息技术环境下的课堂组织管理能力。数字课堂的管理与传统课堂有很大的差别，教师需要熟练运用信息技术把控课堂的节奏和互动，做到张弛有度、收放自如，而不是面对学生和技术设备一筹莫展，"一管就死、一放就乱"。

学校也应积极为教师在技术方面的学习创造条件，组织技术专家对教师进行培训，并在应用过程中不断提供帮助和指导，及时解决教师遇到的

---

① 2016年全国教育信息化工作专项督导报告[EB/OL]. http://moe. edu. cn/jyb_xwfb/gzdt_gzdt/s5987/201610/t20161031_287128. html，2016-10-31.

各种问题。

(四)创新教学方式

电子教材给教育带来的影响绝不只是简单地做"加法"，对传统教学的漏洞进行"修修补补"，更不只是对传统教材简单替换，而是给教育带来一场大的变革，这种变革最直接的体现就是教学方式更灵活、更丰富，更突出学生主体地位。它提供了很多潜在的可能，使教学方式更加多样化。然而，这些新的教学方式不能像现成的说明书一样，随着电子教材发放给教师，需要教师结合自身的经验、智慧，去思考、设计、创造。因此，教师要加强创新，在传统教学方式基础上，结合数字化资源和数字化方式，充分认识到并利用学生在学习时间、空间上得到解放，获取学习资源更加便捷，相互交流更加顺畅等方面的优势，开发出更丰富更适合教学目标、教学内容的新型教学方式，并在实践中加强尝试、总结和反思，积累形成可行且有效的新的教学方式。

(五)适应新的角色

教师是通常被认为是教学的主导，或和学生一并被称作教学的主体，虽然技术能一定程度上帮助教师引导学生学习，但永远也不可能完全替代教师的作用。课程改革对教师的角色进行了新的定位，如"引导者、促进者、评价者、平等中的首席"等，近年来教师也逐步转型适应这些新的身份，取得了不小的进步。然而，电子教材对教师的新角色还有更进一步的要求。比如，教师在知识方面的权威地位会更加削弱，电子教材直接与知识库相连接，这些知识俯拾即是，无限延伸，将远远超出教师有限的知识储备。带来的问题是，教师如何发挥技术所不能替代的作用？教师如何平衡师、生、电子教材三者关系？这些都需要教师在电子教材推广应用之前有充分的思考和准备。

再有，利用电子教材和网络能实现跨时空的人际交互，然而教师与学生之间面对面的沟通却能融入情感交流、言传身教，教师的一个眼神、一个手势、一句温暖的鼓励可能对学生产生非常深刻的影响，是数字交互效果无法企及的。教师的人格特征、学术素养、意志品质、学科智慧等等方面，都可能是学生的示范和榜样，同样不是技术所能替代的，教师在这方面丝毫不能退让"阵地"。因此，如何平衡"非数字交互"和"数字交互"的比例关系，如何更有效地发挥教师在课堂上的引导作用，如何在运用技术的同时关注学生的情感和认知等，都需要教师在实践中找到答案。

除了以上几方面之外，作为"数字移民"，教师如果技术应用水平落后于学生，对这种状况没必要觉得很尴尬，正如韩愈所言，"弟子不必不如师，师不必贤于弟子，闻道有先后，术业有专攻，如是而已"。但也不能无动于衷，应通过参与培训和自我学习等方式迎头赶上，努力走到学生的前面，引领和指导学生。总之，教师需要尽快地适应新的变化，找回真正的自我，发挥更大的作用。

案例：对参与实验教师有层次、有梯度的培训

教师对学生的影响、引领作用毋庸置疑，是教育技术能否顺利、有效应用的关键。

就像五个手指有长有短一样，面对融会教育技术的电子教材，教师不可能表现完全一致，会持不同的态度，行动上响应有快有慢，有主动有被动，按对教育技术接受先后和投入程度，可把教师分为先行者、早期采用者、早期多数派、晚期多数派、落后者五种类型。①

考虑到这样的实际情况，北京一所电子教材实验校对教师进行培训时，分层次、分先后、分梯队进行。先着眼骨干先行者，由于他们更有积极性、主动性、创造性，学习和接受起来会更快一些。通过他们的努力，把技术与教学进行结合。在这个过程中，充分给他们创造条件，给予激励。当这些先行者展示出一些研究成果，发挥了示范效应，让其他心存顾虑、仍在犹豫的教师尝到"甜头"和看到希望，并且有了可以借鉴的参考后，他们就会转变态度投身到实践的团队中来。然后，让先行者参与到培训者团队中，以自己的经验和体会现身说法，解答其他教师的问题……这样就像"滚雪球"一样，层层有序推进，培训的针对性和效果也逐渐加强，比不顾教师差异简单一刀切地培训显然更加理想。

二、对学生的要求

学生是学习的主体，是教学"矛盾"中的"内因"。在利用纸质教材学习时，学生对教师的依赖度比较高，教材中的内容教师通常会在课上进行讲解剖析，带着学生认真落实，教学的成败很大程度取决于课堂上教师的讲授和学生的接受效果。而电子教材将更进一步把学生推到学习的"前台"，

---

① 杜玉霞. 中小学信息化教学资源的优化与应用策略[M]. 北京. 中国社会科学出版社，2013：24.

这对学生的学习能力和技术应用水平也提出了更高的要求。

(一)适应数字阅读

当今的青少年常被技术专家称作"数字原住民",他们成长在数字化的生活环境中,数字化设备是他们生活中不可缺少的组成部分。他们适应并喜爱数字化的生存方式,信息技能很高,易于接受各种层出不穷的电子产品。在阅读方面,他们利用电脑、平板、手机等设备阅读的信息量逐渐超过纸质阅读。在阅读的内容方面,相比纯文本,他们更喜欢配合图像、音视频等多媒体,通过超链接方式进行组织的超文本。简言之,他们不同于前辈,是通过"指点"屏幕获得知识的一代。

即便如此,也不能武断地认为数字阅读对学生来说已不成问题。即使是传统的阅读,也绝非一件简单的事情,要把眼前的符号信息准确地进行加工处理,变成头脑中的认知,需要一定的科学训练才可能达到较理想的效果。数字化阅读更具挑战性,学生面对的信息不再只是静态的文本,而是多种媒体有机地"编织"在一起,要求学生把眼、手、耳等多感官都调动起来,运用"多通道"来处理更复杂、数据量更大的信息,无疑提出了更高的要求。要求学生尽快适应这种新的阅读方式(不同于利用手机等设备进行的碎片式阅读),避免造成"浅阅读、浅认识、浅思维"。

再有,电子教材的内容是以超文本、超链接为主的不同于传统教材的非线性方式,这种网状化、立体化的组织逻辑给了使用者更多自由,但同时也要求使用者有较强的"方向感、位置感"(这种变化如同在原先笔直的路上开设了很多岔路口),当深入到第二层、第三层乃至更深层次时,能清楚自己"身在何处""为何而来",不至于在信息的海洋中迷航,并能够在头脑中快速将这些信息加以组织使之条理化、系统化。当然,电子教材开发者也会注意提供必要的导航辅助提示功能帮助使用者。

戴伯斯(J. Debes)提出了视觉素养概念,他将其定义为"一个人通过看与此同时产生其他感觉,并将看与其他感觉经验整合起来的一类视觉能力。当这些能力得到发展时,就能区分和解释视觉行动、视觉物体以及自然的或人造的视觉符号。创造性地运用这些能力的人,能理解和享受视觉交流的杰作"。[①] 在当今的读图时代,视觉素养应是人类的阅读素养的重要组成部分,值得重视并在实践中培养和发展。

---

① 黄荣怀,马丁,张进宝. 信息技术与教育[M]. 北京:北京师范大学出版社,2008:64.

（二）提升信息素养

前文提到，电子教材有利于提升学生的信息素养。但同时，它也对学生的信息素养提出了更高的要求，包括如何获取信息，如何甄别网络信息的真伪，如何提炼加工信息，如何展示信息等。如果学生信息素养不高，面对相对开放的学习环境，以及数量激增的信息量，可能不知所措，甚至被淹没在海量的信息之中。再有，如果不进行正确引导和严格要求，学生很可能投机取巧，运用"搜索""复制""粘贴"等操作拼凑出"学习成果"来应付老师。这不仅不利于学生创新能力的培养，还会种下学术品质不端的恶果。还有，学生需要掌握一些教学常用的工具软件，通过电子教材完成各种学习任务，提交和共享学习成果。这也离不开信息技能的学习。

提升学生信息素养，不只是为了满足基于电子教材学习的需求，也是学生的培养目标之一，因为信息素养是这些未来公民立足信息社会、适应现代化工作所必备的素养。对此我们应提升认识高度，用更长远的眼光来看待。

（三）适应自主学习

在教育技术背景下，自主学习是指学习者借助数字化学习资源，根据自己的意愿和能力，自主确定学习内容、学习进程的一种学习方式。电子教材在设计和开发时，会将自主学习功能放在非常突出的位置。很多相对浅显、基础的学科知识的传授，电子教材可结合各种媒体利用人机交互方式，引导学生自主阅读、理解和掌握；很多相对简单的学科技能（如书写、朗读、唱歌等），可通过电子教材引导学生进行训练，并对学生完成情况进行反馈和指导。然而，这样的变化，要求学生从以往对教师比较依赖的状况调整过来，真正认识并适应自己"学习主人"的身份，提高对自己学习的要求，努力在课下、课前通过电子教材完成自己能够完成的学习内容。使课堂教学的起点更高、质量更好，给教师"减负"，让教师有限的时间、精力去发挥技术不能替代的作用。

相比起来，在传统的教学方式下，教学基本上是整齐划一，尤其是在大班化教学的背景下，限于教师的时间和精力，讲授、布置练习、讲评练习等活动都比较忽略学生的差异，教学的"指针"往往指向中等及中等偏上层次的学生，学习能力相对更强和较弱的学生则得不到应有的帮助和指导，如果他们不善于自主学习，自身的作用又不能充分发挥，学业水平都将下滑。

总之，自主学习的重要性不用过多强调，它是终身学习的基础，如果学生在学校不能学会自主学习，走出校门，离开了教师这根"拐杖"将无法迈开步子，无法发展自己的知识和能力。这才是更可怕的事情！

（四）适应数字课堂

电子教材是数字交互课堂的纽带和桥梁，利用电子教材课堂教学的方式更加灵活，交互性更强，学生能尽可能多地被调动起来参与到教学中去。这种变化同样对学生提出了要求，要求他们改变过去相对被动的状态，更积极地思考，并提升思维品质，熟练地运用数字化表达、交流方式。在教的方式上，需要进一步适应慕课、翻转课堂等教学方式；在学的方式上，需要进一步适应合作探究、发现式学习。总之，要适应数字课堂的大容量、快节奏、高效率，努力把电子教材的作用和价值发挥得更好。

（五）适应移动学习

电子教材极大地拓展了学习的时空，学习不再只发生在教室里面，也不要求师生必须面对面。电子教材使得学习无处不在、无时不发生，当学生遇到学习困难，或取得新的学习收获，可以借助网络、云平台与老师和同学交流和分享。学生需要适应这样的泛在学习方式，而且类似的"非正式学习"会逐渐加大比重，成为学习的常态。

这样的学习要求学习者提升自己的专注度，习惯在学习和生活两种模式之间进行"无缝切换"，提高自我约束能力和时间管理能力，善于利用碎片化的时间，克服周围环境的干扰，快速进入学习状态并沉浸其中。同时，也要求学生熟悉移动学习的特点，把握其中的规律，在实践中加以总结形成符合自身特点的移动学习方式，更善于合理分配自己的学习任务。比如，将难度较大、完成所需时间较长的任务安排在正式的学习时间，移动学习可侧重相对轻松、需要时间较短、需要网络支持的学习任务。

（六）适应协作学习

传统的学习主要是学生个体行为，虽然锻炼了学生的独立学习能力，但当学生面对一个个艰巨的学习任务时，却吃尽苦头，难以体验到合作的乐趣，也不能从同伴身上获得启发，学到宝贵的经验和智慧。

电子教材提供了学生与同学交流、共享的平台，使得协作学习更加方便。然而，在与同学合作中，每个人充当什么样的角色，如何让每个人发挥自身的优势和作用，如何真正对同伴产生积极的影响，如何让学习活动有条不紊、井然有序地开展，如何能相互促进思维并更具深度，如何不形成对同伴的依赖，如何相互包容理解形成和谐的氛围等，这些问题都需要在协作学习中形成科学地分工、合作机制，需要每名成员提升合作意识，克服自己在人际交往方面的不足，多欣赏同伴的优点，多承担责任。缺少这些，即使电子教材搭建了再理想的协作学习平台，也将形同虚设。

第五节　电子教材促进教的方式变革

从信息的角度看教学的本质，可认为是人与人、人与资源的交互。有学者提出，信息技术支撑下的电子教材不仅仅是改变了课本内容的媒介属性，更为重要的是它改变了学生、教师、教学内容三者之间的交互方式。[1]而从物理属性来看，电子教材是一个网络环境下的移动终端，它可超越教材的基本功能，胜任教学中交互"中枢"的重要角色。因此，电子教材的最大价值，在于带来教和学方式的变革。在教的方式上，电子教材在以下一些方面能做出一定的贡献。

一、情境创设教学

情境是使学生意义建构所需要的外部学习环境。建构主义理论特别强调情境在学生主动学习中的重要作用。教学需要与学生的生活实际、社会、科技等方面建立联系，需要让学生在与所学内容相关的情境中学会发现问题，感受知识的价值，培养解决问题的能力。缺乏情境的教学会让学生觉得枯燥乏味，脱离了情境的知识就如同没有血肉的"骨架"，学生不仅难以认识到知识的价值，以及应用条件、应用环境，也不能调动起学习的兴趣。因此要避免把知识的前因后果都省略掉，浓缩成干巴巴的重结论的"去情境化"的教学。

在传统的教学中，教师往往采取设置问题、展示图片、播放音乐等方式创设教学情境，但通常不够系统，具有一定的随意性，效果取决于教师的教育理念和自身的经验。电子教材可以通过文字、图片、音乐、视频、动画等多媒体资源提供与知识相关的情境素材，帮助教师实现情境教学，

---

[1]　AR Dennis，KO Mcnamara，AS Morrone，J Plaskoff．Improving Learning with eTextbooks[M]．Hawaii International Conference on System Sciences，2015：5253-5259．

也加深学生的认识和思考。比如，在语文教学中让学生学习"蝶"字时，当点击它，就会有一只蝴蝶飞起来，翩翩起舞；当点击拼音时，就会发出它的读音；当点击笔顺时，就有出现一支笔按照规范的笔画顺序一笔一画地把它写出来，并让学生进行描摹。除此之外，还可以根据需要设置成游戏情境、交互问答情境等灵活的方式。再比如，英语等学科的教学，情境显得尤为重要，因为脱离了应用场景，学生学到的是脱离实际的语言表达方式，不知在什么时间、什么场合、面对什么人时适合使用。过去很多年中小学英语教学不理想，造就"中国式英语"是再明显不过的证据。现在很多"情景会话"式英语教学在这方面取得了一定的突破，当然，仍有很大的提升空间。

在教学中应充分发挥情境的价值，它的应用可贯穿教学的始终：利用情境导入、引发兴趣——围绕情境引发问题、学习新知识——利用所学知识解决情境(旧、新)中的问题、巩固应用。

二、数字交互教学

在传统课堂教学中，一名教师面对几十名学生，既不易关注到每一名学生，又难以给每个人提供发言的机会，因此师生、生生之间的互动通常只涉及少数人群，频次也很有限。由于缺乏交互，呈现在教师眼前的一片小脑袋，如同一个个小"黑箱"，教师不清楚它们是否在积极运转，是否发生着预期的变化，因此教师往往只能凭借自己的经验进行主观判断，教学的针对性和实效性难以保障。

利用电子教材作为移动终端，以及数字教学管理系统平台，在无线网络环境中，与云服务器、教师机、电子白板等构建数字互动课堂，实现更理想的人机互动。除此之外，利用技术和资源的优势，学生进行探究性、发现式学习能够真正有效地开展。在这样的课堂中，电子教材终端能起到"催化剂"一样的作用，改善教学中资源的供给和获取方式，改进师生的角色和行为方式，改良课堂生态环境，学生被充分调动参与到教学之中，真正成为课堂的主人。

借助电子教材，学生可以在教学的进程中，及时整理自己的思路、认识、问题和收获，将其转化成可视、可听或可读的媒体信息，与教师、同学进行交流。在这样信息涌动不息的课堂，学生的知识和能力也在不断地发展。电子教材给学生更多的表现和展示的机会，同时也督促和约束他们积极配合教师完成学习任务，反馈自己的学习收获。教师则可以对学生的学习状态进行监控，实时把握学生的学习进度和状况，进而给予针对性的帮助和指导。

理想的电子教材能帮助教师实现数字互动课堂教学，结合电子教材的移动终端和教学管理平台，实现课堂上生—生互动、师—生互动、资源共享、小组合作学习等。具有开放性、可扩充性的电子教材，可以让教师把教学课件和拓展资源结合进去，使课堂教学内容更丰富、直观和生动。

利用电子教材，教师在课堂上可以从教师端发送学习内容供学生自学或练习，这些内容可以是有差异性，满足学生个性化的学习需求。同样，利用"网络＋平台＋终端"环境，快速把握学生的在学习过程中的成果和反馈。教师可以根据学生学习情况调整教学内容和教学进程，以突出针对性和生成性。另外，还能把学生的学习成果分享给其他学生学习和借鉴。

值得一提的是，电子教材可以提供比传统的课堂应答（Classroom Response Systems，CRS）更优的功能。CRS是一种允许教师快速收集和分析学习者对于课堂问题的反馈结果的教学技术，通常由答题器、接收器、计算机及相应软件系统四个部分构成。教师向学生展示一个问题及相应的多个选项，学生使用类似表决器的电子设备提交答案，教师可以实时查看和展示学生的详细答案，以及回答正误情况的统计分析图。

电子教材实现的课堂应用不只是能让学生完成选择题，还包括填空及简答题，当然统计系统目前还只能对选择结果进行统计分析，对不易量化分析的结果可以进行展示和分享。这种应用充分调动每个学生参与到问题的积极思考和回答中，实时的反馈能极大地激发学生参与的积极性。

案例：学生成果展示

以往进行学生学习情况反馈时，总需要老师走到行间反复巡视，挑选比较典型的学习成果。被选中的学生要端着作品走到前边，在走的过程中还会发生作品掉落现象；作品放到展台上要重新拼摆；还要对实物投影仪进行调试，达到清晰后才能讲解自己的操作过程。在实物投影仪上看学生的操作过程往往不是很清晰，还浪费很多宝贵的时间。运用电子教材的展示功能，学生的作品只需轻松点击就可以将推送到大屏幕上。学生不用走到前边，也不用站起来，坐在座位上就可以进行操作、讲解和清晰呈现。

以往学生做完练习，老师只能通过举手的方式了解学生的正误。电子教材管理平台能在教师机上统计出每个孩子的做题情况。教师针对统计情况，请答错的学生谈谈自己的思路，组织答对学生与其进行交流、辩论、讲解。即时反馈能使所有的学生在课堂上将问题及时解决。

三、翻转课堂教学

翻转课堂也被称作"颠倒课堂"，是信息技术辅助下的一种新型教学结构，是技术给课堂教学带来的重大变革。它强调"先学后教"，让学生利用信息技术手段在自主学习（如观看教师的讲授视频）、自主练习的基础上，在课堂中进行学习成果展示，然后由教师进行指导、评价。这种教学方式更加显著地突出学生的主体地位，但对学生的学习资源、学习条件有更高的要求。

利用电子教材进行翻转课堂学习时，教师会在课前将教学微视频和帮助学习的问题、练习推送给学生，学生使用电子教材自主学习，完成相关练习后核对答案然后将学习的结果提交给教师，让教师了解自己的学习状况。教师根据学生的整体学习情况准备教学，在课堂上有针对性地引导学生思考、讨论，或进行讲解。并在此基础上进一步提供给学生更高层次的学习任务。总之，电子教材可以作为教师提供教材之外的资源的演示工具、练习的平台、与学生沟通的桥梁，作为翻转课堂教学方式的实施的基础和保障。

当前我国很多中小学借鉴国外理念，开展翻转课堂教学实验，虽然取得了初步的成果，但仍然欠缺非常成功的经验和成熟的模式。有很多问题还需要深入研究，比如，在人文学科和科学学科中应用的效果似乎存在不小的差异，学生的学习心理机制与其他教学方式有什么样的本质区别仍然不很清楚，教师和学生在教学中的作用该如何重新定位，以及很多人担心把课堂教学内容转移到课外导致学生学习负担加重等。

四、"引导自学"教学

电子教材在设计时突出学生的自学，这也是其优势所在。如果教学中在教师的引导下，更有目的性、带着学习任务进行自学，并在遇到困难时得到教师的指导和帮助，教和学的效果都会更加理想。

"引导自学"教学过程貌似简单其实复杂。在教师引导环节，教师要创设学习情境，激发学生学习热情，帮助学生明确学习任务，清楚学习目标。通常还提供一些驱动性和开放性强的问题，让学生带着任务进行自学，以避免学习的盲目性。在学生自学环节，教师需要关注学生的学习状况，查看学生陆续提交的问题答案，对学生暴露和提出的问题进行点拨或解答。并且在必要时，推送适量学习资源或能够支持学生问题解决的内容到学生的电子教材中，发挥"学习支架"的作用。学习完成之后，教师通常会让学生代表进行展示，其他同学进行评价。最后教师进行综合评价，针对比较集中的问题进行分析、讲解、示范等。

"引导自学"教学方式是教与学的有机统一，教师的主导作用、学生的主体作用都得到恰如其分的发挥，两者相辅相成、相得益彰。叶圣陶先生曾倡导这样的教学方式，他指出，"教学是为了达到不需要教""达到不需要教，就是要教给学生自己学习的本领，让他们自己学习一辈子。""愤悱启发是一条规律：好比扶孩子走路，能放手时坚决放手。"①

案例：小学语文教学中分层自主进行生字学习

电子教材中有 12 个生字的学习任务，教师让学生根据自己的学习状况和能力自主选择进行学习。对于学习基础较弱的学生来说，目标是用 5 分钟时间学会不认识的 7 个字；对于学习基础中等的学生来说，目标是用 3 分钟时间学会生字。学习完成之后可以进入自我验证环节检验自己的学习成果。在进行这个环节时，教师播放节奏稍快，起限时作用的背景音乐，增加趣味性的同时也督促学生更加专注。同时，还可以提升学生学习的积极性，而且能使他们马上找到自己的学习漏洞，实现再学习的过程。对于学习能力很强的学生来说，他们的目标是直接进入自我验证这个环节，完成后有充分的时间进行拓展阅读。

在学生个体与学习资源的交互过程中，改变了以往教学中此环节由教师一一讲解的费时低效做法，真正达到自主分层学习，低耗高效的目的。

五、虚拟学习社区

电子教材可作为一个重要的纽带和桥梁，将学生与教师、学生与学生联结起来，实现良好的人机互动、人与学习资源互动。

在课堂之外，利用网络和通信应用软件，学生可以与教师、同学进行实时、非实时的沟通，弥补时空的隔阂，建立更有效的"学习社区"或"学习

---

① 任苏民. 叶圣陶"引导自学"思想研究[J]. 教育研究与实验，1994(4).

共同体"。在一些建立了校际联盟的学校，除了与本校、本班的教师和同学进行互动，技术完全可支持"虚拟学校""虚拟班级"的学习，让教师、同学的概念超越实体学校。很多国内学校尝试与国外建立友好学校，让国内外的学生进行协作学习，并获得双方教师的指导。要满足这样的需求，电子教材能够"大显身手"。

基于当前我国中、小学大班教学的实际情况，学生每天大部分时间都在学校与教师、同学面对面地度过，虚拟学习社区的价值只有在周末、节假日才能显示出来，然后它却是未来"学习型社会"最有效的学习方式，既节省了时间、交通等成本，又有跨越时空地让学习者与同伴、教师进行"对话"。这样的环境下，学生既是知识的"消费者""接受者"，又是知识的"生产者""贡献者"。总之，虚拟学习为中小学生适应未来在高校，以及走向社会的学习奠定了重要基础。

六、数字作业管理

作业是教学中不可缺少的重要环节，用以督促学生落实所学，加深对知识的理解，学以致用，举一反三，同时也是教师了解学生学习状况，对学生进行个性化指导，巩固教学效果的机会。

教师可以利用电子教材教学管理平台中的作业系统实现数字作业管理，主要包括以下功能：

（1）向学生布置作业。作业的来源可以是三种，一是教师手工编制，一是利用试题库生成，再一是外部导入；

（2）接收学生完成后提交的作业；

（3）客观性作业题由系统自动评价和反馈，主观性作业教师用它批阅之后向学生反馈结果和指导意见。批阅时，除了采用传统的分数、等级、评语评价方式，教师还可以利用技术手段对作业进行标注、审阅编辑、删改、补充等，针对问题推送补救练习，以及将优秀作业推送到作业展示区供其他学生学习参考，形式灵活多样，突出反馈的深度和针对性；

（4）管理系统能自动对学生的完成情况进行量化统计和分析，生成作业状况分析报告，供教师了解班级整体以及学生个体阶段学习情况，实现学习的数字化管理。如果有必要的话，教师可以把学习状况报告提供给学生，让其了解自己的作业质量在班级中所处的大体位置，以及自己的个性化问题。还可以反馈给家长，让家长对孩子的学习状况也及时了解，并力所能及地提供引导和帮助，构建家校合作新模式。

这样的作业上交和下发的方式，提高了收发的效率，而且便于统计和保存，学生能轻松地汇总自己的错题形成错题集，学会反思自己的错误，从错误中学习。对于像数学这样存在特殊符号，用键盘录入效率较低的学科，可配备电子笔在屏幕书写，或采用先在纸张上书写然后拍照上传的方式解决。

针对学生在学业水平、学习能力方面的差异，数字化的作业管理系统还允许教师布置差异化的作业：把作业题按照难度分成几种类型，如"挑战型""超越型""巩固型"，让学生根据自身实际情况和学习目标选择一类或几类适合自己的作业。如果低难度作业学生都完成得非常理想，平台可建议其挑战更高难度作业。总之，这样的作业方式是在承认学生发展差异的基础上，既保障起码的教学要求，又激发学生上进心、好胜心，争取更好的学业成绩。

作业管理系统可以包含成绩管理功能，方便教师上传学生平时学习成绩，并对成绩进行各维度统计分析，生成平均分、最高分、最低分、各分数段人数、标准方差等数据，帮助教师把握班级整体及学生个体学习水平，以及测验中各道试题得分率，找出共性问题所在。管理系统还便于班主任、学校跟踪了解学生各科学习状态，对学习不够投入或暂时掉队的学生及时进行干预和帮助。

七、多元教学评价

评价是教学中的重要环节，通过评价，让学生了解自己的学习状况，指引其努力的方向。传统的课堂，评价方式虽然也有学生互评，但更多的是以教师评价为主，而且能够在课堂上展示和表现的学生人数和频次都非常有限。利用电子教材，学生可以将自己的观点、成果、答案提交到教学管理平台，供其他同学学习、质疑、讨论。其他同学可以用多种方式进行评价，如打分"献花""点赞""跟帖"等，还可以将优秀的成果"置顶"。学生既是被评价者，又是评价者，这些多元、交互、形式多样的评价方式促进学生把握自己的学习状态。另外，以赏识性、激励性为主的多元评价使课堂的气氛更加活跃，学生更积极踊跃表现自己，学习的主动性更强。教师可以通过管理平台汇总的评价结果，及时快速地了解学生的学习状况，以便更有针对性地进行教学调整。

评价的另一个变化是，除了结果性评价，借助网络支持信息快速传递，电子教材更有利于进行实时的过程性评价，让被评价者（学生）能够"趁热打铁"，及时获得教师和同学的建议和帮助，让学习体现出更强的团队性、合作性，达到更理想地的学习效果。

八、电子备课

备课是课堂教学顺利实施的前提和保障，传统纸质化的备课方式显然与数字化教学比较脱节，不利于电子教材内容与数字教学资源的整合应用。采用电子备课方式则使两者在数字层面上实现了对接和贯通。

教师可以利用电子教材中教学管理平台的备课应用，将资源库中的资源进行优选、改造和组合，并按需开发课件资源，再把这些资源利用电子教材备课系统工具软件有机整合在一起，形成切合师生特点和需求的课堂教学资源。这种备课方式的好处较多：一是提高了备课的效率；二是将电子教材内容与补充的教学资源有机整合在一起，避免教学资源与教材内容的割裂，使两者都能够得到充分地应用；三是将"备"和"教"结合在同一平台、同一终端设备；四是更便于将备课资源与学生、同事进行交流分享。

需要强调的是，以上列举的一些教学方式都不是电子教材带来的全新事物，在没有电子教材的信息技术环境中它们都已经得到一定的应用和推广，电子教材所起的作用是对这些方式的增强、整合，使之系统化、一体化于电子教材这个教学的核心工具之上，使之能够被应用得更加自然、顺畅，更能产生实效。

第六节　电子教材促进学的方式变革

教育技术的快速发展与应用，使得学习日益呈现出数字化、个性化、社交化、碎片化、泛在化等特征，尤其是近年来慕课、微课、翻转课堂等技术驱动的变革性学习理念和教学模式的广泛实践，正深刻冲击并改变着传统的学习理念、学习模式、学习手段、学习方法和学习内容。[①]

① 许涛，禹昱. 技术在学习中的应用——2016年美国国家教育技术计划解读[J]. 现代教育技术，2016(4).

　　教育技术的应用，使学生的主体地位更加得到关注和凸显，学习方式也变得更加灵活多样。学生可以根据自己的特点和需求，结合学习目标，选择更适合自己的学习方式。电子教材对教育技术的整合应用，使这些学习方式得到进一步地促进和加强，产生更好的效益。电子教材给学生学习带来的影响主要体现在两个方面，一是利用电子教材的反馈功能，实现人机交互式的学习；二是利用电子教材作为人际交互的工具与同学、老师进行交流沟通，实现协作学习。

一、自主学习

　　自主学习是相对被动、接受学习而言，具有自我导向、自我激励、自我监控等特点。自主学习是学习者灵活运用元认知的策略，进行元认知的学习，能够自我激发学习动机，具有积极的自主学习的态度或心向的学习。①

　　为何学生的自主学习越来越受到重视？随着教育理念的发展，人们逐渐认识到教育不能不顾及学生的差异，把他们整齐划一地"加工"成教师期望的"教育产品"，理想的教育应是促进每一个学习者在原有的基础上成长，达到最基础的要求，同时发扬其自身所长，其特长、特色正是未来社会建设所需要，最有价值的教育追求。真正的教育需要给学生提供相对自由的空间，让他们把握自己的目标和方向，按照自己的需求进行选择性的发展。正如 20 世纪 70 年代著名思想家伊凡·伊里奇在《非学校化社会》一书中对传统的学校教育进行的批判，他认为与工业社会相适应的传统学校教育具有组织化的压制性、强迫性和仪式化的欺骗性、虚幻性，而真正的教育是具有创造性、自主性和现实性的。

　　如何才能实现自主学习？建构主义理论、联结理论、信息加工理论、认知理论都或多或少强调了以下几个方面。一是学生的学习兴趣和欲望能被调动起来；二是学习的资源充足，满足个性化选择需求；三是在学生需要时，能提供必要的提示和引导；四是给学生提供展示学习成果的机会和平台，激励和保证学生自主学习的质量和效果。相应地，对电子教材的设计提出了以下要求：以学习情境为铺垫，以问题思考为驱动，调动学生的学习兴趣和欲望；提供丰富的学习资源，以分类、超链接方式进行有层次

---

① 章伟民，曹揆申. 教育技术学[M]. 北京：人民教育出版社，2000：182.

地呈现，让学生能够追根溯源、层层深入；在学生可能出现困难和障碍之处设置人机交互，帮助学生渡过难关；提供学习创编工具让学生形成学习成果，再利用教学管理平台加以分享，并得到教师和同学的评价和建议。

学生的学习风格不尽相同，利用电子教材进行自主学习可满足他们的差异化需要。拉伊(W. A. Lay)在《实验教育学》中曾经介绍了一个跟踪实验，发现学生所表现出来的不同学习风格：有 47.1% 的学生属于视觉型，17.6% 的学生属于听觉型，35.3% 的学生属于触觉—动觉型。而且学生的学习风格类型会发生变化，在 2 年后，听觉型的人数下降了 7.5%。电子教材中包含多种媒体资源，视觉型的学生可多选择图像、视频等资源学习，听觉型的学生可多选择音频、微课讲座视频资源，触觉—动觉型的学生可通过人机交互方式学习。

理想的电子教材，在设计时会重视辅助学生自主学习，利用电子教材提供的学习引导系统和实时反馈指导，充当一个时时陪伴且不厌其烦的教师，避免学生"孤军奋战"而产生畏惧心理、畏难情绪。除了呈现学习内容，学习跟踪系统会记录学生的学习情况，分析学生的学习效果，并生成学习分析数据，以帮助学生把握自身学习状况，增强学习针对性，提高学习效率。

案例：利用微课视频学习石膏版画制作(小学四年级美术)

石膏版画的制作是一个比较复杂的过程，传统教学中教师在课堂进行演示存在以下不足：一是花费的时间较长，让教学节奏变得拖沓；二是由于教室空间较大，很多学生不能看清楚操作的细节；三是限于时间通常只能演示一遍，如果学生对关键细节没有及时把握，将直接妨碍其学习效果。

微课视频录制前，先设计录像脚本、讨论、修改、确认。然后对教师的示范操作和讲解进行录像，编辑加工以突出重点和关键，形成清晰度较高的微课视频，编排在电子教材中。学生可以结合自身实际情况进行观看、学习和模仿，直到掌握为止。

点评：对这样涉及学生操作实践的内容，提供微课视频供学生自主学习，一方面学生可以看到更丰富的细节；另一方面可根据自己的需要调整播放的速度，对一时尚不明白的地方可以暂停、回看和重复观看。总之，有利于学生学习效率和质量的提升。

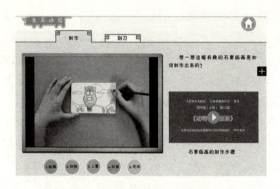

图 5-3 石膏版画制作的微课视频

二、数字阅读

电子教材内容常采用超链接方式编排，将内容进行相互关联使之网络化、立体化。学生在把握学习目标的基础上，可根据需要进行非线性阅读，点击链接实现灵活跳转，对自己感兴趣的领域或需要深入学习的内容，进行选择性、研究性的学习。这样的阅读方式，能满足学生自主学习的愿望，是线性阅读的重要补充。

除了与纸质教材类似的文本之外，数字阅读内容还包括大量的多媒体资源。实验心理学的研究证明，在学习过程中，视、听觉并用，协同发挥图像信息和语词信息的作用，具有很大的优越性。[1] 京版电子教材中提供的媒体资源(包括微课教学视频)，学生可根据自己学习需要控制其播放，包括起止位置、快慢、音量、重复次数等。这种人机交互，可满足学生在能力水平、接受快慢、学习重难点等方面的个体差异，达到让每名学生按自己的需求达到理解和掌握的目的。对一些物体的三维动画，使用者可以控制它进行 360 度旋转，停在任意位置，并自如地缩放，从不同角度观察以充分了解物体的所有细节。总之，具有重现性、可控性的数字资源，与传统课堂教师讲授的信息相比，后者不可复现且快速衰减，无疑更有助于学习效果的提升，由此不难看出数字阅读体现出的独特优势。

三、自主探究

新课程非常显性地将"过程与方法"列为目标维度之一，以引导教学由

---

[1] 李永健. 技术优化学习的理论与实践[M]. 杭州：浙江大学出版社，2010：31.

传统的"重结果"向"重过程"或"过程与结果并重"转变。无疑，探究性学习是落实过程目标的重要方式、不二选择。

自主探究与自主学习在特点上有一定的相似性，都强调学生自己完成学习任务，不同的是自主探究强调学生自己运用各种学习资源，进行实践、分析、归纳形成结论或成果。也可以说，自主探究是一种特殊的自主学习。

电子教材中提供的探究性学习资源，可引导学生在终端上进行操作，完成自主发现知识和得出结论的任务。电子教材会对学生完成的情况，提供实时反馈、评判和进一步的引导，直到学生最终完成学习任务。

利用数字化的资源，探究学习变得更加丰富多彩，存在更大的发挥空间。电子教材在设计时可以把很多知识结论暂时"隐藏"起来，而提供给学生一个个探究任务，让学生完全自主或在引导下，利用素材进行科学的推导、尝试或实验。当遇到困难和障碍时，电子教材可针对性地提出建议，帮助学生越过障碍，向"下一步"进发，直到达成最后的目标。

案例：吨的认识（小学四年级数学）

如图 5-4 所示，虚拟一个大磅秤，允许把一定体重的学生"放"上去称重。假定一名小学生体重为 25 千克。学生点击屏幕上的"＋"，秤上的学生人数逐渐增加。当增加到 40 人时，屏幕提示"1 吨"。

让学生填写："1 吨＝_____千克"。

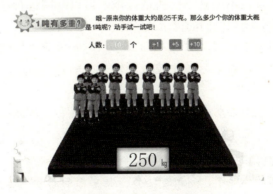

图 5-4　自主探究学习

点评：不直接把"1 吨＝1000 千克"的知识灌输给学生，而是让学生通过虚拟实践，体会到：吨和千克一样，是质量单位；吨是一个比千克更大的单位；通过计算得出"吨"与"千克"的转换关系，1 吨相当于 40 名体重为

25千克的小学生的质量和。这样的学习方式，学生在获得理性化的知识的同时，加深了感性认识。

四、课外实践

素质教育理念倡导让学生走出教室，到社会、到自然中学习更鲜活、更联系实际的知识，在发现中获取知识。在这个过程中，学生对获得的知识理解和记忆更深刻，更感受到知识的应用价值，他们发现问题、自主解决问题的能力都得到促进和提升。然而，这样的实践性学习在传统的教材及教学方式下不易取得理想的效果，一是记录学习成果比较困难，二是遇到很多新问题新知识不能及时获得帮助，三是学习的收获不能很好地分享。这些也都影响到学生学习的积极性和学习的深度。

结合教学内容和目标，学生可以携带电子教材，在课外时到校园里，以及校外的动植物园、公园、学习实践基地、野外等场所进行实践学习，也可以进行一些调研，电子教材则能充当一个非常重要的"拐杖"：

第一，教材内容尽收其中可以随时查阅和温习，学生可将概念理论知识放到实践中进行印证；

第二，实践过程可以通过多种方式灵活记录，包括文字记录、录制语音、采集数据，拍摄和录制等；

第三，遇到自己不能独立解决的问题，可以联网进行查询，也可以向同学和老师求助，得到他们的提示或解答；

第四，学习成果可以及时保存和分享。与同学分享所收集的成果，进行展示和互相评价，在学习和比较中激发自己的好胜心，督促自己应更加认真和努力；

第五，电子教材移动终端本身具有的 GPS 定位、罗盘、压强、距离感应等功能，为学生的实践提供重要的技术保障。

案例：研究噪声的来源与防治

学生在教师的指导下，利用连接声音传感器的移动电脑设备，开展"校园噪声的来源与防治"的研究。

在初步学习了声音的原理和噪声基本知识，掌握了声音测量和记录方法后，学生按照任务分工形成不同的小组，在校园中不同地点通过声音传感器测量噪声情况，以及在不同时间段的情况差异。然后通过互联网收集资料、上传数据，小组合作分析得出最终研究成果，给学校提出噪声防治的建议。

五、虚拟学习

在电子教材内容开发时，可根据需要创设二维或三维的增强现实的虚拟情境，让学生在近似真实的情境中发现知识，感受知识的应用环境，领略知识的魅力。这样的学习方式在给学生更深刻体验的同时，也让学生在相对复杂的环境中应用知识解决相对综合性的问题，有助于学生创新能力的培养。

虚拟仿真实验教学是虚拟学习的另一种方式，近年来得到国家教育部的高度重视和强力推动。教育部于2013年发布《关于开展国家级虚拟仿真实验教学中心建设工作的通知》，鼓励有条件的高校开展相关研究。目的在于进行虚拟仿真实验教学，依托虚拟现实、多媒体、人机交互、数据库和网络通信等技术，构建高度仿真的虚拟实验环境和实验对象，学生在虚拟环境中开展实验，达到教学大纲所要求的教学效果。① 经过申报和遴选，批准清华大学数字化制造系统虚拟仿真实验教学中心等100个虚拟仿真实验教学中心为国家级虚拟仿真实验教学中心。

在基础教育阶段，虚拟学习的资源也有一定的开发和积累，如虚拟物理实验实、虚拟化学实验室等，可以择优转化到电子教材之中。另外，还有一些仿真度极高的应用资源，其开发思路值得借鉴。如苹果应用商品中星空漫步(Star Walk)、车库乐队(Garageband)等，使用效果令人惊叹。

对可能发生爆炸、产生有毒气体等给学生安全带来威胁的实验，应利用虚拟仿真实验进行教学，其他的实验则应"虚实结合"，先保证完成真实实验，给学生真实的感受和体验，必要的话再利用虚拟实验，改变实验条件和参数以拓展和丰富学生的认识。

六、游戏学习

游戏深受青少年喜爱，不少益智游戏帮助他们在娱乐中学会了很多的知识，掌握了一些重要的技能。正如著名心理学家皮亚杰所指出的，认识活动发端于游戏，游戏又回过来加强认识活动。

---

① 关于开展国家级虚拟仿真实验教学中心建设工作的通知[EB/OL]. http://www. moe. edu. cn/publicfiles/business/htmlfiles/moe/A08 _ sjhj/201308/156121. html, 2013-08-13.

游戏式学习是很多学者近年来极其关注的研究重点，如何充分结合学生的认知规律、学习喜好、游戏心理，在学习内容中添加有趣味成分的"调料"，将比较枯燥难学的内容加工成能抓住学生好奇心、好胜心，调动其深度思维，学习新的知识或运用已有知识解决难关的益智游戏，并让他们能看到自己努力的成效，获得实时的激励反馈，进而沉浸其中乐此不疲，不知不觉就达到了学习的目的，这仍然是一个不小的难题。

同样，寓教于乐、游戏化学习是电子教材的重要努力方向。在电子教材中开发一些学习性游戏，让学生在学习的过程中或学习之后，利用游戏检测或巩固所学内容，满足了学生热爱游戏的天性，让他们在竞赛和闯关中不知不觉达到学习目的，进而在一定程度上利用技术实现了减轻学生过重学习负担的长远目标。

除了单机游戏，同学之间联网玩比赛性质的游戏，看谁完成的学习任务数量更多、质量更好，或闯关的级别更高，这样在你追我赶、互不相让的角逐中，学生会积极开动脑筋、全力以赴地投入学习游戏中，还能相互取长补短、互相促进。

虽然近年来对游戏学习的研究愈发重视，但必须承受，儿童在游戏时为何能沉浸其中，大脑为何能在紧张刺激的挑战中产生兴奋愉悦感，其心理机制是如何形成、运作并得以维持，不同类别的游戏儿童得到的收获都有哪些，诸如此类的问题，仍然研究得不够深入，有待进一步加强，而得到的研究成果无疑对游戏学习有极其重要的指导价值。

当然，对于游戏应用于学习，很多人有不同的看法，认为游戏是一种伴有愉悦或紧张情绪体验，以休闲为出发点目的性并不强的活动，而学习需要有严肃认真的状态，是有目的的活动。再有，游戏主要运用经验解决问题，学习则主要获得新的知识，进行新的探索。基于这些原因，把游戏与学习有效结合起来并非易事。这些观点虽不无偏颇，但也有中肯之处，因此在进行学习游戏开发时，要考虑到学习和游戏在学生心理、生理、活动等方面的差异和联系，找到理想的结合点着手，并充分认识存在的困难和挑战性。总之，无论是设计者还是开发者，不进行深度钻研的确难以开发出高水平的学习游戏。

七、技能训练

运用信息技术进行一些技能的训练在许多领域都取得了成功，例如模拟驾驶、模拟手术、模拟战争、体育竞技项目训练等，甚至航天员的多数操作技能都是通过虚拟训练完成，这些训练方法极大地节省了经济成本，同时又能从原理和细节上把握这些技能的一些关键之处，效率得到明显的提升。把这样的虚拟训练与实际操作结合起来，就往往能产生事半功倍的效果。

同样，电子教材可给学生提供一些相对简单的学科技能训练的空间，例如中英文书写、字词记忆、朗读、歌唱、绘画、实验、观察、表达等。结合技术分析软件对学生的表现进行评判，指出其中的优点，和存在的不足及原因，帮助学生把握自己的学习状况和努力的方向。

不要也不应低估电子教材在这方面的优势，它能发挥对实际操作练习非常有效的辅助和补充作用。以汉字书写为例，学生可以先观看笔顺动画，进行仿写，然后在文字虚框内书写，并尽可能把框中填满（如图5-5所示）。经过这样的训练之后，学生再在实际纸张上下笔时，基本能做到笔顺正确、笔画规范、间架合理、书写美观，实现了比纯纸笔书写更佳的效率和效果。

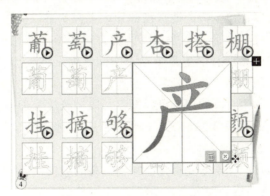

图5-5　书写技能训练

再如，当前有一些把音频识别技术融入其中的高质量教学软件，可以对学生的朗读、歌唱的音频进行技术分析，比对规范的样本后，能准确地指出学生的问题所在，是发音、音调、音的长短还是其他问题，再让学生纠正存在的不足进行强化练习，学习效率和效果大大提升。这些软件不只是减轻了教师的负担，更是在科学性、准确性以及个性化辅导方面，发挥了教师难以发挥的作用。电子教材需要将这些功能纳入其中，与教学内容同步。

八、学习自测

测试是督促学生认真学习，巩固学习成果的重要手段，也是教师了解学生学习状况的常用方式。在传统的学习中，学生面临学习测试时往往是被动的，面对测试者——教师，学生会有巨大的心理压力。这样的测试让学生负担加重的同时，教师阅卷的工作负担更是成倍增长。因此，这样的测试频度需要合理控制在师生可以承受的范围之内。

电子教材中提供的检测练习，可帮助学生检测自己的学业水平，找到学习的不足和后续努力的方向。在目前阶段，一些选择、填空、匹配等形式的练习，电子教材可以把学生的作答与正确答案进行比对分析，并给出实时反馈，甚至是启发性的建议。这种人机"对话"的方式，很大程度上把教师从简单重复的工作中解放出来。电子教材的实时反馈与教师的延后反馈相比，更能让学生"趁热打铁"保持学习的热情。另外，相比起教师"一对多"指导学生时的力不从心，电子教材"一对一"陪伴和指导无疑具有优势。

学习自测可以让学生清楚地自己的知识掌握状态，引导学生总结反思，帮助他们搞清哪些内容已经掌握，哪些地方仍然学得不扎实。理想的电子教材还结合习题库，针对学生集中暴露的问题提供补救练习，进行强化训练，让他们的时间和精力花在最需要的地方。

需要的话，学生自测的记录可以保存，通过教学管理平台反馈给教师，供教师了解学生的知识掌握情况，以便有针对性地帮助学生，以及根据整体状况合理调整教学计划。

这样的学习自测，学习变得知己知彼、有的放矢，"让学生成为学习的主人"的口号才有望成为现实。

九、协作学习

协作学习由来已久，是一种重要的学习方式，并非只应用在数字化学习环境中。随着学习认知理论的发展，人们发现个别化学习是远远不够的，很多高级认知的学习采用协作学习效率更高，学生的收获更大，能起到事半功倍的效果。传统的协作学习要求学习在相同的时间和空间进行，合作的频度和深度难免会受到制约。数字化协作学习则可突破这些限制，学生利用网络和电子教材移动终端，实现跨时空交流，共同阅读、讨论，分享学习收获，相互答疑解惑，以及共同完成学习的任务，对学习内容共同进

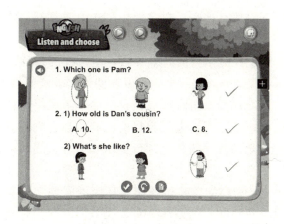

图 5-6　学习自测

行探究性学习等。

　　一些研究发现，学生从同伴获得的启发和帮助，在学习收获中相当的比重，相比教师更直接、更易于接受。即使是辩论和竞争，也有助于满足学生与生俱来的好胜心，促使他们学习更专注、更注意创新。而且，学生之间的差异、互补使得彼此都能成为对方学习的资源。再有，在学生互帮互促提高学习效益的同时，其合作意识、合作能力都得到促进和发展，为学生适应未来走向社会将经常面对的协同工作打下基础。

　　如果协作学习的平台且有自动评价和互相评价功能，每名学生在提交成果的时候，平台自动对其贡献进行量化，给予相应的评分、等级或奖励，这将更有助于调动学生参与的积极性，同时对贡献相对少的学生也会形成督促和鞭策。对于非常有见地或创新价值的贡献，同学可以"献花"，将其"置顶"，这种互相激励、互相学习的良性互动机制，对组内每位参与者都会极有裨益。

十、移动学习

　　移动学习是针对学习场所是否固定而言，既可以是自主学习，也可以是协作学习。传统学习主要是在课堂上发生，学生在教师讲解和引导下接受知识，学习的时间和空间是相对固定、非"移动"的。为了克服传统教育的弊端，素质教育要求学生尽可能多地进行研究性学习、实践学习，并打破学科之间的壁垒，跨越学校与社会、家庭的边界。在这样的背景和要求下，移动学习成为一个非常重要的学习方式，让学校的概念由传统的围墙、校园、教室变得不再那么清晰，数字学校、空中课堂都将成为课堂的直接延伸和拓展。

数字技术有助于打破学习的时空界限，使传统的"正式学习"和现代化的"非正式"学习有机结合起来。学生可以在课堂之外观看教师的讲解视频，学习教师提供的学习资源；向教师提交自己的学习成果，获得教师对自己学习的评价和指导；自主阅读电子教材的内容，当遇到困难时，电子教材可以在一定程度上充当教师的角色进行提示和引导。当然，也可以远程向同学和教师求助。

总而言之，电子教材能突破传统应用环境的限制实现移动学习，帮助教师和学生摆脱时间和空间的束缚，实现无障碍的交流与传输，支持师生之间、生生之间的即时沟通，资源共享，让社区、博物馆、大自然、家庭等都成为学生喜爱的学习场所。

第七节　京版电子教材应用调研

调查研究是通过有目的、有计划地考察了解客观情况，直接获取有关材料，并对这些材料进行分析的研究方法。它在科学研究中极其常用，同时也具有重要应用价值。在电子教材研究中，通过调研，一是可以了解师生的教育技术应用经验、水平，二是可以了解他们对电子教材的态度，三是可以获得他们对电子教材的期望。获得相关信息，有利于把握好研究的方向、起点和切入点，避免陷入主观和盲目，偏离正确的方向。对确定电子教材的定位，把握电子教材的开发目标，为电子教材的应用提供各方面的准备都有重要的参考作用。

调研最常用的方式是发放调查问卷。这种方式的优点是效率高，在较短时间内可以获取较丰富的普遍性的数据。但如果与被调查者缺乏必要的沟通，不能打消他们的顾虑，并要求他们采取认真的态度，可能获得的数据并不非常真实可信。另外所获得的反馈往往都停留在表面，对师生所持态度的产生背景难以洞悉。因此除了问卷，最好配合访谈的形式，就问卷中反映出来的结果进行当面核实，并了解其深层次的原因及思考。

调研的时机可根据需要，灵活安排在不同时间段，一是电子教材应用之前，一是应用的过程中，再一是应用之后。最好是全程覆盖，有前测、中测和后测，以便通过对比发现实验对师生及教学的影响，带来的各种变化。

一、信息技能及对电子教材看法的调研

为了了解北京市小学生媒介拥有、使用、认知等方面情况，2012年，以北京市朝阳区一所小学三个校区的全体学生进行了问卷调查。调研对象为2465名对电子教材尚不了解的学生，且大部分居住在城区。问卷回收率为96.80％。

调查发现：93.3％的学生家中可以上网；超过50％的学生拥有QQ账号，但只有39.2％的学生有邮箱；80％以上的学生每次上网时间通常在1小时以下；44.2％的学生有电子学习机；15.5％的学生表示自己经常用电脑、电子书、平板电脑或手机等电子设备进行阅读。分别统计"经常用"和"从来不用"电子设备进行阅读的学生所在年级，可以发现随年级升高"经常用"电子设备进行阅读的学生比例会升高，而"从来不用"的学生比例会明显下降。由此可见，年龄是影响学生是否经常使用电子设备进行阅读的重要原因。

当问及学生对把现有的课本内容都"装进"电纸书或平板电脑，用这些电子设备代替课本进行学习的意见时，参与本次调查的学生中，有12.6％的学生表示这样做"很不好"，10.4％的学生表示"不好"，28.4％的学生表示"一般"，15.0％的学生表示"好"，17.0％的学生表示"非常好"，16.5％的学生表示"说不清"。持反对意见的学生约占总体的23％，持支持意见的学生约占总体的30％，有接近30％的学生持中立意见，还有超过15％的学生认为"说不清"。这一结果说明学生对用电子设备取代课本进行学习的意见分歧还比较大。

对用电子设备代替课本进行学习会产生的问题或效果的调查，有22.0％的学生认为"用起来不适应、不习惯"，33.3％的学生认为"对视力可能有不好的影响"，10.5％的学生认为"可能会用它做一些与学习无关的事情，分散学习注意力"，2.2％的学生认为"保管、维护起来不方便"，15.5％的学生认为"更有吸引力，能提高学习兴趣"，7.4％的学生认为"更方便、快捷"，7.5％的学生认为"能实现很多课本无法实现的功能"，还有1.5％的学生选择"其他"。不难看出，学生对使用电子设备代替课本可能会产生的问题或效果意见是相当多元和审慎的，并没有出现压倒性意见。

二、电子教材需求及应用状况调研

(一)对学生应用电子教材情况进行问卷调研

2016 年，对北京一所实验学校有一定应用基础的四、五年级共 121 名学生(男生 63 人，女生 58 人)，就电子教材应用情况及感受进行了问卷调研(问卷见附录 1)，情况如下。

1. 学生信息技术水平及电子教材应用状况

表 5-2　学生信息技术水平及电子教材应用状况

题目	很符合	符合	一般	不符合	很不符合
我能熟练地使用手机、平板电脑（如 iPad）	69.42%	23.97%	5.79%	0.82%	0
我常常用手机或平板电脑（如 iPad)玩游戏	19.83%	20.66%	33.06%	15.7%	10.75%
我父母限制我使用手机和平板电脑的时间	62.81%	23.97%	10.74%	0.83%	1.65%
我父母支持我使用电子教材学习	28.10%	19.83%	38.84%	9.92%	3.31%
课堂上老师经常使用电子教材上课	16.53%	37.19%	36.36%	9.09%	0.83%

从这部分问题的反馈来看：学生电子设备的操作技能很强；大部分学生喜欢玩电脑游戏；使用这些电子设备都处于家长的管制之下，但家长对学生使用电子教材进行学习仍然持支持态度；教师在较高频度上利用电子教材进行教学。

2. 电子教材应用感受

表 5-3　学生电子教材应用感受

题目	很符合	符合	一般	不符合	很不符合
使用电子教材能够让我在一节课中学习更多的知识	47.93%	29.75%	17.36%	3.31%	1.65%
使用电子教材后，我的学习变得轻松容易	38.84%	28.10%	23.97%	6.61%	2.48%
使用电子教材能够提高我的学习成绩	21.49%	28.93%	38.02%	8.25%	3.31%

续表

题目	很符合	符合	一般	不符合	很不符合
我使用的电子教材知识容量比较适宜	47.93%	33.88%	15.70%	1.65%	0.83%
当我操作电子教材不顺利的时候，常常很不开心	9.09%	18.18%	23.14%	24.79%	24.80%
我能很容易地用电子教材完成我想做的事情	37.19%	41.32%	17.36%	2.48%	1.65%
使用电子教材，我能够更快地完成作业	28.10%	28.93%	31.40%	9.92%	1.65%
我发现需要费很大力气，才能熟练使用电子教材	4.96%	2.48%	26.45%	19.83%	46.28%
我很满意电子教材增加了学习的趣味性	53.72%	21.49%	22.31%	0	2.48%
我很满意电子教材，让我选择想学的知识	51.24%	27.27%	17.36%	0.83%	3.30%
我会借助电子教材与同学讨论最近学习的内容	35.54%	29.75%	26.45%	5.79%	2.47%
电子教材增加了我与教师在课堂上的交流	32.23%	25.62%	32.23%	4.96%	4.96%
电子教材增加了我与同学在课堂上的交流	33.06%	29.75%	26.45%	4.13%	6.61%
电子教材能够增加我的学习积极性	37.19%	33.06%	25.62%	2.48%	1.65%
使用电子教材时，我会注意力不集中	4.96%	3.31%	24.79%	27.27%	39.67%
使用电子教材时，我总想用它进行娱乐	9.09%	16.53%	26.45%	15.70%	32.23%

从这部分问题的反馈来看：绝大部分学生认为电子教材增大了知识的容量，使他们得到更多收获，且知识容量合理；大部分学生认为学习变得更轻松；学生对电子教材的使用没有太大的技术障碍；绝大部分学生认为电子教材增强了学习的趣味性，调动了他们的学习积极性；学生对所使用的电子教材持满意态度；电子教材增进了课堂师生、生生交流；学生使用

电子教材注意力不集中的情况少量存在，但小部分学生仍习惯性地把它当作娱乐工具。

3. 对电子教材的期待和建议

表 5-4　学生对电子教材的期待和建议

题目	很符合	符合	一般	不符合	很不符合
我认为电子教材应该与纸质教材尽量在版面上一致	49.59%	24.79%	20.66%	3.31%	1.65%
我希望电子教材里有更多的游戏化学习内容	33.88%	23.97%	29.75%	6.61%	5.79%
如果多使用电子教材，可以减轻书包重量，这很重要	36.36%	23.97%	25.62%	5.79%	8.26%
使用电子教材上课时，课堂纪律需要加强	53.72%	23.97%	16.53%	4.13%	1.65%
我相信电子教材能够提升我的学习成绩	24.79%	27.27%	33.88%	11.57%	2.49%
我相信电子教材能够提高我的学习效率	31.40%	26.45%	33.88%	5.79%	2.48%
我担心电子教材会对我的视力有不利影响	38.84%	22.31%	27.27%	3.31%	8.27%
使用电子教材会降低我的书写水平	21.49%	19.83%	23.97%	13.22%	21.49%
今后我打算继续使用电子教材进行学习	35.54%	28.93%	25.62%	5.79%	4.12%
我希望在更多的学科利用电子教材学习	52.07%	21.49%	22.31%	1.65%	2.48%
使用电子教材有利于提高我的电脑操作水平	48.76%	32.23%	14.88%	0.83%	3.30%

从这部分问题的反馈来看：绝大部分学生希望电子教材与课本版面一致，这样便于他们适应；游戏性学习受到学生的欢迎和期待；总体上，学生喜欢使用电子教材，非常渴望通过电子教材减轻书包重量；学生也感觉使用电子教材时，要加强课堂纪律要求；可能受家长的影响，学生有很大的顾虑，担心电子教材影响自己的视力健康；对书写水平，多半学生认为可能有不利影响，少部分学生则不以为然。

(二)教学应用访谈

在电子教材应用过程中，调研可以及时了解教师应用的感受，包括电子教材是否切合教学的需要，是否能突破传统教学的难点，电子教材应用的条件和环境是否得到保障。2014年，研究组对三所实验校30名教师进行调查，了解其整合技术学习教学知识能力(Technological Pedagogical Content Knowledge，TPACK)和应电子教材应用状况。试题共23道，总分值为161分。结果显示，教师的TPACK分值集中于90~120分数段，最低值69，最高值155，平均107。由数据看出，教师的整合技术教学能力差异较大，并且处于中等分数段，最低与最高分相差也较大。充分说明教师教学过程中，将技术整合到教学中，促进学生学习等能力还有待加强。

调查还发现，在缺乏有效组织和提供电子教材的情况下，一部分教师属于偶尔使用电子教材(或类似的数字资源)授课。并且在使用电子教材授课时，还是较多的时间属于教师主导，或者教师操作电子设备占用大部分时间，而学生实际动手操作的时间、次数较少。一方面说明应用电子教材还没有真正实现常态化，起到辅助教与学的作用；另一方面，忽视了电子教材特有的丰富资源和功能，依旧局限于教师的使用与演示，学生真正参与电子教材的学习活动时间少，因此会影响活动目标的质量和数量，发挥促进学习效果的作用比较缓慢。

进一步对某所应用电子教材还不是非常深入的学校中17名小学英语教师进行访谈，获得如下一些发现：

(1)对电子教材及应用电子教材教学的基本认识。教师认为，电子教材一定程度上可以满足学生学习需求和教师教学需求。比如，电子教材中的阅读活动可以满足学生随时点读和跟读，并且具有人机互动的功能；电子教材不应仅仅局限于教材或某系列的教材版本，更应该以教学目标为依托，拓展知识、技能目标和行动能力目标，这样才会与传统的多媒体教材有区别，与课件也不是同一概念。与多媒体课堂的区别在于：构建一个真实的情境让学生学习。不管是英语还是其他学科，都会建构一个积极主动的环境，把真实的生活环境带到课堂上。增加了互动性，学生操作、练习相应变多。

(2)应用电子教材教学活动的类型。学习活动类型多种多样，电子教材的应用可以使教学更加丰富多彩。某英语老师指出她选择的学习活动类型是符合增加输入和输出量的学习活动。在电子教材提供的游戏中，快乐地学习应以提高学习兴趣为目的。

英语学习中的综合运用一般会选择这样的活动类型：给孩子设置更多的场景，让他们在与教学内容相符的场景、类似的场景，或者是在课堂上的一种模拟场景中，进行联想、提取自己原有的知识和表达方式来畅所欲言。

(3)配套电子教材进行教学的素材资源的选择来源。教师获取活动资源通常来源出版社提供的数字资料、资源库中的学习活动、网络相关学习资源等。选择资源应讲究方法，有一定标准和限制。有老师谈到，重要的是根据学生情况选择，以针对性地提高学生的学习能力和效果。

(4)使用电子教材的影响变化。教师认为电子教材配合纸质教材学习，作用是辅助教学的功能。一般会在操练的过程，选择电子教材让同学们进行练习和巩固。如果用的时间过长，用于其他活动(如游戏或者一些小组合作活动)时间就不充裕。除了人机交互以外，还需要学生和学生之间的交互，学生跟老师之间的交互，这都需要大量的时间。电子教材提供了新的学习手段、教学手段，但教师还是主导，学习仍为主体，结合传统教学方式的优势，选择更适合扩充学生知识和学习机会的方式，进行教学和学习。

新技术的引用，不管运用到英语学科还是其他学科，大多数老师都认为激发了学生的学习兴趣和好奇心，操作性的内容增多有利于他们动手能力的提升，但教师组织课堂需要更多的时间，维护课堂秩序比传统课堂更加困难。

还有一位教师认为，技术对教学的促进，体现在辅助教学。学生通过电子教材把握自己的学习节奏和内容，增强了自主学习的能力；学生可以在课前教师准备好的资源区寻找自己感兴趣的内容进行阅读和学习，然后小组汇报分享，形成了一种新型的学习方式。

教师反映他们也担心电子教材会对学生视力造成伤害，因此也适当采取一些措施，比如，避免长时间阅读和学习，提醒学生注意与屏幕的距离等。

对教师的调研，也可使用书后附录2针对教师电子教材使用情况的调查问卷进行。

第六章　对电子教材的反思与展望

 【本章导读】

　　电子教材作为教育技术发展和课程改革共同作用和影响的产物，给教育者和受教育者的教学行为带来无尽的想象空间。然而，作为新生事物，对它的探索还有很长的路要走，因此在态度上需要既热烈又冷静，既大胆尝试又理智审慎。在开发和应用时扬长避短、趋利避害，努力应对推广所面临的挑战，切实把技术优势转化为教育优势，为促进教育均衡、减轻师生过重负担发挥作用，真正成为深化课程改革的重要助推力。

 【主要内容】

　　(1)电子教材蕴含的辩证关系；
　　(2)电子教材推广面临的挑战；
　　(3)技术优势与教育优势；
　　(4)电子教材与教育均衡；
　　(5)电子教材与"减负"；
　　(6)电子教材与深化课程改革。

第一节　电子教材蕴含的辩证关系

从哲学上说，辩证关系是指事物之间、事物内部要素之间以及事物的两重性之间的既对立又统一的关系。世上万事万物都存在矛盾对立统一的辩证关系，好与坏、多与少、轻与重，都是相对而言，没有绝对的好，同样也没有绝对的坏。在处理这样的辩证关系时，需要结合实际情况和需要把握合理的尺度，否则可能导致矫枉过正、过犹不及等意料之外的结果。

具体到电子教材，如前文所述，它具有信息容量大、资源种类丰富、多媒体阅读效果、人机交互、超链接跳转、方便检索、更新快捷、重量轻等优点，受到广泛关注和重视。很多专家看好它的发展前景，认为其推广将是大势所趋，并能提升技术在教育中应用的品质，为推动课程改革走向深化起到一定作用。然而，由于缺乏系统的科学研究，以及对技术在教育中价值的深入理解，没有处理好其蕴含的一些辩证关系，在开发和应用时步入了很多误区，导致电子教材质量和效果尚难获得较高的"分数"。

一、内容设置方面

技术的引入给教学带来无限精彩，但技术支撑教学、为教学服务的本质永不会改变。当技术应用到教材之中，要避免主次不分、本末倒置，不能因为有意无意地突出技术，在教学内容的设置上偏离学科教学目标。

以某校自主开发的小学语文《圆明园的毁灭》电子教材为例，其中过多地采用了视频、图片、文字等素材，介绍圆明园的历史、传说、景点、建筑等背景内容，可谓面面俱到。这些知识虽不是毫无用处，但过量的辅助信息分散了学生注意力，使他们难以把握学习重点和目标，本该突出的语文学科内容也被冲淡。

随着科技的进步，电子设备的存储容量不断增大。在这样的背景下，电子教材开发者会产生终于能摆脱纸质教材样张数限制的兴奋，难以克制向电子教材中增加很多他们自认为对学生有帮助的内容的冲动。殊不知，在当今信息爆炸的时代，如果把学生有限的宝贵时间淹没在无限的知识海洋里，只会适得其反，不仅降低学习效果，还会加重学习负担。试想，把《大百科全书》安装到各科电子教材中，是否学习效果更好？

　　归根结底，电子教材本质上仍是教材，因此在开发时仍要有精品意识，精选贴近学科本质、促进学科能力发展，以及对学生的成长最有价值的资源，并循序渐进地安排和呈现。总之，要让学生最宝贵的时间，转化为尽可能大的学习效益。

　　除了上面所提到的内容偏离、容量不合理外，内容设置上往往还存在难度过大，超出学生能力水平等误区。

　　当然，传统教材受诸多因素限制而"惜墨如金"，内容过于精简、浓缩也是不争的事实，电子教材有必要、也应该合理拓展和丰富其内容，给有兴趣、学有余力的学生学习的主动权、选择权，开阔他们的视野，让他们体会知识的价值和拓展学习的深广度。

二、呈现形式方面

(一)版式和装饰

　　不少电子教材页面色彩过于浓艳，对比过于强烈，还使用一些与主题无关的图片、动画加以装饰，在一些交互反馈中使用较"刺激"的语言或音乐等。这些"炫技"的做法容易分散学生学习的注意力，反而起到干扰作用。

　　学生随着年龄增长，对色彩、图片、动画及媒体的喜爱程度会发生变化，逐渐从形象化学习发展为抽象化学习。因此，要分析学生的学习认知心理，"投其所好"，在视觉、听觉刺激等方面切合学生的需求和喜好。要避免两种极端情况，一种是"素面朝天"，干巴巴索然无味；另一种是过于"热闹"，使学习变得浮躁和肤浅。再有，页面文字过多、字体过小、行间距过小等情况，不利于学生视力健康，也需要引起开发人员的足够重视。总之，好的电子教材给人的第一印象应是界面友好、和谐得体。

(二)内容的组织编排

　　开发电子教材时，对内容除了要精心取舍，组织编排同样重要。如果把文字和各种媒体资源简单堆积，学生不知该把注意力置于何处，也不知该按照什么样的顺序阅读。这样的电子教材会给学生带来阅读压力，产生焦躁感，导致"浅阅读"。

　　传统的纸质教材阅读是线性方式，学生的视力聚焦于小区域的文字或图片，他们的头脑足以承担处理这些信息的要求。但一页电子教材中可能容纳文字、图片、声音、视频、动画等多种媒体资源，如果组织不合理，极易超出学生大脑信息加工能力。对此，如前文提及梅耶的多媒体学习认知理论中的有限容量假设认为：人类的信息加工系统包括视觉/图像加工和听觉/言语加工双通道，在同一时间，每个通道的加工能力都是非常有限的。

再有，内容的层次设置也非常重要。如果内容呈现的层次过少，都一览无余、没有先后、主次不清，将不能发挥电子显示的优势。相反，如果层次太多，学生则可能"走得太远而忘记出发点"，在"迷宫"中迷失方向。

（三）拘泥于纸质教材

有些设计者过于拘泥于纸质教材的呈现方式，不仅未能发挥电子显示技术的优势，而且还将纸质教材的不足"搬"进去。纸质教材受纸张载体的局限，内容之间不能跳转、不能分层次呈现，不能实现交互等，而这些恰恰是电子教材的优势，是人们对电子教材的期望所在。因此，要充分认识到纸质教材的长处和不足，开发时扬长避短、取长补短。

三、媒体应用方面

相比纯文字和静态图片，动画、音频、视频等媒体资源更符合人的认知习惯。电子教材利用各种媒体资源，创设真实情境，把学生难以接触的事物呈现在学生眼前，将学生难以理解的抽象概念形象化，复杂的操作过程动态化呈现，能调动学生学习热情，降低学习认知难度，达到更佳的学习效果，实现"减负增效"。

但很多电子教材"表面文章"的痕迹过重，有声有色却不能紧扣教学目标，不能把握突出学科本质的核心内容，带来的后果是过程热热闹闹，真正的收获却乏善可陈。媒体资源更适合用于突破语言文字难以表达，或表达难以到位的内容。评判媒体资源优劣，主要在于引发学生感官刺激的同时，是否有助于学生对知识进行内化，是否促进学生进行理性思考。

笔者曾组织开发小学音乐电子教材，在拓展内容里，尝试提供了歌曲作者的相关作品，包括由其谱写主题音乐的动画片。在让学生试用时发现，学生很快就被精彩的影片吸引住了，沉浸其中，却把学习的目标和任务抛之脑后。

再比如，在数学电子教材里使用直观化媒体资源时，如果不是着眼于促进学生抽象思维发展，就反而可能使学生形成依赖，抑制其抽象思维、想象能力的发展。

四、人机交互方面

电子教材中理想的人机交互能带给学生"陪伴感",激发学生学习热情,提高学生学习的专注度。越是低年龄段的学生,这种交互的作用越大。

(一)缺乏交互

一些电子教材由于缺乏交互,"人"与"机"在一定程度上仍是相互脱离的两端。电子教材仍只是内容的承载体,被动地被学生使用,却不能成为学生学习的陪伴者、指导者。

(二)浅层交互

有的电子教材设置的交互停留在较低层次,实现的是浅层交互。比如只是对链接的内容进行跳转,或者对学生所做的客观题型提供正确与否的评判,给出正确答案。这样的交互难以让学生觉得"解渴",还有很大的提升空间。以练习反馈为例,如果能对学生不能正确解答的题,"分析"其出错情况给出相应提示,引导学生自己得出正确答案。甚至对学生做错的题型或内容,提供同类题让学生进行强化训练,交互的层次显然更深,效果也必然更好。

(三)过度交互

有些电子教材注重人机交互,但也存在交互过度的情况。一些简单的内容没有必要设置成交互和探究,毕竟基础教育阶段学生主要是学习间接经验的过程,多数内容更适合让学生直接把握结论,应用结论解决问题。过度交互给人以"杀鸡用宰牛刀"之感,反而降低学习效率,并无谓地增加开发成本。

另外,有些交互未必需要技术手段,学生面对面的沟通交流探讨,有利于培养学生的人际交往能力、合作能力、语言表达能力等。

五、信息素养方面

电子教材的应用必然在一定程度、一些方面会提升学生的信息技术应用水平,这一点似乎不用怀疑。但是否能真正提升其信息素养,答案却不一定。如果不引起重视并加以科学引导、明确要求,学生可能逐渐依赖于电脑设备来获取信息,经过简单加工、组合之后,就作为自己的成果提交。这样的做法无异于是让"电脑"劳动,让"人脑"休息,长此以往,将导致学生的思维品质下降，创新能力减弱，所获得的知识也可能是肤浅而零散，难以用来解决实际的问题。

再如，信息检索作为一种基本信息素养，它的应用能实现泛在学习，扩充学生学习的知识面，有利于培养学生自主获取、理解、加工信息的能力。但一些电子教材在开发和应用时，存在滥用网络信息搜索的情况。如果学生非常容易获取网络资源，答案从网上"即搜即得"，易导致学生产生"网络依赖症"，不愿意积极开动自己的大脑，训练独立的思考和判断，从而降低学生思维深度，降低学习质量，不利于创新人才的培养。再有，网络上不乏错误信息、不健康信息，如果放任缺乏明辨是非能力的学生（尤其是中、低年级学生）到网络遨游，可能会被引入歧途。因此，要在保证网络安全的前提下，根据教学目标，有目的、有计划让学生利用搜索技术开阔视野，比较、参照、模仿相关信息，加深对所学知识的认识和理解，创新自己的学习成果。

六、信息冗余方面

传统的纸质教材限于篇幅，在编写时力求精练，避免信息的重复和低效。带来的问题是如果学生理解起来存在困难，将完全依赖教师进行课堂讲授。编写者也非常清楚这一点，因此也没有太多的担忧，然而却给教师很大的负担，学生作为学习主体的作用发挥也受到限制。

电子教材在容量上被极大地"解放"，即便如此也要求有"精品意识"，除了精选最典型最有效的知识内容之外，还要考虑在单元章、节、页面中信息容量的合理配置问题，既不能超出学生的信息加工水平，又要有合理的信息冗余。

冗余是信息论中的一个基本概念，冗余信息指用于表达所传递的信息内容但又是多余或重复的信息。冗余信息不同于干扰信息，干扰信息是不表达所传递的信息的信息。在信息传递过程中，通常要保护有适度的冗余信息，以提高信息传递的抗干扰性，保证信息尽可能准确到位地传递给信息接受者。在电子教材中，针对同样的知识内容，如果学生理解起来存在困难，并考虑到学生学习的不同风格特点，可采用多种表达方式，比如从文本、图片、声音、动画、视频、讲解、人机交互探究等方式中选择两种或更多，组合起来进行呈现，可能降低学生理解掌握的难度。虽然表面上信息的效率降低了，但学生的学习效率更高、效果更好。当然，对于难度不大、非常浅显的学习内容，采用信息冗余就没有必要了。

七、课件资源方面

在一些课堂上看到，教师利用电子教材代替教学课件，导致的结果是失去了"自我"；或者用教学课件代替电子教材，走向另一个极端。

虽然都是数字资源，形式上有一定相似性，但电子教材和教学课件有着本质区别。就教材而言，它具有统一性、普适性等特点，难以满足差异化的需求，因此也要求教师树立"用教材"而非"教教材"的现代教材观，在教学中辅助应用切合自身教学实际的教学课件来提升教学效果。

八、总结

电子教材作为一种新生事物，还没有成熟的经验可供借鉴，因此其设计、开发特别需要加强科研，并及时通过实验检验和完善，并不断提炼开发机制。概括而言：在科研中开发，在开发中实验，在实验中检验，在检验中完善，在完善中提升。笔者认为，电子教材在设计和开发时应注意以下一些方面。

(一)准确把握电子教材的价值和功能定位

理想的电子教材不只是用于阅读的资料手册、活动手册，也不只是一个视听播放器。对学生而言，它是能促进学生进行体验式学生、交互式学习、探究性学习，促进深度学习、高效学习的综合性学习工具；对教师而言，它努力把技术能够胜任(甚至完成得更好)的一些帮助学生掌握基础性知识和技能的任务承担下来，帮教师减轻单调重复性任务的工作量，让教师发挥技术难以替代的更高层次的作用，使课堂教学的起点更高，效益更好。

(二)教育技术理论引领，形成开发合力

一些电子教材品质不高，根源在于教育被技术所引领，这与技术为教育服务的初衷相违背。电子教材的开发需要教育技术专家、学科专家、教材专家、编程技术人员等多方通力合作。要让这个成员复杂的开发团队保持方向一致，形成凝聚力和向心力，需要教育技术理论作引领。只有在科学的教育理论的指导下，遵循教育规律，把技术融合到教育之中，才可能开发出真正切合教学需求的高质量电子教材。

(三)切合教学目标,有的放矢

电子教材是为教学服务的,具有育人功能。因此在开发时要有明确、准确的目标意识,做到有的放矢。要避免漫无目的,或目标偏离。

考虑到技术在一定程度上能够提升教学效果和效率,可以结合具体情况在分析论证的基础上,参照课程标准对教学目标适当微调,比如能更好地实现学生自主学习、探究性学习等。

(四)切合学生认知规律和师生应用水平

教育不能"目中无人",电子教材作为一种教育产品也不例外。在开发之初就应充分了解用户需求和应用水平,兼顾他们的教学和阅读习惯,避免急功近利而过于超前。同时应遵循学生认知规律,例如,从已知到未知、从生活到学科知识、从知识到实践应用等,切合学生理解能力和思维水平,以及不同年龄段学生的认知喜好等。

(五)加强创新,焕发蓬勃生命力

由于缺乏创新,很多电子教材表现出明显的"同质化",都在低水平上徘徊。理想的电子教材,不应是对纸质教材进行修补和完善,而应摆脱传统纸质教材不足的束缚。这要求设计和开发时高瞻远瞩,大胆创新,将技术的优势充分发挥出来。

创新应侧重人机交互,这是电子教材的优势所在。理想的电子教材应以学习陪伴者、指导者的姿态出现在学生面前,跟踪学生的学习状态,对学生的学习效果加以评判、鼓励和指导。通过人机交互引导学生自我学习,真正实现让学生"成为学习的主人"的教育追求。

案例:平行四边形内容的学习

在小学数学"平行四边形"电子教材中,要让学生学习平行四边形对边长度相等和对角大小相等的知识,学生可以在电子教材的提示下,完成如下操作:拖动一条边,平移到对边,发现两者完全重合;移动一个角,旋转之后移到对角位置,也发现两者完全重合。进而学生可以自主得出结论。如图 6-1 所示。

包括信息技术在内的科学技术快速发展,改变了这个世界的面貌和人类工作、生活的方方面面,使过去很多不可能实现的愿望或梦想变为现实,同样,电子教材作为信息技术在教育应用的一个具有里程碑意义的事物,提供了极其广阔的想象空间,然而,要把理想变成现实还需要投入积极的

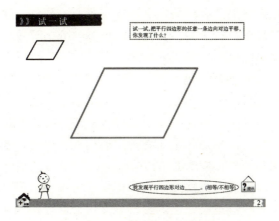

图 6-1　平行四边形内容探究学习

努力，而且在开发和应用不太成熟的情况下，要求我们保持足够的理性，处理好电子教材中蕴含的一些"辩证关系"，扬长避短，趋利避害。

第二节　电子教材推广面临的挑战

作为一项新生事物，电子教材会引发教材开发、管理、发行、使用等系列环节的变革，因此对相关的变化进行针对性的研究势在必行。虽然电子教材的研发和实验呈星火燎原之势，但与推广应用还有很远的距离，还有很多难关需要攻克，很多问题需要找到答案。

一、责权利的分担

在企业管理中，责权利相辅相成、相互制约、相互作用，三者对等才能调动各方的积极性。具体而言，责任、权力、利益均统一于责任承担者一体，责任者既是责任的承担者也是权力的拥有者和利益的享受者。责权利互相挂钩，使成员能够有责有权有利，克服有责无权或有责无利的责权利脱节状况。责权利明晰化，使成员知道具体的责任内容、权力范围和利益大小。

这些成功的管理原则、策略，无疑需要借鉴和运用在电子教材的开发应用中。传统教材的编写、审查、出版、编目、发行及实验管理均已形成完整的机制，参与各方的责权利划分清晰，也得到各方的认可。电子教材的研发既涉及原机制中已有部分，又增加了素材、软件、硬件研发，以及利用数字平台对教材进行分发、支持、维护等部分，因此需要建立新的责权利相协调的运行机制。

从成本和利益的角度，电子教材的移动终端、内容开发、平台维护、教材服务等方面都会产生新的成本，这些成本如何由相关各方合理分摊，价格如何确定，如何保证不给家长带来过重经济负担，尤其不能因为价格因素导致新的教育不公平，将是非常现实的问题。再有，纸质教材的价格国家一直是要求采用"保本微利"的方式，电子教材开发的投入无疑更大，成本会高出很多，而成本的缺口是否由国家进行弥补，同样也是问题。还有，电子教材带来的经济收益，各参与方又该如何合理分配，如何衡量各方投入的人力物力，这样的问题也不容忽视。

二、商业模式的构建

教材是一种市场规模大、经济效益高的特殊商品。说它特殊，首先体现在它的文化教育属性，不同于普通商品，从开发到销售各个环节都受到严格的限制和要求。电子教材的开发吸引了教育行政单位、出版机构、技术开发商、教育科研机构、试点学校等力量的介入，但在电子教材的市场模式尚未建立、收益不明朗的情形下，出版社需要投入大量的人力物力进行资源的整合与开发。电子教材当前还远未进入征订教材范围，以发行传统教材见长的新华发行集团等发行渠道目前仍对电子教材的发行持观望态度，形成了"产品热而渠道冷"的局面。尽管如此，已有部分发行集团有所行动。据媒体报道，2012年，浙江省新华书店集团公司、云南新华表示正在开展相关业务；凤凰传媒也在积极推进包含了课文的标准语音、动画、名师讲解视频、学科辅助工具、设计制作工具等光碟形式的电子教材；内蒙古新华目前正在介入"人教版小学英语点读笔"等周边配套产品的宣传和征订调研中。适合中国数字出版的商业模式还有待摸索，以适应并推动电子教材的规模使用。①

三、教学方式的重构

电子教材的应用有很多的优势，但作为电子教材的应用主体——学生

---

① 产品热渠道冷折射电子教材尴尬[N]. 中国图书商报，2012-09-14.

和教师对电子教材的适应程度及快慢将直接决定教学效果，因此在推广使用电子教材之前，需要研究其内容的呈现方式如何兼顾传统阅读习惯，并充分考虑学生和教师的阅读喜好，同时结合其他电子媒体较成熟且广为接受的呈现方式，使学生和教师能较快较好地适应和使用。另外如何将电子教材的诸多功能进行科学整合，在教学中发挥最大效果，避免其负面的影响，是更值得重视的研究内容。

电子教材带来的不仅仅是教学用品的变化，更是教学理念、教学方式的革命和重构。电子教材的研发者要熟悉"数字一代"的学习习惯、学习心理，激发学生学习的动力和兴趣，探索出教材与学生的交互方式。同时，也要在尊重教师教学经验的基础上，帮助教师更好地运用电子教材与学生进行课堂交互，挖掘出教材在教学中提供的支持服务，使电子教材的使用符合数字教学需要。

四、行业标准的制定

教材不同于普通教辅资源，要求具有较高的统一性、规范性，而行业标准的制定是实现这个目标的重要保障。标准主要包括硬件和软件两个方面。硬件方面需要明确移动终端设备采用什么样的配置，达到什么样的运行效果；软件方面需要明确管理平台、电子教材内容、媒体素材的格式，以及内容的品质等。

标准的制定不应是召集专家闭门造车进行编写，然后一纸令下要求各方照章执行，而应在充分地比较、分析、论证基础上，再预测未来的发展趋势，征集各方意见，通过实验检验，反复修改完善，获得普遍认可后形成的。

五、版权保护的补位

据《2011年数字出版产业报告》称："现阶段，数字出版的版权保护机制（包括技术手段、授权模式和保护体系等）的建立尚不完善，现有法律适用于数字出版明显滞后，有待进一步修改补充，且版权授权不规范。"国内版权保护在文化传播中常常处于"失位"状态，民众的数字版权意识也比较淡薄，而电子教材在制作、流通过程中的版权亟须相关法律法规、制作标准的出台来加以明确。如果版权得不到应有的保护，编写人员和相关开发单位的权益及经济利益将得不到保障，同时也会挫伤他们的积极性，不利于电子教材的迭代优化和完善，最终导致使用电子教材的广大师生的利益蒙受损失。

另外，由于电子教材的开发需要多方参与，有的提供媒体素材资源，有的进行程序开发，各尽其责、各显其能。那么，版权该如何进行划分，以保障各方的利益，保护各方的积极性？

六、服务机制的建立

电子教材设备在使用过程中难免会造成损坏，包括硬件、软件平台及资源文件的损坏，如果硬件生产商、软件提供商、资源提供者不能及时进行维护，将对学生的学习和教师的教学产生不利影响，进而影响师生使用电子教材的热情，因此在售后服务环节上必须加以保障。然而，出版发行机构一没有这样的技术人员，二没有这样的时间和精力，这项责任需要采用一定的合作方式委托技术公司承担起来。

此外，电子产品垃圾处理目前还是个世界性的难题，对于学生废弃不用的电子教材必须提供畅通的回收渠道，以避免产生电子污染。这也是对学生环境保护的一种教育。在应用过程中，要监督厂商考虑电子教材的售后服务，及时对设备和教学平台进行回收、维护。

除了以上内容，电子教材对学生身体健康、学生阅读心理影响、学生学习心理影响、教师教学方式影响、教学互动方式的影响、教学评价的影响等很多方面，相关研究也需要及时跟进。

第三节　技术优势与教育优势

技术的进步给世界带来如此大的影响，呈现出无与伦比的优势，相信当今时代每个享受技术便利的人都对其有非常深刻的体验和认同。技术的优势毋庸置疑，然而应用到教育之中，技术优势是否一定就能够转化为教育优势，这是一个不容回避，值得引起重视并冷静、深入思考的问题。

一、技术的两面性

在前文的表述中用到大量的"技术""教育技术""信息技术"等词汇，电子教材的应用体现出技术的发展进步，也蕴含了人们期望利用技术给教育带来更大的提升空间。然而，在兴奋和激动的同时，我们需要有"归零思维"，冷静地思考：技术是什么？技术能带来什么？技术一定就能实现我们的憧憬吗？

技术可以理解为人类为了满足自身的需求和愿望，遵循自然规律，在长期利用和改造自然的过程中，积累起来的知识、经验、技巧和手段，是人类利用自然改造自然的方法、技能和手段的总和。也有人形象地理解技术是延伸了人类的四肢、感官，增强了人类的大脑，使其变得更加敏锐和强大。正是技术的不断进步，人类能变成"千里眼"，看到更遥远的世界、看到更细微的物体；变成"顺风耳"，世界各地发生的事情能及时知晓，万里之外能轻松交流；变成"飞毛腿"，借助交通工具一日千里；能够"上天入海"，漫步"九天星空"，游览海底"龙宫"；能够"过目不忘"，存储的信息"流传千古"……没有人能否认：人类因为拥有技术变得更加强大，能更好地改造世界，创造更舒适的生存环境。

然而技术在发挥积极作用的同时，也不可避免带来一些问题：环境问题、核威胁、交通问题、人际沟通问题等，这正符合"事物都具有两面性"的哲学命题。技术正是一柄"双刃剑"，如果不能正确应用，可能反而起到负面作用。对于技术的价值和社会功用，技术哲学历来存在技术中立论和技术决定论两大类观点。技术中立论也称技术工具论，主张技术的价值是中立的，技术听命于人，在使用者的手里才成为行善或施恶的力量。技术带来的不良后果应该由技术的使用者承担。按照技术决定论的观点，"技术已经成为一种自主的技术"，技术包含了某些它本来意义上的后果，表现出某种特定的结构和要求，引起人和社会做特定的调整，这种调整是强加于我们的，而不管我们是否喜欢。所以，技术规则渗透到社会生活的各个方面，技术成为一种自律的力量，按照自己的逻辑前进，支配、决定社会、文化的发展。它又可分为两类，强技术决定论和弱技术决定论，前者认为技术是决定社会发展的唯一重要的因素，比如，英国学者克里斯托佛·埃文斯 1979 年宣称：计算机将在一切领域改变整个社会。极端的技术决定论把人的因素和社会因素的作用放在其次，显然是错误的。①

----

① 焦建利. 教育技术学基本理论研究[M]. 广州：广东省出版集团，2008：129-131.

二、技术与教育

技术是人类智慧的充分表现，是高级动物引以为傲的精神成果。不言而喻，信息技术确实给教学带来了极大的便利。因此，是否应用信息技术是一个假问题，如何更好地应用才是一个真问题。必须将"信息技术必定能够变革教育"作为无须证明的"公理"。[①] 然而，技术在教育中能发挥怎样的作用，两者是怎样的关系，很多相关的问题都值得进一步深入思考。

(一)对"乔布斯之问"的思考

相比起其他各行各业，技术在教育中应用的速度慢了很多。美国《时代》周刊著名教育记者克劳迪规·沃利斯和索尼姬·斯特普特在其著名文章《如何把我们的学校带出 20 世纪》中构思了这样的故事：一个人沉睡了百年之后在 21 世纪醒来，看到的是电话、电视等完全陌生的一切，他被彻底搞懵了。可是当他走进一间教室时，他很自信地说："这是所学校。在 1906 年我们也有这样的学校，只是现在黑板是绿色的。"同样，苹果公司创始人乔布斯生前提出了著名的"乔布斯之问"："为什么计算机改变了几乎所有领域，却唯独对学校教育的影响小得令人吃惊？"

其实，无论以美国为代表的发达国家，还是以中国为代表的发展中国家，教育信息化的工作都开展得轰轰烈烈，都先后经历了基础设施建设阶段和强调教学应用阶段，希望通过教育信息化实现教育质量的提升。然而 2009 年美国教育部对 2.1 万名中学生抽样调查的结果实实在在地给"提升质量"这一美好愿景泼了一盆冷水。调查显示，当时美国中学生在阅读、数学、科学上的能力与 30 年前即个人计算机进入家庭和学校的时候，并没有明显的差异。这一调查结果表明，教育信息化大投入却没有大产出。[②] 对这样的结果，需要我们冷静分析，不能因此就武断地下结论，认为技术无助于教育，教育也不需要技术。不过有一点倒是可以肯定，那就是技术在教育中要真正发挥作用并非易事。

相比于军事、医疗、金融等领域，教育有其独特性，是一个更加复杂的系统，因为它的作用对象是各不相同的学生，且主要针对他们特点各异

---

① 李芒，孙立会. 关于电子教科书基本问题的探讨[J]. 教育研究，2014(5).
② "乔布斯之问"问出什么教育问题？[EB/OL]. http://theory. people. com. cn/n/2015/1208/c49157－27898830. html.

的大脑。因而教育强调"因材施教"，反对不切实际地"一刀切"。在不同阶段，针对不同的学生有不同的培养目标；在不同的学科，又有不同的教学目标；不同的学生，存在不同的学习基础，有不同的学习风格。总之，教育系统的成效受多维"变量"的影响，包括目标、方式、手段、教师、学生、态度、兴趣、努力程度等。如果把教育比作一把锁，技术是开锁的钥匙，如果这把钥匙设计得简单粗糙，必然会无济于事、徒劳无功。曾任美国国际教育技术学会主席的唐纳德·伊利在一篇谈到教育技术应用的文章中发问：如果技术是解决方案，那问题是什么？其中道出了这样的道理：其一，技术不等于完整的教育解决方案；其二，在应用技术之前，需要充分梳理清楚教育中的问题，其中哪些能够应用技术解决，并且是能够解决好的；其三，技术不可能"单枪匹马"地解决教育的问题，需要诸多条件的支持，包括教育理念的提升、教育体制的转变、教学方式的变革等。

(二)技术对教育施加的影响

从信息技术对教育施加的积极影响来看，不外乎三个方面：支持、推动、引领。

1. 支持

技术被应用到教育之中，满足教育的需求，解决教育中存在的问题和困难。这种状况主要发生在教育技术发展的初级阶段，由于两者还相对分离，因此教育为"主"，技术为"从"，技术处于被动地位。比如教学中一些微观的过程学生难以理解和想象，就开发电脑动画进行模拟，帮助突破相关教学难点。然而，这种作用终究难以对传统教育产生撼动效果，技术的价值发挥得相对有限。

图 6-2 技术对教育的支持作用

2. 推动

当技术发展到一定阶段，应用领域不断拓展并取得成功的经验，这些经验很多可借鉴甚至直接移植到教育之中，这时会倒逼教育进行变革，应用技术从而改变教育技术的落后面貌。近年来，经济状况稍好的地区都把电脑、投影等设备作为必须配备的教学设施，很多地方把教育技术水平作为教师考核内容，同时也要求在常规教学中尽量使用教育技术。

图 6-3　技术对教育的推动作用

3. 引领

谁也不能否认，信息技术以巨大的力量改变着当今人类的生存和生活方式。单单一个联网的智能手机，就可以满足人们娱乐、资讯、通信、购物等诸多方面的需求，可谓"一机在手，别无所求"。然而这样的便利只是对适应和掌握技术，具有一定文化素质的人而言，对被技术抛在时代后面的"技术盲"来说，他们的生存则遇到不小的麻烦。以购买火车票、机票为例，在传统的购票方式逐渐被网络购票取代的情况下，许多农民工想乘坐火车、飞机这些交通工具就遇到了技术障碍，被倒逼着努力提升自身技术素养以适应社会的发展需求。

同样，教育技术对教育也正显性或隐性地施加着这样的影响。教育是面向人的工作，其变革的步伐相对平缓，探索也要求审慎。毫无疑问，当前技术进步的速度远超教育，技术在其他领域取得的很多应用成果将对教育产生启发和影响，使很多在技术条件不具备时想不到、不敢想的东西变为现实，进而使教学的理念和方式发生主动的变革，实现教育的自我超越，构建更理想、更有前景、更符合未来发展需要的教育。这是技术是对教育的引领作用。

图 6-4　技术对教育的引领作用

三种影响作用并非有明确的时间阶段性，任何时期它们都会并存。就技术与教育的主从关系，这三种影响可用表 6-1 表示。

表 6-1　技术对教育的三种影响作用的主从关系

	技术	教育
支持作用	被动	主动
推动作用	主动	被动
引领作用	主动	主动

究竟让技术对教育产生什么样的影响作用，虽然技术和教育的发展水平是先决条件，但决定的关键在于人，具体包括教育管理者、教育者、技

术人员等多类人群，取决于他们的育人观念，以及对待技术的理解和态度。

三、技术优势—人—教育优势

人创造了技术，但技术自身并不能产生效益，只有被人应用才能发挥作用并体现价值。因此，无论技术如何先进，人依然是决定因素。正如要让汽车载着我们跑得更快，需要我们首先能驾驭它一样，了解技术、掌握技术是应用技术的前提和先决条件。

具体到教育技术，教育和技术本身是两个不同的领域，当把技术应用到教育时，我们将其称为教育技术。然而教育和技术不会因为被"捆绑"在一起就自然的融合，如果不能深刻认识教育的本质和需求，不能清晰地把握技术的优势和不足，两者组合在一起可能只是做表面文章——"为技术而技术"，难以触及并解决教育核心的问题，甚至还可能因为技术这"第三者"的介入而妨碍师生间的沟通，打乱了传统的教学秩序，导致教学效果不进反退。因此，要真正让教育技术发挥其应有的作用，一是要求设计开发者真用心、下真工夫，深入研究教育和技术，做到"知己知彼"，寻找两者的对接之处；二是要求使用者（尤其是教师）端正对待新技术的态度，深入地掌握技术，结合传统的经验和优势，创新性地加以应用。

概括而言，技术优势虽然客观存在，但其本身并不能直接转化为教育优势，两者之间需要既懂教育、又懂技术的人在其中发挥作用，处理其中复杂的关系，找到有效的"对接点"，并让技术扬长避短、趋利避害，才可能取得技术在教育中的成功。这种关系可表述为"技术优势—人—教育优势"。

美国教育科学院院士阿兰·柯林斯（Allan Collins）对此表达了这样的观点：一些悲观主义者看到人们正在媚俗于技术，看到在技术统治我们生活时许多人被抛在后面。一些乐观主义者看到的是一个学习的黄金时代在我们眼前展开，人们能够找到资源，去追求他们所想要的任何教育。前面到底是什么在等着我们？我们既不能把未来看成是阴冷暗淡的，也不能看成是田园牧歌式的，而是两者兼而有之。[①]

回应前面的问题，我们不难得出答案：技术不仅不会直接带来或形成教育优势，而且如果条件不具备、应用不合理，反而可能成为教育劣势。要使技术优势真正成为教育优势，需要找到两者的结合点，并充分创造满足技术作用发挥的条件，创造性地应用技术，构建切合实际需要的理想的

---

① 阿兰·柯林斯，理查德·哈尔弗森著. 陈家刚，程佳铭译. 技术时代重新思考教育[M]. 上海：华东师范大学出版社，2013：105.

技术应用方式，真正实现技术与教育融合。

第四节　电子教材与教育均衡

一、我国在教育均衡方面的政策导向

由于自然条件、历史、政策、体制等方面的原因，我国各地经济状况发展极不均衡，相应也带来各地教育的不均衡。就大范围而言，东部与西部、城市与农村的教育水平相差甚远；就小范围而言，即使在同一市区县，邻近的重点校与非重点校、示范校与非示范校也可能有天壤之别。这种状况使近年来"择校"成为学生家长们的热门话题，严重影响政府的公信力和社会公平，是令各级教育管理部门头痛不已的难题。而教育公平又直接关系到和谐社会的建设，尤其是在义务教育阶段，如果学生享受优质教育不能做到"机会公平、过程公平、结果公平"，会让广大群众对教育改革持怀疑的态度，制约我国教育改革前进的步伐。

在这样形势比较严峻的背景下，2012年国务院印发了《国务院关于深入推进义务教育均衡发展的意见》（以下简称《意见》）指出："在区域之间、城乡之间、学校之间办学水平和教育质量还存在明显差距，人民群众不断增长的高质量教育需求与供给不足的矛盾依然突出。深入推进义务教育均衡发展，着力提升农村学校和薄弱学校办学水平，全面提高义务教育质量，努力实现所有适龄儿童少年'上好学'，对于坚持以人为本、促进人的全面发展，解决义务教育深层次矛盾、推动教育事业科学发展，促进教育公平、构建社会主义和谐社会，进一步提升国民素质、建设人力资源强国，具有重大的现实意义和深远的历史意义。"《意见》中还特别强调要重视资源的建设和共享："开发丰富优质数字化课程教学资源，重点开发师资短缺课程资源、民族双语教学资源。帮助更多的师生拥有实名的网络空间环境，方便其开展自主学习和教学互动。要调动各方面积极性，在努力办好公办教育的同时，鼓励发展民办教育"。从中可以看出，以均衡促进教育公平是一项重要的举措，资源共享则是该举措的一个重要方面。

二、教育资源与教育均衡

前教育部部长周济曾指出，当前我国教育改革和发展的基本矛盾，是现代化建设事业、人民群众对于优质教育的强烈需求和优质教育资源供给严重不足之间的矛盾。① 他还强调要"坚持公共教育资源向农村、中西部地区、贫困地区、边疆地区、民族地区倾斜,逐渐缩小城乡、区域教育发展差距"。② 中国共产党十八届三中全会对深化教育领域综合改革作出了重大部署,并针对教育信息化提出"构建利用信息化手段扩大优质教育资源覆盖面的有效机制,逐步缩小区域、城乡、校际差距"的新任务。

教育作为一项与国计民生相关的公益事业,离不开经济基础作支撑,经济的不均衡自然就造成了教育的不均衡。近年来,国家加大教育经费的投入,努力改善教育不发达地区的教育面貌,学校的硬件建设得到快速提升,教师的待遇也稳步提高。然而,优质师资不足和教学资源匮乏的难题却难以在短期内得到解决。我国近年来采取很多措施促进教师流动,鼓励优秀教师到这些薄弱地方支援教育,也取得了一定的效果,但并不能从根本上解决问题。相比而言,提供丰富优质的教育资源可能是更有效的途径。

资源对发展的重要性人们已经有非常深刻的认识,我国很多地区经济长期处于落后状况,需要国家进行援助和扶贫,造成这种状况的原因可能有多方面,但首要原因往往在于自然资源不足。同时,历史上"城乡二元化结构"体制,导致教育资源配置严重不公。当北京、上海等城市一些学校的学生对 3D 打印、虚拟现实设备都见怪不怪时,很多农村中小学的课堂上学生面对的却仍是"一支粉笔、一张嘴、一本书、一块黑板"。正是我国发达地区和不发达地区、城乡之间教育资源配给的天壤之别,造成了当前教育不公平的严峻局面。教育部《2016 年全国教育信息化工作专项督导报告》中这样表述:信息化基础支撑环境建设在省域内区域间、城乡间、校际间也存在较大差距。农村欠发达地区、边远城区建设水平低,中心城区建设水平高;重点学校建设水平高,资源丰富,而普通学校,农村学校设备缺乏,资源匮乏,与教育教学的实际需要还有较大差距。③

相比传统教育资源,数字化资源传播效率更高、辐射面更广,通过有

---

① 新华网. 解决上学难上学贵　教育部提出三任务三措施[EB/OL]. http://www. yn. xinhuanet. com/newscenter/2006—04/06/content_6667619. htm,2006-04-06.

② 周济. 大力促进教育公平,努力办好让人民满意的教育[N]. 中国教育报,2006-12-01.

③ 2016 年全国教育信息化工作专项督导报告[EB/OL]. http://moe. edu. cn/jyb_xwfb/gzdt_gzdt/s5987/201610/t20161031_287128. html,2016-10-31.

线网络、无线网络、卫星通信等手段，我国中东部发达地区的资源在瞬间就能传送到数千里之外的西部不发达地区，被当地师生所享用。教育资源的补强一方面可弥补教师水平的不足，改变教师几乎是学生唯一依赖的学习资源的不利局面，让学生学习的视野更加开阔。同时，"教学相长"也督促教师提升自己专业水平，使教学质量能得以提升，这是直接的影响作用。另外，也有利于教师从教育资源中学习，既丰富学科知识，加深对学科内容的理解，又能借鉴其他名师的教育理念、教学手段和方法，提升教学能力水平，可持续地改善不均衡状况，这是间接的影响作用。再有，资源的丰富还有助于扩大教育的规模，在一定程度上解决很多地区受资源制约而影响到最基本的"有学上"的问题。

案例："门外汉"也能教英语课

作为教学点上唯一的任课教师，57 岁的刘兆明在湖北省十堰市郧阳区桃花沟教学点工作的头 20 年，都没有这 3 年学到的技能多。从开关机到软件应用，从资源使用到熟练调试安装各种设备，最让刘兆明自豪的是，他这个彻头彻尾的"门外汉"也能教英语课了。

刘兆明的"法宝"是 2012 年年底教育部、财政部启动实施"教学点数字教育资源全覆盖"项目提供的设备和课程资源，这让桃花沟教学点一夕之间告别了"一间屋子一块板，一支粉笔一本书"的教学环境。①

三、电子教材与教育均衡

(一)电子教材对教育均衡的贡献

教材作为教学的"必需品"，是师生教和学的重要"武器"，对教学的影响不言而喻，对资源缺乏的教育不发达地区的教学影响无疑更大。

其一，电子教材的应用，将从技术角度促进教育不发达地区和学校实现跨越式发展，使其跟进现代化教育的步伐，实现教育的变革和开放，打破传统封闭保守、安于现状的局面。这种变化会倒逼教师去加强理论、技术、教学方式方面的学习和创新，以适应时代的要求，满足社会对高质量教育的渴求。

其二，电子教材的应用，有利于实现资源的快速供给。电子教材本身

---

① 教育信息化的"中国速度"[N]. 中国教育报，2015-11-19.

作为优质教学资源的载体和应用体，其集成的优质资源与教材内容整体对应、"打包"后进行供给，对于教育薄弱地区的教师和学生来说，虽然在短期内存在技术上的挑战性，但总体应用的门槛并不高，对教与学必然能产生良性的促进作用。

其三，电子教材的应用，将促进网络在学校的普及，改变教育落后地区和学校信息闭塞、资源匮乏的局面。网络的使用，将给这些学校师生打开一扇信息化的窗口，让他们感受到扑面而来的信息的春风，实现近年来我国努力倡导和探索的城乡教育资源共享，进而缩小在资源方面与发达地区学校的差距。

其四，电子教材的应用，将拉近教育发达与不发达地区、学校的距离。借助网络环境，利用电子教材的信息传输、处理功能，可实现跨时空同上一堂课，不同地域、学校的学生进行视频对话交流，或组建学习社区，来共同完成学习任务，甚至能让东西部的教师一起进行教学研讨、集体备课。总之，为"先进"帮扶"落后"提供了便利条件。

在电子教材的应用实验过程中，地处北京郊区的一所学校的老师们表示，教材中提供的优质资源内容，对他们非常有帮助，同时也给教学带来很多新的思路，使教学方式有很多变化空间，提升了课堂教学效果，也减轻了他们因为缺乏资源而带来的教学压力。

我国陕西省近年来开展类似于电子教材的电子书包试点项目，经过三年试验后进行调查研究发现：农村、县镇学生应用电子书包后在学习主动性、学习兴趣、学习效果、学习自信心、信息检索能力等方面都与城市学生存在着差异，农村学生在这几个方面的改变较为明显。电子书包提供了丰富的学习资源，学习者通过上网搜索可以浏览互联网中优质学习资源，不仅加强了课堂知识的掌握和学习，而且可以激发学生积极探索课外知识的愿望，开阔视野，培养学习兴趣，促进学习方式改变。[①]

虽然我国在这方面的研究还不深入，但韩国政府自2011年开始，促进电子教材大面积进入中小学课堂。经过几年的实践应用，韩国认为电子教材具有"有利于教育公平"的优势：电子教材提供了随时随地都可以学习的普适环境。在这种超越时空限制的环境里，不管是谁都可以获得最高水准

---

① 孙洋. 电子书包试点学校学生学习方式差异性分析[J]. 上海教育科研，2016(1).

的教育机会。不仅是因为生病不能上学的孩子不用担心补课问题，而且农村地区和贫困家庭的学生也可以享受到良好的、平等的教育，因为通过随身携带的电子教材可以实时地和老师交流。

(二)利用电子教材解决教育均衡问题需要注意的地方

利用电子教材实现优质教育资源共享，以达到教育均衡的目的，这个愿望的初衷无疑是好的，但也有不少有识之士提出了自己的担忧，认为因为经济状况、教师教育理念、教学手段方法、师生信息技术水平的差异，可能使"数字鸿沟"进一步拉大。的确，这种担忧并非没有道理，政府近年来加大投入力度给薄弱地区学校配置了电脑等教育技术设备，然而因为不善使用而闲置的情况相当严重。如果不能做到把这些问题考虑在电子教材应用之前，在开发时注意降低使用的技术门槛，并带动教育主管部门、家长一起共同努力积极创造条件，改善教育环境，加强教师培训，就草率推进电子教材应用，结果可能真的会事与愿违！

第五节　电子教材与"减负"

一、"减负"的背景和教材的响应

减轻中小学生过重的课业负担是一个沉重的老话题，也是久治不愈的顽疾。从新中国成立初期开始，毛泽东同志及中央领导人就多次对此提出明确指示。在《毛泽东论教育革命》一书中有这样的论述："现在课程多，害死人，使中小学生、大学生天天处于紧张状态……课程可以砍掉一半。""现在一是课多，一是书多，压得太重，有些课程不一定要考。""学生负担太重，影响健康，学了也无用。建议从一切活动总量中，砍掉三分之一。""课程设置要精简，教材要彻底改革，有的首先删繁就简。"①这些论断虽然存在些微偏颇之处，但重视学生的身心健康、全面发展都是非常正确和必要的。随后，国家采取减少课程、降低教材难度和容量，改革教学方法等举措。改革开放以后，教育部又多次发文要求减轻学生负担。1993 年，国务院颁布的《中国教育改革和发展纲要》中明确规定要"继续减轻中小学生过重的课

---

① 杨明宏，王德清. 毛泽东"减负"教育思想述评[J]. 教育科学论坛，2006(11).

业负担，尊重学生人格，遵循学生身心发展规律"。1999 年，中共中央、国务院《关于深化教育改革、全面推进素质教育的决定》中强调，减轻中小学生课业负担已成为推进素质教育中刻不容缓的问题，要切实认真加以解决。《教育规范纲要》中甚至将"减轻中小学生课业负担"作为义务教育的一项重要任务，明确提出要将学生从繁重的课业负担中解放出来。

适量的学业负担可以转化为学生学习的动力，然而过分沉重的课业负担却让青少年学生疲于应付日复一日、没完没了、无穷无尽的功课和作业，难以感受到学习的乐趣，更不用说根据自己的特长喜好、生涯规划自主选择学习内容，把握自己的学习方向。尤其严重的是，为数不少的学生产生强烈的厌学情绪。这样的局面令人无比忧虑，如果不尽快采取措施加以扭转，造成的恶果不只是培养的人才缺乏后劲，不具备主动精神和创新能力，不能满足未来社会的需要，更可怕的是对学生的身心造成摧残，妨碍他们健康、阳光地成长。

造成学生课业负担过重的因素很多，包括我国沿袭千年的传统教育观念；社会发展不均衡导致过度竞争的社会现状，通过层层传导对学校教育产生的影响；家长担心孩子"输在起跑线上"；以升学率考核学校、评价教师的政府因素；等等。虽然教材有代人受过之嫌，无需承担主要责任，但毕竟曾经在一定程度上起到过推波助澜的作用。近年来，教材按照课程标准的要求，对"减负"号召的反应最为迅速和明显：内容总体呈压缩和精简的趋势，更加突出知识的基础性、选择性、发展性，不追求全面和系统，强调给学生提供对当前发展和长远发展最有价值的内容。从师生的反馈来看，也一致认为教材容量适宜，教学和学习的难度也不大，并对难点进行合理分散，与课程改革之前的教材相比，质量有了明显的提升，也更切合新时代育人的理念。

案例：教材难度被高估

2011 年 2 月起，由袁振国担任组长的《中小学理科教材难度的国际比较研究》，会集了 150 多名学科专家，分小学、初中、高中 3 个学段，数学、物理、化学、生物、地理、科学 6 个学科，中国、美国、俄罗斯、英国、德国、法国、澳大利亚、新加坡、韩国、日本 10 个国家，对中小学理科教材的难易程度进行了大规模国际比较。结果表明，我国中小学教材的难度在国际上处于中等水平。

研究发现，在 10 个国家中，中国教材的难度大都排在 4～6 位，属中等水平。其中，初中和高中物理教材难度分别排在第四位和第五位；初中化学排名第四位，高中化学排名第六位；初中和高中生物均排在第七位；初中和高中地理分别排在第五和第四位；小学和初中科学分别排在第五和第六位；小学数学排在第五位，初中和高中数学排在第三位。

课题组通过比较发现，我国教材难度呈现出不均衡的特征。据课题组相关负责人介绍，教材难度由广度和深度决定。广度是指教材内容的多少，即教材容量；教材深度指教材内容要求的高低。研究发现，总体上我国教材难度处于世界中等水平，但在广度、深度和不同知识主题的难度上表现出不同特征。有的学科教材容量不大，更重内容深度，表现出"窄而深"的倾向，如物理学科；有的学科教材知识点覆盖面宽，知识点多，但内容较浅，表现出"大而宽""浅而散"的倾向，如化学学科。在具体内容方面，难度表现也有所不同，如小学数学习题难度相对偏大，初中数学教材中空间几何图形与统计内容知识点不足，习题难度较大，高中数学"集合"领域知识点过多，"集合""向量几何"内容过难。①

二、师生过重教学负担原因分析

除了学生，教师负担同样过重，教师苦教、学生苦学的状况很长时期没有明显好转。教师的学生的负担究竟在哪里？

首先，毫无疑问是选拔性考试带来的竞争压力。这本是难以回避的客观现实，无论是发达国家还是不发达国家，也无论是过去还是现在，都始终存在并会一直存在下去，只不过在范围、程度、表现形式上有所差异而已。然而我国相对单一的选拔标准，"一考定终身"的考试制度，优质教育资源稀缺的局面，以及沿袭千年的传统教育观念等因素的共同作用下，"应试教育"虽然饱受诟病，却依然大行其道、大显其威。为此，教师牺牲休息、娱乐时间备课、讲授和批阅作业，学生投入全部精力巩固所学知识、进行大量练习，师生在"苦教苦学"的氛围中"并肩作战"，只为取得更高的分数，为学生获得升学或升入优质学校的资格，为学校赢得更高的升学率和更好的声誉。这种状况在 20 世纪八九十年代尤为突出，当时中、高考过分强调区分度和选拔性，试题求新求异，考试难度有增无减，且居高不下，

---

① 要减负，教材瘦身就够了？[EB/OL]. http://www.edu.cn/yiwujiaoyu_1074/20140529/t20140529_1122443.shtml.

这种导向使得基础教育的育人功能被弱化，选拔功能则被强化和凸显。

在走过一段弯路之后，近年来课程改革也把改革考试制度作为重要的内容，通过评价方式的变化带动教学的变化，试题更加科学合理：既注重学生文化知识的考查，也关注学生的全面素质；既注重结果性评价，也关注过程性评价。另外，"一考定终身"的状况也在发生着变化。响应教育部的号召，上海、浙江、北京等一些"改革先头部队"近年来出台的中、高考方案中，体现出考试科目的自主选择性，在英语听力部分可以"一年两考"取其中更高的分数等，这些都是可喜的尝试。

其次，是学生的学习主动性没有得到充分调动。在被动的学习状况下，学生完全由教师控制和左右，"教就学，不教就不学；讲就会，不讲就不会"，学生沦为被灌输知识的容器和创造分数的机器。学习的积极性不能得到调动，学习的效率和效果难以保证，就只能在时间、数量上下工夫。从哲学角度来解释，那就是内因不发挥作用，外因如何努力总是枉然。

再次，是优质教学资源的缺乏。没有丰富的教学资源，教师对自己的教学也难以有信心和把握，就只能占用学生大量甚至所有的课外时间，进行翻来覆去的强化练习，以期在"轮番轰炸""地毯式轰炸"中能覆盖到考点，同时也希望借此把学生不太明白、没有掌握的类似于"夹生饭"的知识"炒成熟饭"。对于学生而言，缺乏资源，教师就成了他们学习的依靠，主动地把握自己的学习只能是一句空话。

三、电子教材在"减负"中能发挥的作用

电子教材作为技术的产物，能够在以下方面发挥作用，给师生减轻工作和学习负担。

第一，提供优质资源。对教师而言，电子教材提供了大量优质数字资源，减轻了他们寻找或开发资源的压力，同时，一些基本的概念性知识和技能性知识，可交由电子教材帮助学生完成，很大程度给教师"减负"，让其充分发挥技术所不能替代的作用。

第二，激发学习兴趣。很多学生学习处于被动状态，学习动机和欲望不强，很大的原因在于所学的内容及形式不能吸引他们，由于不能激发学习的兴趣，学习变得被动和低效。"兴趣是最好的老师"，兴趣一旦被激发起来，学生的潜能迸发出来，形成学习的良性循环，才可能学得轻松、学得有效。电子教材能通过媒体手段创设情境，将学习内容从抽象变为形象，

从静态变为动态，呈现形式上对学生更具吸引力，更符合学生的认知特点。

对学生而言，电子教材如果使其学得轻松有趣，学习内容易于掌握，并能获得主动参与探究的机会，学生乐此不疲。真能如此的话，喜欢又怎么会觉得是负担？

"减负"不是简单地在学生的学习内容和要求上做减法，如果学生厌倦学习，被动应付，即使是再少的任务他们也会觉得是难以承受的负担。相反，学生自身的"发动机"能被"开动"起来，自己快速地"跑"起来，虽然不能一下子解决所有的问题，负担问题也会在很大程度上得以缓解。

第三，提高课堂效率。近年来"高效课堂"成为课程改革对课堂教学的一个重要要求。与"高效"相对应的，是"低效"和"无效"。当然，完全没有效果的教学几乎不存在，但为什么很多课堂处于低效状态？原因主要有几个方面，一是教学缺乏针对性，不能针对学生的能力水平和最适合的提升空间施教；二是学生的主动性不能充分被调动起来，学生课堂参与度不高，对知识内容的"吸收率"也会很低；三是教学资源的匮乏，教学情境缺失和教学内容单调不能激发学生兴趣。电子教材促进人机交互，调动学生参与，提高信息的传递效率，进而达到课堂效率的提升。"减负"和"增效"不可分割，效率和效果提升了，负担相应地必然会减轻。

第四，突破教学难点。在教学过程中，总会有很多学生难于理解和掌握的内容，利用电子教材提供的数字资源常常能化繁为简。如"圆的面积"内容的教学，要让学生理解其计算公式并非易事，利用数字教学资源：在一个圆上沿着直径平均将圆切开成四块，让其像齿轮一样交叉咬合在一起，让学生观察和思考；重新把圆再分成八小块，完成同样的操作，让学生继续观察和思考；再重新把圆平均分成十六小块、三十二小块……进行同样的操作。这个过程中，学生会发现相互"咬合"的图形越来越接近长方形，如果分得足够小，拼成的图形就成了长方形。学生恍然大悟：圆可以转化成长方形来计算面积。相反，没有直观化的教学资源，教师用语言引导学生进行想象，恐怕只有极少数思维能力超群的学生能够明白，更多学生会一头雾水。而且，资源也渗透了极限的思想和科学的解决问题的方法和智慧，能让学生有多方面的收获。

第五，帮助自主学习。电子教材可满足学生个性化差异需求，实现自主学习。学生之间在基础和能力方面必然存在差异，大班教学无法有效地针对个别学生施教，导致很多学生被"舍弃"，掉队的学生在努力之后仍然追不上"大部队"后可能自暴自弃，丧失学习的信心。电子教材可以调动学生自主学习，根据自身实际情况，针对自己的薄弱环节下工夫。如果开发得智能化程度较高，电子教材还可以帮助学生查找自己的问题所在，提供学习建议，推送学习内容……这样避免了学习的盲目性、无序性，必然产生更高的效率，也体现出因材施教的教育理念。

在一些基础知识的掌握方面，电子教材还能帮助检查学生类似于字、词、读音等内容的掌握情况，对存在的错误和不足耐心地指出，直到学生真正掌握为止。

第六，促进协作学习。学习毫无疑问是较艰苦的事情，但如果有同伴共同学习，学生的心理负担、学习压力会减轻很多，学习的枯燥程度也将大为降低。电子教材可把学生之间联结起来，在互相启发、互帮互助中共同提高。这样相对轻松的氛围中，一个学生智慧的火花往往能点燃更多智慧的火花。正如萧伯纳的名言"如果你有一个苹果，我有一个苹果，彼此交换，我们每个人仍只有一个苹果；如果你有一种思想，我有一种思想，彼此交换，我们每个人都有了两种思想"。另一方面，"学习协作体"会形成一种积极向上的竞争氛围，学生会不甘落后、不服输，争取在同伴面前有更好的表现，会更加积极思考，努力为团队做出更大贡献。当然，"学习协作体"的建设也需要教师指导和学生共同努力，以避免可能存在的负面问题产生。

第七，分担机械任务。电子教材可在一定程度上替师生完成相对简单机械的教学任务。学生学习过程中，常常需要完成很多简单机械的任务。比如遇到陌生字词，需要花费很多时间在字、辞典上进行检索，不仅烦琐、乏味，而且使学习变得不连贯。在学生掌握了查询方法之后，这些任务完全可以交给技术来完成。相比起手工操作，电子教材可以更快速、更准确地获得相关字词的解释及例句，如果学生对数字辞典的解释不满意，还可以借助电子教材访问云端资源库，以及广域网络的相关信息，获得更丰富的参考和启发。

当然，我们都清楚，过重的教和学负担的根源不是教学内容、教学方式，而是教育被当前的社会状况所"绑架"，被严峻的社会竞争现实所左右，在相当程度上被异化和扭曲，偏离其最初的美好本质——促进人的发展和成长。因此，电子教材不会是"治本良药"，不能指望它成为彻底解决这个问题的答案，它只能在一定程度上发挥辅助性作用。

即便如此，电子教材帮助师生"减负"目前也还只是美好的愿景，还有较长的探索之路，而且这些努力也难以一蹴而就。在电子教材应用的初期，因为要适应技术的要求，学习相关的技术和理念，以及额外增加了电子教材的管理任务等，师生可能感觉负担反而有所加重。这些都是任何新事物的应用必然经历的过程，正如最初的火车短时间还跑不过马车一样。然而，磨刀不误砍柴工，当师生对电子教材逐渐熟悉并运用自如之后，电子教材的效果才会真正体现出来。

第六节　电子教材与深化课程改革

信息技术的快速发展和网络时代的来临导致信息量急剧膨胀，信息获取的方式也更加快捷多样，这些变化让教育者开始意识到，传统的教育目标、教育方法、教育内容已逐渐落伍，也促使他们对知识和教学进行重新思考，对学生的培养目标也重新定位：在当今和未来的信息时代，究竟什么知识对学生最有价值，什么能力对学生的发展最重要，什么样的教学方式更切合信息时代的信息传递要求？

我国基础教育课程改革正是在这样的氛围中拉开序幕，并声势浩大、如火如荼地开展起来。改革在基于我国国情、教情、学情的前提下，充分借鉴了国际先进和成熟的经验，进行了比较系统的顶层设计。改革的内容涉及教育的方方面面：从培养目标和综合评价，课程结构到课程实施，从教育观念到教学方式，从教材变革到资源建设……从发展的趋势来看，改革体现出全方位、无死角、有层次的特点。在这样"热热闹闹"的氛围中，我们更需要冷静地思考，电子教材作为信息技术的"杰出代表"，应该扮演什么样的角色，究竟能够发挥什么样的作用，如何让它能够发挥出这些作用。

一、信息技术成为深化课程改革的抓手

基于传统教材和教学方式的教育变革，在近百年内经过国内外一次次大大小小的探索和创新，可发掘的潜力已经极其有限，很难有质的飞跃。在这样的背景下，教育信息化被世界各国都看作深化教育改革的重要抓手。2010 年 11 月，美国教育部教育技术办公室正式发布《美国教育技术规划

2010》，题为："变革美国教育：以技术赋能学习"(Transforming American Education: Learning Powered by Technology, National Educational Technology Plan 2010)，提出技术赋能的学习模型，努力寻求教育系统的整体变革，全面提升教育生产力。2015 年 11 月，美国联邦教育部教育技术办公室颁布了第 5 个"美国教育技术规划"——为未来做准备的学习：重塑技术在教育中的角色(Future Ready Learning: Reimagining the Role of Technology in Education)，内容涵盖学习、教学、领导力、评价和基础设施等 5 个领域。该规划立足于美国教育信息化发展新阶段，针对美国教育面临的困惑和挑战，建议重新审视技术变革学习的作用，通过变革合作方式和学习经历，缩小长期存在的公平性和可及性差距，为所有学习者发展创造条件。[1]自 2008 年起，澳大利亚进行的为期 7 年的"数字教育改革"(Digital Education Revolution)。2005 年，英国政府发布了的"利用技术促进学习"(Harnessing Technology)计划。[2] 2012 年，我国教育部发布《教育信息化十年发展规划(2010—2020 年)》，提出"以教育信息化带动教育现代化，破解制约我国教育发展的难题，促进教育的创新与变革"。2016 年，教育部印发的《教育信息化"十三五"规划》中尖锐地指出："必须清醒地认识到，当前加快推进教育信息化还面临很多困难和问题，与党中央、国务院要求相比，与发达国家深度应用、融合创新的水平相比，仍存在差距。思想认识尚需深化，一些教育行政部门和学校仍然没有充分认识到信息技术对教育的革命性影响；信息化与教育教学'两张皮'现象仍然存在，推进教育信息化的积极性有待提高，力度有待加大。体制机制尚需创新，广大师生和教育管理者的应用动力有待进一步激发。"[3]

二、促进教育观念的转变

课程改革已经逐渐进入"攻坚期"和"深水区"，改革的难度骤然加大，任务也更加艰巨，同时还缺少现成可供借鉴的经验，因此需要有更大的勇气和积极的创新精神。要使课程改革能落到实处，真正革除传统教育中的

---

① 赵建华，蒋银健，姚鹏阁，李百惠. 为未来做准备的学习：重塑技术在教育中的角色——美国国家教育技术规划(NETP2016)解读[J]. 现代远程教育研究，2016(2).

② 祝智庭，管珏琪. 教育变革中的技术力量[J]. 中国电化教育，2014(1).

③ 教育部关于印发《教育信息化"十三五"规划》的通知[EB/OL]. http://www.moe. edu. cn/srcsite/A16/s3342/201606/t20160622_269367.html.

顽疾，首先需要触及人们的传统教育观念，使之在认识上发生根本转变，摒弃不利于人才培养、不符合时代潮流的教育教学行为。

电子教材的使用，将对传统的知识观、教育观、人才观产生冲击：教学内容的呈现形式和承载方式丰富多彩，海量信息变得能够轻松、准确获取，信息沟通的方式变得灵活多样，学生对教师的依赖度逐渐降低、社会对人才的选拔不再把知识放在首位……这些都会促使教师反思类似的问题：什么样的知识对学生最有价值，是知识重要还是获取知识的能力更重要，未来社会需要什么样的建设人才，教师在信息时代真正的价值在哪里，等等。在给学生更多自主学习、自我表现的机会之后，教师会发现，按传统的评判标准，那些不善学习、成绩不良的学生，似乎被激发出更多的潜质，表现出一些以往被忽视的才能。教师会思考：曾经的教学是否关注到所有的学生；自己是否具有"人才多元化""人人成才"的育人理念；"整齐划一"的讲授和"一刀切"的评价是否会扼杀人才；教育是否在很长时间步入了误区。

三、回应课程改革对教材改革的要求

无需赘述，传统纸质教材已经越来越无法满足现代化教育的需求，尽管它也不断地在内容和形式上进行提升，但在纸质载体这个根本未发生改变的情况下，其最核心的功能和价值难有潜力可挖。课程改革要求加强教材建设，实现质的飞跃，除了内容方面的变化，还包括功能方面的改革。要求它承担更多的教育使命，适应时代进步和学科发展的要求，适应技术时代儿童身心特点，既提供更丰富、形式更多样的教学资源，又作为学生获取知识的学习工具，建立起与课堂之外的世界的联系；既有助于师生实现更多跨越时空的交互，又让学生更好地协作学习，给学生提供更多的展示的平台。正如《基础教育课程改革纲要》所强调的，改变课程内容繁、难、偏、旧和过于注重书本知识的现状，加强课程内容与学生生活以及现代社会科技发展的联系，关注学生的学习兴趣和经验，精选终身学习必备的基础知识和技能。

鉴于教材在教育的重要地位和影响，教材的变化将清晰地传递课程改革的信号和声音，影响会更加直接有力，克服以往通过政策文件、课程标准等形式造成的"信号衰减"，同时还提供丰富的新型的教学范式。

四、深化信息技术与学科课程整合

《基础教育课程改革纲要》中强调要"促进信息技术与学科课程的整合，逐步实现教学内容的呈现方式、学生的学习方式，教师的教学方式和师生互动方式的变革，充分发挥信息技术的优势，为学生的学习和发展提供丰富多彩的教育环境和有力的学习工具。"对于信息技术与课程整合，何克抗教授认为不是把信息技术仅仅作为辅助教或辅助学的工具，而是强调要利用信息技术来营造一种新型的教学环境，该环境应能支持情境创设、启发思考、信息获取、资源共享、多重交互、自主探究、协作学习等多方面要求的教学方式与学习方式——也就是实现一种既能发挥教师主导作用又能充分体现学生主体地位的以"自主、探究、合作"为特征的教与学方式，这样就可以把学生的主动性、积极性、创造性较充分地发挥出来，使传统的以教师为中心的课堂教学结构发生根本性变革（教学结构变革的主要标志是师生关系与师生地位作用的改变），从而使学生的创新精神与实践能力的培养真正落到实处。[①]

按照这样的导向和要求，将信息技术的应用纳入教材这一个与师生和教学联系最紧密的载体，一方面从形式上整合度无疑最高；另一方面电子教材具有综合处理各种信息和实现多方交互的丰富功能和优势，以此实现信息技术与学科课程整合应是最理想的选择。电子教材作为最核心的课程资源，能促进课程由以知识为中心的"封闭式"走向以资源为中心的"开放式"，课程内容变得更加灵活丰富，更有利于跨学科进行课程整合。进而使教学方式变得更加开放，学生获取知识的途径和方式也更加灵活多样，自主学习与协作学习结合，接受学习与探究学习结合。

五、推动教学重构

《基础教育课程改革纲要》中还提出要："改变课程过于注重知识传授的倾向，强调形成积极主动的学习态度，使获得基础知识与基本技能的过程同时成为学会学习和形成正确价值观的过程。""改变课程实施过于强调接受学习、死记硬背、机械训练的现状，倡导学生主动参与、乐于探究、勤于

---

① 何克抗. 信息技术与课程深层次整合的理论与方法[J]. 中国大学教学，2005
(5).

动手，培养学生收集和处理信息的能力、获取新知识的能力、分析和解决问题的能力以及交流与合作的能力。""改变课程评价过分强调甄别与选拔的功能，发挥评价促进学生发展，教师提高和改进教学实践的功能。"

传统教学中由于资源本身和获取资源途径的缺乏，教材和教师是学生获取知识的不二选择，在这样的状况下，教学方式变革实在难以有大的作为，仍然是以教师向学生输出信息为主，学生主动学习难以真正实现。而课堂是教学的主战场、主阵地，如果改革不能改变课堂，绕开课堂进行改革，要想获得实质的效果，取得改革的成功无异于天方夜谭。传统课堂存在的问题大家有目共睹、心知肚明，然而如何促进课堂发生良性的转变，让学生能够主动地学习，真正落实其学习主人的地位，能够根据自身特长差异化发展？一是降低知识学习的难度，将复杂、抽象的知识内容通过加工、转化成相对简单、直观、形象的学习内容，再呈现在学生面前；二是在学生学习过程中给学生必要的帮助和支持，对其遇到的困难和障碍及时施以援手，给出提示和引导；三是允许学生根据自己的能力水平和学习目标，选择适合自己的学习内容、学习的方式、手段和途径，实现个性化的自主学习。要实现这些，电子教材无疑是不二的选择。

再有，传统教学受教学手段的限制，诸如很多抽象难懂的内容，教师说不清、道不明、演示不了，学生捉摸不透，利用多媒体资源将其直观化、生动化，学生能够茅塞顿开。当信息时代来临，知识不再是最重要的学习内容和目标，教学必须发生转型，从"授人以鱼"变为"授人以渔"，要实现这样的理想，必须交给学生获取知识的能力、方法，以及工具，而电子教材是最理想的信息工具。

总之，电子教材将有助于促进教与学更好地融为一体，更加凸显"教是为了学"的改革目标，切实把学摆在教学的首要位置。

附录 1　电子教材使用情况调查问卷
（学生卷）

亲爱的同学：

你好！为了了解同学们使用电子教材的情况和想法，为我们进行电子教材开发等研究提供参考，我们特地设计了此问卷。和平时的考试不一样，这份问卷的答案没有对错之分，希望你按照自己的实际情况和想法填写。

问卷中的题目包括填空和选择两种类型，选择题均为单项选择，请在选中的答案数字右侧的"□"中画"√"。

我们将对你的所有回答严格保密。谢谢你的帮助！

你的基本信息

请根据自己的实际情况填写。

1. 学校_____ 　　2. 年级_____

3. 姓名_____ 　　4. 性别_____（男/女）

5. 学号_____

6. 你常使用电子教材的学科_____

开始作答

请用"5：很符合""4：符合""3：一般""2：不符合""1：很不符合"来代表你的情况。					
1. 我觉得自己学习认真努力。	5□	4□	3□	2□	1□
2. 我能回答其他同学不知道的问题。	5□	4□	3□	2□	1□
3. 我喜欢阅读，并且读了很多课外书。	5□	4□	3□	2□	1□
4. 我能熟练地使用手机、平板电脑（如 iPad）。	5□	4□	3□	2□	1□
5. 我常常用手机或平板电脑（如 iPad）玩游戏。	5□	4□	3□	2□	1□
6. 我父母限制我使用手机和平板电脑的时间。	5□	4□	3□	2□	1□
7. 课堂上老师经常使用电子教材上课。	5□	4□	3□	2□	1□
8. 使用电子教材能够让我在一节课中学习更多的知识。	5□	4□	3□	2□	1□

请用"5：很符合""4：符合""3：一般""2：不符合""1：很不符合"来代表你的情况。					
9. 使用电子教材后，我的学习变得轻松容易。	5□	4□	3□	2□	1□
10. 使用电子教材能够提高我的学习成绩。	5□	4□	3□	2□	1□
11. 我使用的电子教材运行很流畅。	5□	4□	3□	2□	1□
12. 我使用的电子教材界面很舒适。	5□	4□	3□	2□	1□
13. 我使用的电子教材知识容量比较适宜。	5□	4□	3□	2□	1□
14. 当我操作电子教材不顺利的时候，常常很不开心。	5□	4□	3□	2□	1□
15. 我能很容易地用电子教材完成我想做的事情。	5□	4□	3□	2□	1□
16. 使用电子教材，我能够更快地完成作业。	5□	4□	3□	2□	1□
17. 我发现需要费很大力气才能熟练使用电子教材。	5□	4□	3□	2□	1□
18. 使用电子教材学习，是一个好主意。	5□	4□	3□	2□	1□
19. 使用电子教材学习是一件令我开心的事情。	5□	4□	3□	2□	1□
20. 我很满意电子教材增加了学习的趣味性。	5□	4□	3□	2□	1□
21. 我很满意电子教材，让我选择自己想学的内容。	5□	4□	3□	2□	1□
22. 我会借助电子教材与同学讨论最近学到的知识。	5□	4□	3□	2□	1□
23. 电子教材增进了我与教师在课堂上的交流。	5□	4□	3□	2□	1□
24. 电子教材增进了我与同学在课堂上的交流。	5□	4□	3□	2□	1□
25. 我相信电子教材能够提升我的学习成绩。	5□	4□	3□	2□	1□
26. 我相信电子教材能够提高我的学习效率。	5□	4□	3□	2□	1□
27. 电子教材能够增加我的学习积极性。	5□	4□	3□	2□	1□
28. 今后我打算继续使用电子教材进行学习。	5□	4□	3□	2□	1□
29. 使用电子教材时，我会注意力不集中。	5□	4□	3□	2□	1□
30. 我担心电子教材会对我的视力有不利影响。	5□	4□	3□	2□	1□
31. 如果多使用电子教材，可以减轻书包重量，这很重要。	5□	4□	3□	2□	1□
32. 使用电子教材上课时，课堂纪律需要加强。	5□	4□	3□	2□	1□
33. 使用电子教材会降低我的书写水平。	5□	4□	3□	2□	1□
34. 使用电子教材有利于提高我的电脑操作水平。	5□	4□	3□	2□	1□
35. 我认为电子教材应该与纸质教材尽量在版面上一持。	5□	4□	3□	2□	1□
36. 使用电子教材时，我总想用它进行娱乐。	5□	4□	3□	2□	1□

续表

请用"5：很符合""4：符合""3：一般""2：不符合""1：很不符合"来代表你的情况。					
37. 我父母支持我使用电子教材学习。	5□	4□	3□	2□	1□
38. 我希望电子教材里有更多的游戏化学习内容。	5□	4□	3□	2□	1□
39. 我希望在更多的学科利用电子教材进行学习。	5□	4□	3□	2□	1□

开放性问题

40. 你最喜欢电子教材的什么功能？为什么？

_____

_____

_____

41. 你最不喜欢电子教材的什么功能？为什么？

_____

_____

_____

42. 你理想的电子教材是什么样子的？

_____

_____

_____

_____

附录2 电子教材使用情况调查问卷
（教师卷）

尊敬的老师：

您好！为了了解您使用电子教材进行教学的情况和想法，为我们进行电子教材开发等研究提供参考，我们特地设计了此问卷。这份问卷的答案没有对错之分，希望您按照自己的实际情况和想法如实填写。

问卷中的题目包括填空和选择两种类型，选择题均为单项选择，请在选中的答案数字右侧的"□"中画"√"。

我们将对您的所有回答严格保密。谢谢您的帮助！

您的基本信息

1. 您的教龄＿＿＿＿＿＿＿＿＿＿＿
2. 您的性别＿＿＿＿＿
3. 您的学校＿＿＿＿＿＿＿＿＿＿
4. 您的任教年级＿＿＿＿＿
5. 您任教的学科＿＿＿＿＿＿＿＿＿＿＿
6. 您使用电子教材时间＿＿＿＿＿（年/学期）

请开始作答

请用"5：很符合""4：符合""3：一般""2：不符合""1：很不符合"来代表您的情况。					
1. 我把电子教材应用于教学是因为觉得它很有用。	5□	4□	3□	2□	1□
2. 我使用电子教材的次数多、频率高。	5□	4□	3□	2□	1□
3. 使用电子教材增大了教学容量。	5□	4□	3□	2□	1□
4. 使用电子教材能够提高教学效率。	5□	4□	3□	2□	1□
5. 电子教材能帮我突破教学难点。	5□	4□	3□	2□	1□
6. 我使用的电子教材运行很流畅。	5□	4□	3□	2□	1□
7. 我使用的电子教材界面很舒适。	5□	4□	3□	2□	1□
8. 我使用的电子教材内容切合课程标准、教学目标，容量较适宜。	5□	4□	3□	2□	1□

请用"5：很符合""4：符合""3：一般""2：不符合""1：很不符合"来代表您的情况。					
9. 电子教材呈现方式切合学生需求和喜好。	5□	4□	3□	2□	1□
10. 我需要费很大力气，才能熟练使用电子教材。	5□	4□	3□	2□	1□
11. 使用电子教材学习，是一个好主意。	5□	4□	3□	2□	1□
12. 电子教材可以让学生选择自己想学的知识。	5□	4□	3□	2□	1□
13. 我会让学生借助电子教材与同伴讨论最近的学习内容。	5□	4□	3□	2□	1□
14. 电子教材增加了我与学生在课堂上的交流机会。	5□	4□	3□	2□	1□
15. 电子教材增加了在课堂上学生之间的交流机会。	5□	4□	3□	2□	1□
16. 电子教材能够提升我的教学成绩。	5□	4□	3□	2□	1□
17. 电子教材能够提高学生的学习效率。	5□	4□	3□	2□	1□
18. 电子教材能够增加学生的学习积极性。	5□	4□	3□	2□	1□
19. 今后我打算继续使用电子教材进行教学。	5□	4□	3□	2□	1□
20. 使用电子教材时，学生会注意力不集中。	5□	4□	3□	2□	1□
21. 如果多使用电子教材，可以减轻学生书包重量，这很重要。	5□	4□	3□	2□	1□
22. 使用电子教材上课时，课堂的纪律需要加强。	5□	4□	3□	2□	1□
23. 使用电子教材会降低学生的书写水平。	5□	4□	3□	2□	1□
24. 使用电子教材有利于提高学生的电脑操作水平。	5□	4□	3□	2□	1□
25. 使用电子教材进行教学时，我需要花更多额外的时间准备。	5□	4□	3□	2□	1□
26. 电子教材能提高学生的信息素养。	5□	4□	3□	2□	1□
27. 我担心电子教材会对学生的视力有不利影响。	5□	4□	3□	2□	1□
28. 电子教材有利于教育资源共享。	5□	4□	3□	2□	1□
29. 经常使用电子教材对学生脊椎发育带来负面影响。	5□	4□	3□	2□	1□
30. 使用电子教材会使学生的口头语言交流能力下降。	5□	4□	3□	2□	1□
31. 电子教材有利于培养学生自学能力。	5□	4□	3□	2□	1□
32. 电子教材有利于快速推送和更新教学资源。	5□	4□	3□	2□	1□
33. 电子教材降低学生精读能力。	5□	4□	3□	2□	1□
34. 电子教材使学生对电子设备产生依赖性。	5□	4□	3□	2□	1□

续表

请用"5：很符合""4：符合""3：一般""2：不符合""1：很不符合"来代表您的情况。					
35. 我担心电子教材可能使学生产生网瘾的倾向。	5☐	4☐	3☐	2☐	1☐
36. 电子教材难以达到纸质阅读的良好体验。	5☐	4☐	3☐	2☐	1☐
37. 我常担心设备在使用过程中突然死机或电量不足。	5☐	4☐	3☐	2☐	1☐
38. 我认为电子教材的应用会越来越广泛。	5☐	4☐	3☐	2☐	1☐
39. 课堂上我能采用多种教学方式灵活使用电子教材。	5☐	4☐	3☐	2☐	1☐
40. 电子教材应支持学生便捷地查找网络资源。	5☐	4☐	3☐	2☐	1☐
41. 电子教材应支持学生作业管理。	5☐	4☐	3☐	2☐	1☐
42. 电子教材应具有纸质教材相同的呈现效果。	5☐	4☐	3☐	2☐	1☐
43. 作为教材，电子教材的内容在任何时候不应被改动。	5☐	4☐	3☐	2☐	1☐

开放性问题

44. 您最喜欢电子教材的什么功能？为什么？

_____

_____

_____

45. 您最不喜欢电子教材的什么功能？为什么？

_____

_____

_____

46. 您经常怎样在教学中怎样使用电子教材？效果如何？

_____

_____

_____

47. 您理想的电子教材是什么样子？

_____

_____

_____

_____

参考文献

中文著作

[1] 罗宝树，吕品. 编辑出版知识[M]. 北京：科学普及出版社，1988.

[2] 曹之. 中国印刷术的起源[M]. 武汉：武汉大学出版社，1994.

[3] 包鹏程，范文婷，何海巍. 电子出版物[M]. 武汉：华中科技大学出版社，2010.

[4] 范慕韩. 中国印刷大全[M]. 杭州：浙江科学技术出版社，1994.

[5] 黄镇伟. 中国编辑出版史[M]. 苏州：苏州大学出版社，2014.

[6] 罗宝树，吕品. 编辑出版知识[M]. 北京：科学普及出版社，1988.

[7] 机械工业部石化通用机械工业局. 中国印刷机械工业发展史[M]. 北京：机械工业出版社，1986.

[8] 吴文虎. 传播学概论[M]. 武汉：武汉大学出版社，2000.

[9] 曾天山. 教材论[M]. 南昌：江西教育出版社，1997.

[10] 石鸥等. 百年中国教科书图说(1949－2009)[M]. 长沙：湖南教育出版社，2009.

[11] 现代汉语词典(第6版)[K]，北京：商务印书馆，2012.

[12] 陈月茹. 中小学教科书改革研究[M]. 北京：教育科学出版社，2009.

[13] 欧阳钟仁. 现代启发式科学教学研究[M]. 台北：幼狮文化事业公司，1979.

[14] 顾明远主编. 教育大辞典(第1卷)[K]. 上海：上海教育出版社，1990.

[15] 范绮. 教育哲学[M]. 北京：世界书局，1973.

[16] 钟启泉. 现代课程论[M]. 上海：上海教育出版社，2003.

[17] 弗朗索瓦-玛丽·热拉尔等. 为了学习的教科书[M]. 上海：华东师范大学出版社，2009.

[18] 宋心琦主编. 初中化学教科书[M]. 北京：北京出版社，2013.

[19] 邓小平文选：第二卷[M]. 北京：人民出版社，1994.

[20] 匡文波. 电子与网络出版教程[M]. 北京：中国人民大学出版社，2008.

[21] 张立. 2013—2014 中国数字出版产业年度报告[R]. 北京：中国书籍出版社，2014.

[22] 谢新洲等. 电子出版技术[M]. 北京：北京大学出版社，2006.

[23] 焦建利. 教育技术学基本理论研究[M]. 广州：广东省出版集团，2008.

[24] 杜玉霞. 中小学信息化教学资源的优化与应用策略[M]. 北京. 中国社会科学出版社，2013.

[25] 黄荣怀，马丁，张进宝. 信息技术与教育[M]. 北京：北京师范大学出版社，2008.

[26] 章伟民，曹揆申. 教育技术学[M]. 北京：人民教育出版社，2000.

[27] 匡文波. 电子与网络出版教程[M]. 北京：中国人民大学出版社，2008.

[28] 朱智贤主编. 心理学大词典[M]. 北京：北京师范大学出版社，1989.

[29] 李永健. 技术优化学习的理论与实践[M]. 杭州：浙江大学出版社，2010.

[30] 张静波等. 信息素养能力与教育[M]. 北京：科学出版社，2007.

[31] 杨再石. 从《地平线报告》看教育技术的整体发展[R]. 北京：高等教育出版社，2013.

[32] 李堃，张魁，尚鲜利. 教材建设与管理[M]. 北京：国防工业出版社，1993.

[33] 电子出版物与术语[M]. 北京：国家标准出版社，2012.

[34] 李政. 软件开发流程实训[M]. 北京：中国财政经济出版社，2005.

[35] 陈琦，刘儒德. 当代教育心理学[M]. 北京：北京师范大学出版社，2007.

[36] 施良方. 学习论[M]. 北京：人民教育出版社，2001.

［37］宋亦芳. 社区数字化学习概论［M］. 上海：上海科学技术出版社，2011.

［38］阿兰·柯林斯，理查德·哈尔弗森著. 陈家刚，程佳铭译. 技术时代重新思考教育［M］. 上海：华东师范大学出版社，2013.

［39］何文茜，高振环. 现代教育技术［M］. 北京：北京大学出版社，2009.

［40］中华人民共和国教育部. 义务教育数学课程标准(2011)［S］. 北京：北京师范大学出版社，2011.

中文论文

［41］钟玲等. 论我国印刷行业的绿色转型［J］. 环境与可持续发展，2013(2).

［42］韦石. 世界最大的教科书——我国古代的石经［J］. 中小学管理，1991(1).

［43］龚朝花，陈桄. 电子教材：产生、发展及其研究的关键问题［J］. 中国电化教育，2012(9).

［44］刘靖雯. 电子书版权保护与版权授权模式的创新［J］. 图书馆工作与研究，2011(8).

［45］张筱兰，王保论. 智能语音技术在教学中的应用研究［J］. 现代教育技术，2011(11).

［46］许微. 虚拟现实技术的国内外研究现状与发展［J］. 现代商贸工业，2009(2).

［47］李青，张辽东. 基于增强现实的移动学习实证研究［J］. 中国电化教育，2013(1).

［48］陈桄，龚朝花，黄荣怀. 电子教材：概念、功能与关键技术问题［J］. 开放教育研究，2012(2).

［49］王俊宏. 电子教材：信息时代教科书设计的新形态［J］. 中国教育信息化，2011(2).

［50］项国雄. 从传统教材到电子教材［J］. 信息技术教育，2005(5).

［51］孙众，骆力明. 数字教材关键要素的定位与实现［J］. 开放教育研究，2013(4).

［52］戚常林等. 基于 Web 的电子教材建设研究［J］. 信息技术，2002

(9).

　　[53] 吕正华. 电子教科书发展趋势与数位出版计划[J]. 教科书研究，2009(2).

　　[54] 姚媛. 数字化、电子化、网络化和虚拟化名词的本质概念及应用[J]. 大学图书馆学报，2009(5).

　　[55] 刘艳斐. 纵观"电子书包"发展十年[J]. 教育教学论坛，2013(10).

　　[56] 吴永和，雷云鹤，杨飞，马晓玲. 构筑数字化教育生态新环境——电子课本与电子书包研究与发展述评[J]. 中国电化教育，2013(12).

　　[57] 祝智庭，郁晓华. 电子书包系统及其功能建模[J]. 电化教育研究，2011(4).

　　[58] 王俊宏. 电子书包的发展及其设计[J]. 中国教育信息化，2012(2).

　　[59] 张海迪. "电子书包"的发展现状及推进策略[J]. 中国电化教育，2011(9).

　　[60] 赵银生. 新加坡推进智能教育的经验对我们的启示[J]. 中国电化教育，2013(3).

　　[61] 马海涛. 韩国——为教育公平普及电子教材[J]. 上海教育，2011(1).

　　[62] 引自《联合早报》报道. 日本小学试用电子课本[J]. 印刷世界，2010(10).

　　[63] 刘翠航. 美中小学电子教科书的使用现状及分析——加利福尼亚州电子教科书政策引发的争议[J]. 课程·教材·教法，2011(4).

　　[64] 顾锦江. 电子书包国内外应用现状分析[J]. 科教导刊，2012(12).

　　[65] 邵海昆. 俄罗斯中小学将自主选用电子版教材[J]. 世界教育信息，2015(21).

　　[66] 江跃中. 上海中小学 5 年内推广电子课本[J]. 共产党员，2010(7).

　　[67] 施勇勤，唐继文. 电子书包领域的教育出版发展策略[J]. 中国编辑，2015(6).

　　[68] 祝智庭，郁晓华. 电子书包系统及其功能建模[J]. 电化教育研究，2011(4).

　　[69] 任丹凤. 中小学教科书编制设计的理论与实践研究[D]，上海：华

东师范大学，2003.

[70] 施勇勤，尹冰. 试析数字教科书类型与功能特点[J]. 中国报业，2015(2).

[71] 高路. 我国第一代电子教材——人教电子教科书问世[J]. 课程·教材·教法，2002(5).

[72] 石梦华. 传统阅读与数字阅读的异质互补[J]. 新疆社科论坛，2014(6).

[73] 王余光，汪琴. 世纪之交读者阅读习惯的变化[J]. 图书情报知识，2005(4).

[74] 何克抗. 我国教育信息化理论研究新进展[J]. 中国电化教育，2011(1).

[75] 张廷凯. 从设计和编写视角看教科书品质的提升[J]. 西南大学学报(社会科学版)，2010(7).

[76] 胡军. 中小学教材选用机制之我见[J]. 教育理论与实践，2004(10).

[77] 徐晓丹. 中小学电子书包应用情况调研报告[J]. 现代出版，2016(1).

[78] 龚朝花，陈桄，黄荣怀. 电子教材在中小学应用的可行性调查研究[J]. 电化教育研究，2012(01).

[79] 崔斌箴. 国外电子书包进校园走势强劲[J]. 出版参考，2010(11下旬刊).

[80] 南北. 电子书包与教材出版变局[J]. 江苏教育通讯，2005(3).

[81] 余人. 电子书包的梯度开发[J]. 出版参考，2011(30).

[82] 杨德军，乐进军，王凯，暴生君. 电子教材推广的价值与问题[J]. 中小学管理，2011(3).

[83] 高志丽. 电子书包将成为学习的主要工具[J]. 出版参考，2010(3).

[84] 林畅茂. 电子教材离我们有多远[J]. 印刷世界，2010(7).

[85] 李林等. 论电子教材取代纸质教材发展趋势的必然性[J]. 中国信息界，2011(5).

[86] 龚德英. 多媒体学习中认知负荷的优化控制[D]，重庆：西南大学，2009.

[87] 祝智庭，许哲，刘明卓. 数字化教育资源建设新动向与动力机制分析[J]. 中国电化教育，2012(2).

[88] 高凌飚. 教材评价维度与标准[J]. 教育发展研究，2007(6).

[89] 丁朝蓬. 教材评价指标体系的建立[J]. 课程·教材·教法，1998(7).

[90] 方红峰. 论教材选用视野中的教科书评价[J]. 课程·教材·教法，2003(7).

[91] 任苏民. 叶圣陶"引导自学"思想研究[J]. 教育研究与实验，1994(4).

[92] 许涛，禹昱. 技术在学习中的应用——2016 年美国国家教育技术计划解读[J]. 现代教育技术，2016(4).

[93] 吴永和. 研制电子书包(课本)国家标准[J]. 中国教育网络，2011(7).

[94] 何克抗. 多媒体课件及网络课程在教学中的运用[J]. 中国大学教学，2007(5).

[95] 戟锋，杜爱明. 也谈课件与积件[J]. 电化教育研究，2001(7).

[96] 乐进军. 运用控制论指导优化课堂教学[J]. 教学与管理，2015(7).

[97] 靳玉乐，王洪席. 十年教材建设：成就、问题及建议[J]. 课程·教材·教法，2012(1).

[98] 杨启亮. 教材的功能：一种超越知识观的解释[J]. 课程·教材·教法，2012(12).

[99] 毕华林. 教材功能的转变与教师的教科书素养[J]. 山东师范大学学报，2006(1).

[100] 叶小兵. 对历史教科书作用的反思[J]. 中学历史教学参考，1996(5).

[101] 郝淑芳，蒋夏林. 处理教材要把握好三个关系[J]. 湖南教育·数学教师，2007(2).

[102] 乐进军. 北京版初中化学教材特色分析[J]. 新课程教学，2013(5).

[103] 史静寰. 教材与教学：影响学生性别观念及行为的重要媒介[J]. 妇女研究论丛，2002(2).

[104] 杜尚荣，李森. 中小学教材编写逻辑体系的反思与重构——兼论教材编写的教学逻辑体系[J]. 课程. 教材. 教法，2014(10).

[105] 孙洋. 电子书包试点学校学生学习方式差异性分析[J]. 上海教育科研，2016(1).

[106] 杨明宏，王德清. 毛泽东"减负"教育思想述评[J]. 教育科学论坛，2006(11).

[107] 赵建华，蒋银健，姚鹏阁，李百惠. 为未来做准备的学习：重塑技术在教育中的角色——美国国家教育技术规划(NETP2016)解读[J]. 现代远程教育研究，2016(2).

[108] 祝智庭，管珏琪. 教育变革中的技术力量[J]. 中国电化教育，2014(1).

[109] 何克抗. 信息技术与课程深层次整合的理论与方法[J]. 中国大学教学，2005(5).

[110] 李芒，孙立会. 关于电子教科书基本问题的探讨[J]. 教育研究，2014(5).

网络报刊文献

[111] 牛津英文词典可能停印 将仅以电子版出现[N]. 京华时报，2010-08-31.

[112] 小豆包入学先识字后学拼音[N]. 北京晚报，2016-09-13.

[113] 语文教材出错 人教社早就知道[N]. 北京青年报，2014-12-04.

[114] 语文版新教材替换 40％课文 未撤《南京大屠杀》[N]. 京华时报，2016-05-24.

[115] 苏婷. 新课改十年教科书作用明显[N]. 中国教育报，2014-01-07.

[116] 徐楠，张晓东. "电子书包"进课堂进退维谷[N]. 北京商报，2010-08-23.

[117] 周济. 大力促进教育公平，努力办好让人民满意的教育[N]. 中国教育报，2006-12-01.

[118] 国办发明电(1988)8 号. 国务院关于中小学课本纸张供应及价格问题的紧急通知. 1988-04-30.

[119] 教育信息化的"中国速度"[N]. 中国教育报，2015-11-19.

[120]产品热渠道冷折射电子教材尴尬[N].中国图书商报，2012-09-14.

[121]造纸技术史[EB/OL]. http://www.360doc.com/content/10/1126/09/803452_72513534.shtml.

[122]印刷术的发明[EB/OL]. http://www.china.com.cn/aboutchina/zhuanti/sdfm/2009-01/21/content_17163395.htm.

[123]关于开展国家级虚拟仿真实验教学中心建设工作的通知[EB/OL]. http://www.moe.edu.cn/publicfiles/business/htmlfiles/moe/A08_sjhj/201308/156121.html，2013-08-13.

[124]"乔布斯之问"问出什么教育问题?[EB/OL]. http://theory.people.com.cn/n/2015/1208/c49157-27898830.html.

[125]新华网.解决上学难上学贵 教育部提出三任务三措施[EB/OL]. http://www.yn.xinhuanet.com/newscenter/2006-04/06/content_6667619.htm，2006-04-06.

[126]要减负，教材瘦身就够了?[EB/OL]. http://www.edu.cn/yiwujiaoyu_1074/20140529/t20140529_1122443.shtml.

[127]科技让我们在路上，前方是教科书2.0时代[EL/OB]. http://tech.163.com/15/0503/19/AONDV5BK00094ODU.html.

[128]刺激—反应学习理论[EB/OL]. http://www.xinli110.com/xueke/yy/jiaoyuxinli/201205/293164.html.

[129]深圳家长:保卫孩子 电子书包不可再行 [EB/OL]. http://www.caigou.com.cn/news/2013070286.shtml，2013-07-02.

[130]数字时代的阅读:纸质书和电子书背后的科学[EB/OL]. http://36kr.com/p/202629.html，2003-04-16.

[131]2016年全国教育信息化工作专项督导报告[EB/OL]. http://moe.cn/jyb_xwfb/gzdt_gzdt/s5987/201610/t20161031_287128.html，2016-10-31.

[132]教育部关于印发《教育信息化"十三五"规划》的通知[EB/OL]. http://www.moe.cn/srcsite/A16/s3342/201606/t20160622_269367.html.

外文文献

[133] Embong A. , Noor A. , Ali R. (2012). Teachers Perceptions on the Use of E-Books as Textbooks in the Classroom[M]. World Academy of Science, Engineering and Technology, 2012(70).

[134] Jaan Mikk. Textbook: Research and Writing [M]. Bern: Peter Lang, 2000.

[135] Dorner(2003). The literature of the book @ e-books[J]. Logos, 14(3).

[136] Henke Harold(2003). An empirical design for e-books[M]. Chartula Press.

[137] PK Komoski. Instructional materials will not improve until we change the system[J]. Educational Leadership, 1985(42).

[138] Lee, S. D. Building an Electronic Resource Collection: A Practical Guide[M]. London:Library Association Publishing, 2002.

[139] Michael Kozlowski. A Brief History Of Ebooks[EB/OL]. http://goodereader. com/blog/electronic-readers/a-brief-history-of-ebooks, 2010-05-17.

[140] Sung-Moo Jung. Leading future education: Development of digital textbooks in Korea[EB/OL]. http://www. unescobkk. org/fileadmin/user_upload/apeid/Conference/12thConference/paper/Sung-Moo_Jung_paper. pdf.

[141] M. Mardis, N. Everhart, D. Smith, J. Newsum, S. Baker(2010). From Paper to Pixel: Digital Textbooks and Florida's Schools [EB/OL]. http://eric. ed. gov/? q=reading&ft=on&=ff&ff1=audPolicymakers&pg=4&id=ED522907.

[142] Mariusz Marczak (2013). Selecting an E-textbook: Evaluation Criteria[EB/OL]. Teaching English with Technology. http://www. tewtjournal. org.

[143] M. Lokar, B. Horvat, P. Lukšič, D. Omerza. Baselines for the Preparation of Electronic Textbooks[J]. Organizacija. 2011(44).

[144] AR Dennis, KO Mcnamara, AS Morrone, J Plaskoff. Improving Learning with eTextbooks[M]. Hawaii International Conference on System Sciences, 2015: 5253-5259.

后 记

当从一位教材的应用者，"转型"为教材的编写者、研究者，进而涉足融合信息技术的教材——电子教材，我近年来似乎一直处于奔跑和跳跃状态。也许正因如此，当决定要停下步子写这本书时，我仍然被自己的想法吓了一跳。因为无论哪一个方面：教材、教学、教育技术，对我而言似乎都积淀不足。尽管头脑中好像有着不少的想法、观点，但显得杂乱无章、缺乏头绪，要把它们抓住并固化到纸面上成为一本有价值的书稿，并没有十足的信心和把握。

然而我终于动手了，把自己"按"在电脑桌前，一边搜肠刮肚，一边敲击键盘，努力地把这些飞舞的思绪加工成字符呈现在屏幕上。我没敢对自己提出过高的期望，因为虽然对教材、教学尚可说是一知半解，但教育技术方面的知识我却储备不足。虽然自己一直是电脑"发烧友"，甚至早年还编写过数据库教材，但终究不是"科班"出身，且技术的快速发展，使得这"水"越来越深。然而我还是硬着头皮写下去，一方面是想对自己有个交代，毕竟在这个领域的"海滩"上流连非止一日，如果都不曾留下几个浅浅的足印，拾几个贝壳串成珠链，显然说不过去；另一方面也想着，国内外学者大都缺乏对基础教育教材的研究兴趣，而教材的数字化变革方面，相关的研究更是寥寥，不够系统。因此也存有一个念头，假如这些文字对这个断层能起到一点填补作用，那无疑是个意外的惊喜。

写东西像"生产"一样，是个充满希望却又是非常痛苦的过程，所不同的是前者尚无建树，后者已孕育成形。好在我不是从零起步，近几年陆续发表的文章和一些总结性成果、研究数据，为这本书奠定了基础，然后顺理成章地构建出大体框架。因为涉及的内容比较宽泛，有些自己有所浸润的领域尚能下笔如有神，内容也比较翔实；有些则不然，我常常恍惚感觉屏幕上方拟好的标题，变成一份考卷上的问答题，而自己能够回答的答案非常有限，或者不全面，或者不到位，总之是得不了高分。所幸这是"开卷考试"，于是停下来去查阅相关的书籍、文献，学习之后再结合自己的实践和思考，加以提炼，去回应这个问题。只是电子教材作为一个具有前瞻性的新事物，能够参考的文献往往非常有限，免不了要吃些"苦头"。

而今面对这二十余万字的书稿，不由感叹自己已经"黔驴技穷"，所知、所感、所想都已毫无保留地融会其中。回顾一个个为此魂牵梦萦的日日夜夜，仍不免有些小激动。在那些煎熬的日子里，有时在路上走着，或者正吃着饭，甚至半夜醒来，忽然有了好的思路或想法，就赶紧记下来，唯恐一错神它就飞走了。这样想来，虽然水平有限，却也是尽心竭力，它算得上是自己汗水和心血的结晶。

一个人的能力水平、时间精力终究有限，更何况是开展这样的研究。这本书的成稿，离不开很多人的悉心指导和无私帮助。这项研究一直得到方中雄、褚宏启等院领导的重视和支持；中心领导杨德军、王凯两位研究员，为此搭建了重要的研究平台，并一直给予研究方向的引领；李敏、李庆文、暴生君、杨黎霞等同事不同程度地参与了研究，投入很多精力并提供了很多有价值的思考和建议；首都师范大学孙众老师、中国传媒大学张洁老师、北京师范大学李玉顺老师等高校专家，都对研究给予了高屋建瓴的指导；合作单位中，方正公司的李卫军经理，中文在线的李林经理，在技术层面给予我很多专业性的帮助；北京市白家庄小学、黑芝麻胡同小学、中国传媒附小等实验学校的杜文丽主任、杨毅副校长、薛宝卫主任及相关实验教师，配合进行了电子教材应用实验，提供了很多凝聚一线骨干教师经验和智慧的实践案例以及多层面的调研数据。限于篇幅，这些"功臣"难以尽述，在此一并致谢！自然，那些参考文献的作者，也在被感谢之列。

欣慰之余，自己也清楚书中还存在很多不足。比如，对所涉及的技术内容，还概括和分析得不够透彻，不"专业"之处估计也不少。再如，电子教材的应用案例，虽然有一定的积累，但高品质、创新度高的仍有待提炼和发掘。还有，书中的很多个人观点，虽然鼓起勇气提出来，但限于自身的经验、阅历和研究能力，未必思虑周全。再加上成书较仓促，书中的疏漏或错误之处恐在所难免，恳请阅读者不吝赐教，予以批评指正。

2016 年 11 月